Eva Stangenberg

Chiron im Horoskop

Standardwerke der Astrologie

Eva Stangenberg

Chiron im Horoskop

Die Brücke zum Selbst

CHIRON VERLAG

Deutsche Erstausgabe

ISBN 978-3-89997-241-2
2. Auflage 2021

For den kære stjernefe

Foto © depositphotos.com
Druck: Finidr, Český Těšin, CZ
Umschlag: Judith Hamann, Tübingen

Zu beziehen im Buchhandel oder über:
Chiron Verlag, Postfach 1250, D-72002 Tübingen
www.chironverlag.com

Inhalt

Der Sinn des Lebens besteht darin,
deine Gaben zu finden.
Der Zweck des Lebens ist,
sie zu verschenken.

Pablo Picasso

1. Chiron kennenlernen

1.1 Mein persönlicher Erfahrungsbericht – oder wie ich Chiron als Bereicherung in Bezug auf meine Selbsterkenntnis und Selbstakzeptanz erlebe

Leben muss man sein Leben vorwärts,
verstehen kann man es nur rückwärts.

Søren Kierkegaard

Im Frühjahr 2014 begann mein dritter Neumond nach der Geburt, den ich den »Essenz-Neumond« nenne (Die Neumond Horoskope, Chiron Verlag Tübingen). Und wie der Name schon sagt, geht es hier um die Essenz des gelebten Lebens, also um einen Rückblick auf die wesentlichen Etappen und Erkenntnisse, die sich lohnen, weitergegeben zu werden. Nun, da ich selber davon betroffen bin, habe ich auch damit begonnen. Mir lag es schon lange am Herzen, ein Buch über Chiron zu schreiben, aber erst jetzt ist es so weit. Der Transit-Chiron steht seit einiger Zeit auf meinem Merkur in den Fischen (Herbst/Winter 2013) und wird ihn nach mehreren Direkt- und Rückläufigkeitsphasen im Januar 2015 verlassen. Meine Hoffnung ist, dass das Buch bis dahin fertig sein wird – so schrieb ich im März 2014.

Persönliche Erfahrungen mit Chiron-Transiten.

Im Rückblick auf mein Leben und die Essenz daraus wird mir immer klarer, dass das Hauptthema sich – aus astrologischer Sicht – um Chiron dreht. Dieser neu entdeckte Kleinplanet hat zu einigen markanten Wendepunkten und Schlüsselerlebnissen geführt, die ich in der damaligen Situation natürlich nicht verstand, aber rückblickend als Bestandteil der Essenz sehe. Ständig fragte ich mich, wozu ich etwas erlebt habe, und was der Sinn und Zweck dessen war. Jetzt steht Chiron in der Konjunktion zu Merkur und ich begreife, worum es auch in meiner astrologischen Arbeit eigentlich die ganze Zeit ging. Deshalb beginne ich dieses Buch auch mit einem ganz persönlichen Bericht.

In meinem Horoskop (Abbildung auf S. 28) steht Chiron im zweiten Haus, dem Haus der Werte und Talente, und hat ein fast exaktes Sextil zu meiner Mond-Jupiter-Konjunktion im Wassermann im vierten Haus und ein ebenso exaktes Quadrat zu meiner Fische-Sonne im fünften Haus. Und diese drei Planeten waren jedes Mal bei wichtigen Ereignissen, die mein Leben veränderten, betroffen.

Der erste, sehr einschneidende Wendepunkt in meiner Kindheit war die Flucht aus der ehemaligen DDR am 6.1.1960, und der transitierende Chiron stand in Konjunktion zu meinem Mond und Jupiter im vierten Haus. Natürlich durfte ich als kleines Kind von der Fluchtabsicht meiner Eltern nichts wissen und verlor so von einem Tag auf den anderen all meine sozialen Bindungen, ohne den Hintergrund zu verstehen. Meine Mutter erzählte mir später, dass ich nicht geweint hätte. Ich hatte nichts mitnehmen dürfen, nicht einmal meine Lieblingspuppe. Die wurde mir von meinen Großeltern eine Weile später nachgeschickt. Aber, anstatt dass ich mich freute, ließ ich sie im Garten liegen, bis Wind und Wetter sie zerstörten.

Der Verlust der Heimat war sehr einschneidend und es begann eine Leidenszeit. Ich war ausgegrenzt, gehörte nicht mehr dazu, fühlte mich anders als die anderen Kinder, die nicht einmal mit mir spielen durften, da ich ja ein Flüchtling war. Auch verstand ich zu Anfang die Sprache im tiefen Süden der Republik nicht und wurde oft ausgelacht. Seit damals fühle ich mich entwurzelt und heimatlos und immer auf der Suche nach einem Zuhause, nach Menschen, zu denen ich wieder gehören könnte; ein Schicksal, das ich mit vielen Flüchtlingen teile. Als Erwachsene bemühte ich mich sehr um Anpassung und Erfüllung der jeweils geltenden Regeln und Normen. Ich wollte so gerne eine ordentliche schwäbische Hausfrau werden, so sein wie alle anderen, aber sämtlichen Anstrengungen zum Trotz schaffte ich es nicht und das Etikett der Andersartigkeit blieb an mir haften. Und immer wieder verlor ich mein Zuhause und musste an einem anderen Ort, mit anderen Menschen neu beginnen.

Beim ersten Mal und dem wohl besonders einschneidenden Erlebnis, der Flucht aus der ehemaligen DDR, hatte das kleine zehnjährige Mädchen in seiner Notsituation einen bzw. sogar mehrere geniale Rettungsgedanken: Der erste war eine Lüge, für die ich mich noch Jahre schämte und bei der ich nicht verstand, wieso ich gelogen hatte. Ich erzählte einer Klassenkameradin, dass ich in der DDR eine Zwillingsschwester gehabt hätte, die dort gestorben wäre. Und mit dieser Zwillingsschwester ließ ich auch alle Erinnerungen an meine Kindheit „sterben", bis auf einige wenige Negativ-Erlebnisse.

Erst als Erwachsene wurde mir durch die Beschäftigung mit Psychologie klar, dass ich den Teil in mir, der für die DDR mit all dem Aufgehobensein stand, hatte sterben lassen, um hier im Westen überleben zu können. Das Symbol dafür war meine Puppe. Aus astrologischer Sicht war das vermutlich mein empfindsamer Fische-Anteil und mein Waage-AC, der abgespalten werden musste.

Mein Anderssein belastete mich sehr. Wir hatten in unserer Familie andere Traditionen und auch eine andere Kleiderordnung. So durften Mädchen keine Hosen anziehen, nur wenn es sehr kalt war, war es erlaubt, unter dem Rock eine Hose zu tragen. Ich schämte mich dafür, so anders auszusehen. Ebenfalls der Tradition folgend hatte ich Zöpfe. Sie wurden dann zur Konfirmation abgeschnitten, und ich bekam die erste Dauerwelle verpasst. Dies galt als Zeichen dafür, dass das Mädchen nun zu einer Frau wurde. Die ganze Situation war mir extrem peinlich!

In jener Zeit wuchs mein »Schutzpanzer«, ich wurde sehr dick und fühlte mich furchtbar hässlich. (Alles Entsprechungen für meinen Radix-Chiron im zweiten Haus.)

Dieses leidvolle »Anderssein« führte damals zu meiner zweiten Rettungsidee: Wenn schon anders, dann zeige ich es euch! Bildlich gesprochen krempelte ich die Ärmel hoch und war die Erste aus dem Dorf, die auf das Gymnasium durfte. Es war das Jahr 1963, also vor 51 Jahren, und wie heute stand der Transit-Chiron in Konjunktion zu meinem Radix-Merkur. Damals musste man noch eine Aufnahmeprüfung machen und der Lehrer aus der kleinen Dorfschule riet meiner Mutter davon ab. Ich würde zwar schöne Aufsätze schreiben und hätte viel Fantasie, aber das würde eben nicht reichen. Ich erinnere mich noch gut an meine Angst durchzufallen und meine Mutter, die an mich glaubte und meine Teilnahme zur Prüfung durchgesetzt hatte, zu beschämen. Ich bestand und wurde sogar eine gute Schülerin, allerdings immer mit der Furcht im Nacken, es würde eines Tages herauskommen, dass ich in Wirklichkeit dumm war.

Ich gab mich unabhängig und flippig, ließ mich scheinbar nicht verletzen, stand cool über den Dingen und kümmerte mich um die, die auch nicht dazugehörten. Und dieses Verhalten brachte mir sogar Bewunderung und Anerkennung ein, mein Wassermann-Anteil ermöglichte es.

Natürlich sah es in meinem Inneren anders aus, aber das bekam ja niemand mehr zu Gesicht. Schwach und empfindsam zu sein war peinlich, dafür wurde man ausgelacht, dazugehören wollen brachte Ablehnung und Verletzungen, das hatte ich gelernt.

Nach diesem Muster lebte ich, im Hintergrund immer die Sehnsucht, endlich wieder »heimzukommen«. In der Projektion zog ich natürlich viele Fische- und Zweithaus-Themen an, wurde zum Helfer – oft mehr als mir guttat –, sah die Fähigkeiten aber nie als Talente an. Das war ja nichts wert, schon gar nicht zum Geldverdienen (Chiron im zweiten Haus) und so war ich immer abhängig davon, dass zuerst mein Vater und dann mein Mann die Existenz sicherten (Flucht ins achte Haus).

Die Begegnung mit der Astrologie war ein Schlüsselerlebnis und bedeutete einen Wendepunkt in meinem Leben. Als ich mein Horoskop sah, hatte ich zum ersten Mal das Gefühl, so sein zu dürfen, wie ich mich selbst gespürt hatte. Es war Anfang der Achtzigerjahre, ich befand mich am Ende der Dunkelmond-Phase zwischen meinem ersten und zweiten Neumond nach der Geburt, dem Familien- und Sippenthema, bei mir in den Fischen, und dem individuellen im Widder. Chiron stand auf der Spitze meines achten Hauses und machte ein exaktes Sextil zu meiner Sonne und ein Quadrat zu Mond und Jupiter. Er fungierte als Türöffner, die Astrologie flog mir geradezu zu, so als ob sie nur in meinem Innern gewartet hätte, bis ich endlich den Schlüssel benutze. Ich lernte die Astrologie hauptsächlich autodidaktisch, wie viele damals, da es ja in Deutschland noch keine kontinuierliche und professionelle Ausbildung gab. Und dann lernte ich Ernst Ott kennen, der mich am 13.9.1991 fragte, ob ich Lust hätte, mit ihm gemeinsam Ausbildungszentren zu leiten, Astrologie zu unterrichten.

Zu dieser Zeit stand Chiron genau auf meinem MC, der zudem noch mein Chiron-Punkt ist, nämlich die Halbsumme zwischen Saturn und Uranus (dazu später mehr). Und damit begann es, dass mein Hobby zu meinem Beruf wurde, dass aus meinen bisher wertlosen Talenten, zumindest finanziell, eine Gabe wurde, mit der ich mein eigenes Geld würde verdienen können.

Bei der Eröffnung meiner ersten eigenen Praxis und meiner Schulungsräume am 27. Juli.1995 – das Datum hatte sich zufällig ergeben und war nicht nach astrologischen Kriterien gewählt – war ein Neumond am Himmel auf meinem MC, zusätzlich mein Chiron-Punkt, und Chiron machte eine exakte Opposition zu meiner Sonne.

Auch auf der körperlichen Ebene zeigte sich ein Transit, der noch heute aktuell ist: Am 15. Juni 1997 hielt ich meinen ersten Vortrag bei einem Kongress des DAV in Heidelberg, natürlich über Chiron, und der stand direkt auf meinem AC und trat ins 1. Haus ein. An diesem Abend begann meine Allergie gegen Fleisch mit vier Füßen, die sich ausschließlich, aber vehement, im Magen-Darmtrakt zeigte.

Allergien haben häufig mit einem Mars-Thema zu tun, steht er doch auf der körperlichen Ebene für unsere Abwehrreaktionen, er kämpft gegen etwas, was in uns eindringt und nicht gut für uns ist. Wir kennen das als Fieber und die Reaktionen bei Allergien sind ähnlich. Und AC und 1. Haus und Fleisch sind in der Analogiekette Mars-Entsprechungen. Kein Arzt nahm mich ernst, sie lächelten, wenn ich ihnen sagte, dass die Reaktionen nur bei Fleisch mit vier Füßen auftreten, was ich durch Selbstversuche herausgefunden hatte. Inzwischen, 15 Jahre später, hat man entdeckt, dass es eine seltene Form einer Allergie, einer Abwehrreaktion ist, die nur beim Verzehr von Säugetierfleisch auftritt. Jetzt habe ich zumindest die Bestätigung, dass ich nicht »verrückt« bin oder »spinne«.

Am 6. Januar 2011 – genau 51 Jahre nach der Flucht, dem ersten Wendepunkt – stand der Chiron nach Vollendung eines Zyklus wieder auf meiner Mond/Jupiter-Konjunktion. Ich hatte nach einer Krise vor (wieder fühlte ich mich sehr verletzt und abgelehnt, meinte, nicht mehr dazuzugehören), weit wegzuziehen, erneut mein Zuhause aufzugeben, wie damals vor 51 Jahren. »Zufälligerweise« war der Fluchtpunkt dieses Mal sogar Mecklenburg-Vorpommern, also die ehemalige DDR. Ich wollte beweisen, wie unabhängig ich doch sei, und dass ich wieder neu anfangen könnte, die anderen nicht bräuchte, und ich war dicht davor, das Thema von damals zu wiederholen. Inzwischen war aber Baden-Württemberg meine Heimat geworden und so war diese Rückkehr zum

Ursprung als Bild zu verstehen, was ich zu Anfang natürlich nicht begriff. Im Gespräch mit einer Freundin wurde mir klar, dass es nicht darum ging, dorthin zurück zu kehren, sondern meine erfundene Zwillingsschwester, mein »DDR-Mädchen« wie ich diesen Anteil seither nenne, von dort hierher zu holen. Ich verstand, dass ich diesen abgespaltenen Teil meiner Persönlichkeit wieder in mein Leben integrieren und nur so heil und ganz werden konnte. Nach diesem Schlüsselerlebnis folgte auch prompt die Erlaubnis, hierzubleiben und ich fand ein Zuhause, in dem ich, wie ich hoffe, nun bleiben kann. Obwohl ich inzwischen meine verstanden zu haben, dass meine Heimatsuche sich wohl eher auf die innere Heimat bezogen hat, heimkommen zu mir selber.

Den bisher letzten Transit Chirons, seine Konjunktion zu meinem Radix-Merkur, schildere ich hier etwas ausführlicher, denn er führte letztendlich zu diesem Buch. Am 27. Februar 2014, Chiron Konjunktion Merkur auf 13°30‘ Fische, wurde ich an den Stimmbändern operiert. »Ich weiß nicht, welchen Wendepunkt es bedeuten wird.« Diesen Satz schrieb ich etwa im März 2014, als ich mit der Arbeit an diesem Buch begann. Heute ist der 1. Februar 2015, Chiron steht auf 15°12‘ Fische, und ich blicke auf fast ein Jahr Leidenszeit zurück. Die Diagnose damals hieß präcanceröser Belag (der Transit-Pluto war durch ein Sextil zu Merkur auch beteiligt) und Ödeme (entstehen durch Druck: Saturn Opposition Merkur), was sich allerdings im Nachhinein als Irrtum herausstellte. Der Belag war Soor, ein Pilzbefall (Neptun), der medikamentös hätte behandelt werden können und die Ödeme hätten sich durch drei Wochen Schweigen zurückgebildet. Die OP war also überflüssig, hinterließ aber eine Narbe (Chiron) auf einer der Stimmlippen, sodass sie versteifte, nicht mehr richtig mitschwingen konnte und ich extrem heiser wurde. Meine vormals angenehme Stimme, mein Handwerkszeug als Astrologie-Lehrerin und -Beraterin, versagte manchmal total und wenn ich bei einem Anruf das Telefon abnahm, kam häufig nur ein Krächzen heraus. Ich zog mich zurück, hielt keine Vorträge, keine Seminare und keine Beratungen mehr ab, vermied auch Alltagskontakte und schämte mich für meine Stimme, denn sie klang nach drei Schachteln Zigaretten und einer Flasche Whiskey. Ich konnte mich mit meinem Merkur also nicht mehr in der Entsprechung Sprache äußern und so begann ich dieses lang geplante Buch, ich schrieb über Chiron. Der Rückzug und das schamhafte Schweigen räumten mir nun die Zeit dafür ein. Und jetzt wollte ich meinen Fische-Merkur als Talent nutzen. Nicht mehr Saturn, der in Opposition steht zu meinem Merkur, sollte mit Vorschriften und Regeln das Sagen haben, sondern ich ließ es fließen. Vor 51 Jahren, bei der ersten Konjunktion, hatte ich ja die Botschaft bekommen, dass das nicht reichen würde, deshalb wollte ich jetzt zu meiner Art des Denkens und Schreibens stehen. Nach neun Monaten Logopädie und vielen täglichen Übungen, hatte auch meine Ärztin keine Hoffnung auf Besserung mehr und besprach mit mir eine erneute OP.

Am 15.1.2015, Chiron stand auf 14°20‘ Fische und war dabei meinen Merkur zu verlassen, schloss ich das Manuskript ab und schickte es fort zum Korrektur lesen. Ich hatte seit Dezember 2014 alle logopädischen Übungen aufgegeben und auch alle Hoffnung, dass meine Stimme jemals wieder besser werden würde – Chiron stand das letzte Mal exakt auf meinem Merkur. Ich kann es nicht ändern, ich werde damit leben müssen, war mein Resümée, und das kommt natürlich Chirons Situation im Mythos, als er seine Heilungsversuche aufgibt, sehr nahe.

Und heute, am 1.2.2015, ist meine Stimme fast wieder wie früher! Es ist wie ein Wunder, für meine Ärztin jedenfalls unerklärlich. Und ich verstehe es auch noch nicht so recht.

Aber offensichtlich hat mich meine Krankheit darauf aufmerksam gemacht, was mir fehlt, nämlich die Anlageidee meines Fische-Merkurs. War der Zweck des Schweigens usw. ausschließlich dieses Buch oder werden noch andere Erkenntnisse und Nutzen folgen, die meinen intuitiven und fantasievollen Merkur betreffen? Ich habe im letzten Jahr bemerkt, dass jede Disharmonie in mir oder meiner Umgebung zur Verschlechterung meiner Stimme beitrug. Sie war wie ein Seismograf, der mir anzeigte, dass jetzt etwas nicht mehr »stimmig« ist. Darauf werde ich in Zukunft auf jeden Fall hören und wer weiß, wozu das noch nützlich werden kann.

Ich bin bei bestimmten Themen in meiner Radix (Haus, Aspekte zu Planeten) sehr resonant auf die Übergänge Chirons am Himmel über diese Punkte. Denn nicht der Planet am Himmel »macht« ja etwas, sondern die Planeten in mir als Wesensanteile sind betroffen von diesem archetypischen Thema in mir und reagieren so auf die Auslösungen. Die Palette reicht von Verletzung und Scham über Abspaltung, Wiederholungen des alten Themas bis hin zur Akzeptanz, womit ich mir allerdings immer noch etwas schwertue.

So ist die Essenz: *Chiron und die Resonanz in mir in Bezug auf seine archetypische Symbolik haben mich hingewiesen auf mein Thema, nämlich mein Anlagenpotenzial ganz zu leben, den Geist, als der ich gedacht bin, zu verkörpern.*

Und so ist dies die Botschaft von Chiron, seine Essenz, auf dem Hintergrund der eigenen Erfahrungen und aus vielen Beratungen: den Geist, die Idee, mit der wir angetreten sind, zu verkörpern, das heißt im konkreten Erdenleben umzusetzen.

Werde der, als der du gedacht bist. Das ist die Achse Jungfrau/ Fische und auf der Häuserebene sind es die Häuser sechs und zwölf. So können wir die Brücke bauen zwischen Saturn und Uranus, den Herren der Realität und des Himmels, und die Spaltung zwischen beiden überwinden, um zu diesem Heil, das Neptun symbolisiert, zu kommen.

Das ist auch die Essenz meines astrologischen und privaten Lebens, darum ging es eigentlich die ganze Zeit, dazu habe ich die verschiedenen Erfahrungen gemacht und so habe ich auch immer die Menschen beraten, die zu mir kamen. Es war so selbstverständlich, dass ich es so und nicht anders machte, und erst jetzt wird mir klar, was eigentlich der Hintergrund all dessen war.

Dies für sich selber zu entdecken ist der Sinn und Zweck dieses Buches, die Essenz von Chiron: den Geist verkörpern.

Es gab noch viele Schlüsselerlebnisse in Bezug auf Chiron-Auslösungen, die nicht nur meinen astrologischen Werdegang beeinflussten, sondern auch mein Privatleben betrafen. Wenn ich sie alle aufzählen müsste, würde ich viele Seiten füllen.

Aber vielleicht haben Sie Lust bekommen, auch einmal bei sich nachzuschauen, inwieweit Chiron bei Ihnen wichtige Wendepunkte ausgelöst hat.

1.2 Wieso Chiron einen Platz in der Götterrunde verdient – eine Szene auf dem Olymp

Es ist kurz vor Mitternacht am 17. Oktober 1977. Gigantisch erhebt sich der Olymp in den Nachthimmel. Ringsum ist die Silhouette der kleineren Berge zu sehen und ganz unten im Tal vereinzelte Lichter in den Häusern der Menschen. Und über allem in tief dunklem Blau der glitzernde Sternenhimmel.

Chiron bekommt seinen Platz.

Der Hausherr Jupiter steht im Prunksaal im obersten Stockwerk seines Palastes und blickt zufrieden auf all das hinab. Er ist zwar nicht der Schöpfer dieser Schönheit, aber das tut seinem Stolz keinen Abbruch. Er ist der Herrscher und niemand wird ihm das jemals streitig machen können. Keinem seiner vielen Kinder wird er diese Macht in die Hände legen, denn keines ist ihr so gewachsen wie er.

Er genießt es, allein in seinem Palast zu sein ohne sein Eheweib Hera, die gerade in der letzten Zeit wieder nörgelig und vorwurfsvoll war, sodass er am liebsten das Weite gesucht hätte. Aber jetzt, ohne sie, lässt es sich auch gut zu Hause aushalten, zumal er zahlreichen Besuch erwartet.

Er beginnt majestätisch in seiner lapislazuli-blauen Robe auf und ab zu schreiten. Alles ist vorbereitet, der große runde Konferenztisch mit den elf Stühlen wartet nur noch auf die Teilnehmer.

Da poltert es auf der Treppe und bevor er den Gast hereinbitten kann, wird die Tür aufgerissen und sein Sohn Mars stürmt in den Raum. Er trägt noch die Rüstung vom letzten Kampf und Reste von Blut finden sich auf seinem Schwert, das er nun abgürtet und in die Ecke stellt.

»Hallo Vatter, na bin ich mal wieder der Erste?! Immer das gleiche mit der lahmarschigen Verwandtschaft!«

»Zügle dich, Sohn! Wenigstens heute Abend bitte ich mir Zurückhaltung aus. Ich will keinen Streit. Wir werden ganz sachlich unsere Argumente austauschen und dann weitersehen.«

»Ich weiß gar nicht, warum ihr da so lange rummacht. Das ist doch längst klar, Onkel Chiron kriegt seinen Job und damit basta.«

»Das ist längst nicht klar. Dein Opa Saturn hat nämlich einige Bedenken.«

»Wann hat der die nicht?«

»Ich wünsche es mir aber so, damit die Menschen mich endlich verstehen.« Obwohl dies eine zarte und leise Stimme gesprochen hat, fährt Jupiter erschrocken herum.

»Schleich dich nicht immer so rein, Bruderherz, da kann einem ja noch mal das Herz stehen bleiben!«

»Typisch Onkel Neptun!« Mars lacht und klatscht sich auf die Schenkel.

Durch das Gewand aus vielen verschiedenen Schleiern, die bis auf den Boden reichen, kann man den mächtigen Meeresgott nicht genau erkennen. Und genauso mag er es auch. Er möchte immer etwas vernebelt bleiben, sodass der Fantasie über ihn keine Grenzen gesetzt sind.

»Setzt euch schon mal, die anderen werden auch gleich kommen«, knurrt Jupiter und nimmt auf dem größten Stuhl Platz, der sehr einem Thron ähnelt. Sein Sohn setzt sich ihm gegenüber in die Nähe des Eingangs.

Merkur und Venus treten durch die große Flügeltür, wobei Merkur in seinem kurzen, flatternden gelben Gewand und auf seinen geflügelten Schuhen um seine geliebte Venus herumhüpft und ohne Unterlass auf sie einredet. Doch die lächelt nur, ignoriert seinen Wortschwall und geht mit einem verführerischen Augenaufschlag auf ihren Ziehvater Jupiter zu. Sie trägt ein grünes Abendkleid mit tiefem Ausschnitt und eine wunderschöne Perlenkette, die ihr Gatte Hephaistos in zartes Gold gefasst hatte. Und Jupiters Gesichtszüge glätten sich, er erhebt sich mit ausgebreiteten Armen und drückt sie zärtlich an seine breite Brust.

»Und ich?«, meldet sich Mars und beobachtet eifersüchtig die Szene. »Ich sollte der Erste sein, den du begrüßt!«, beschwert er sich, worauf Venus sich liebevoll lächelnd ihm zuwendet, ihm sanft über die eine Wange streicht und einen zarten Kuss auf die andere haucht.

»Später, mein Lieber«, flüstert sie zärtlich und Mars sinkt mit einem erwartungsvollen Grinsen im Gesicht auf seinen Stuhl zurück.

»Setzt euch, setzt euch, sucht euch einen Platz, der euch genehm ist. Nur diese drei Stühle sind reserviert«, ruft der Hausherr wohlgelaunt aus, rümpft allerdings kurz darauf die Nase, als er sieht, dass seine Lieblingstochter Venus sich nicht etwa zu ihm setzt, sondern den Platz neben ihrem Liebhaber Mars wählt.

Aber Merkur lässt sich nicht so leicht abwimmeln, greift sich den Stuhl auf ihrer linken Seite und versucht, ihre Aufmerksamkeit durch den neuesten Klatsch aus dem Götterhimmel zu gewinnen.

»Wusstet ihr schon«, hebt er an, »dass Pluto sehr verärgert ist, weil er nun von den Menschen nicht mehr als Planet anerkannt wird? Und dass er sogar Rache schwört?«

»Hör auf über mich zu tratschen, sonst bist du der Erste, an dem ich mich räche«, tönt eine tiefe und dunkle Stimme vom Eingang her und der Gott der Unterwelt betritt ganz in Schwarz gekleidet den Raum.

»Sorry, sorry, aber das hast du mir doch gesagt«, versucht Merkur sich zu rechtfertigen.

»Aber das war keine Botschaft für die anderen. Du als Götterbote solltest mit der Weitergabe von Informationen vorsichtiger sein, sonst lasse ich dich nicht mehr in mein Unterweltsreich – oder gar nicht mehr heraus«, trotz leiser Stimme vibriert die Luft vor Intensität um Pluto herum und jeder spürt die große Macht, die von ihm ausgeht, bevor er rechts von Mars Platz nimmt. Ein letzter Blick trifft Merkur, sodass sogar der schweigt.

Ein Lichtstrahl fällt durch die offene Tür und Helios, die Sonne, ganz in strahlendes Gold gehüllt, betritt mit La Luna, dem Mond, an der Seite den Raum.

»Dimm dein Licht mal etwas, du blendest uns«, ruft Jupiter ihm zu und hält sich eine Hand vor die Augen.

Frau Mond stellt sich in ihrem langen und wallenden silbernen Kleid vor Helios, sodass ihr Schatten auf ihn fällt, bis er sein Strahlen etwas heruntergefahren hat. »Er vergisst halt immer, dass zu viel von ihm auch gefährlich sein kann«, entschuldigt der Mond ihren Gefährten.

Die Sonne zieht beleidigt die Mundwinkel herunter, wodurch ihr Licht sanfter wird, geht schweigend um den Tisch und setzt sich links von Jupiter. Frau Mond folgt ihr und nimmt neben ihr Platz.

Pünktlich auf die Minute, die Uhr schlägt gerade Mitternacht, betritt Saturn den Raum. Schweigend, mit ernster Miene und gekleidet wie eine graue Eminenz mit Hut und Aktenmappe in der Hand umrundet er langsam und bedächtig Schritt für Schritt den Tisch und geht auf seinen Sohn Jupiter zu.

»Du sitzt auf meinem Platz, Filius. Ich übernehme den Vorsitz. Noch bestimme ich über alle Gesetze, alles im Kosmos ist durch mich geregelt und geordnet, alles liegt in meiner Verantwortung, deshalb auch unsere Sitzung.«

»Na, gut«, antwortet ihm Jupiter, „dann achte du halt auf die Einhaltung der Regeln und bestimme die Struktur. Bei den Inhalten werden wir dann weitersehen. Ich bin ja großzügig und dränge mich nicht um Formalitäten. Aber ich habe geladen und so sitze ich hier. Hier rechts neben mir ist dein Platz.«

Saturn bleibt noch einen Moment stehen, es arbeitet in ihm und man sieht seinem Gesicht an, wie er sich an die Niederlage im Kampf mit seinem Sohn erinnert. Doch dann siegt sein Realitätssinn, die Zeiten haben sich eben geändert, und er setzt sich.

»Jetzt fehlt nur noch Uranus«, Jupiter steht auf und schaut in die Runde.

»Der ist doch nie pünktlich«, meldet sich Merkur mit einem vorsichtigen Blick auf Pluto.

»Wir kommen auch ohne diesen Chaoten zurecht«, Saturn verschränkt die Arme vor der Brust, »und außerdem weiß ich gar nicht, was ihr, Neptun und Pluto, hier zu unserem Thema sagen wollt. Ihr schwirrt so weit weg im Universum und die Menschen haben keinen Bezug zu euch.«

Da geht die Tür erneut mit Schwung auf und Uranus fliegt mehr als er geht in den Raum. Heute ist sein Kostüm besonders ausgefallen. Er steckt in einem hautengen Anzug, der wie von innen beleuchtet in verschiedenen Neonfarben blinkt, ähnlich einer modernen Reklame an einer großen Hauswand.

»Aber Halt, stopp, gerade darum geht es doch. Um uns. Wir sind doch auch ein Teil von ihnen, nicht nur ihr! Das sollen die Menschen endlich begreifen! Es gibt nicht nur euch persönliche und gesellschaftliche Götter, sondern auch uns, die geistigen Prinzipien«, Uranus Worte haben einen leicht blechernen Ton.

»Genau. Obwohl ich die Erste war, die überhaupt ihr Leben ermöglicht hat, die Schöpfung eingeleitet habe, haben sie mich als Letzte entdeckt. Jetzt bin ich sogar nicht mal mehr ein Planet!« Pluto ist sichtlich erbost: »Die werden sich noch wundern! Sie können noch lange nach ihrem Urknall forschen, mich zu verstehen wird Jahrhunderte brauchen. Deshalb halte ich mich raus.«

»Seit wann bist du denn »die«? Du gehörst doch als Pluto in die Männerrunde.« Jupiter schaut ihn konsterniert an.

»Eben, sag ich doch. Ich wurde aus völligem Unverständnis vermännlicht. Aber lassen wir das, bis die Zeit reif dafür ist.«

»Jetzt ist jedenfalls Zeit für unsere Sitzung«, meldet sich Saturn zu Wort und klopft mit einem kleinen Hammer auf den Tisch. »Setz dich endlich, Uranus, damit wir anfangen können. Wegen dir haben wir Verspätung.«

»Ach, Söhnchen, was ist denn schon Zeit! «, antwortet Uranus und schwingt sich rechts neben Neptun auf einen Stuhl.

Der Platz zwischen ihm und Saturn bleibt frei und auf den weist nun Saturn. »Wo bleibt denn die Hauptperson für heute Abend?«

»Also hör mal, ich bin mindestens genauso wichtig«, meldet sich erneut Uranus, »mein Zeitalter bricht an. Spätestens seit sie mich entdeckt haben, will ich auch bei der Gestaltung des Lebens mitmachen. Aber richtig und nicht nur mit ihren Computer-Hirnfürzen.«

»Zuerst einmal komme ich, denn meine Herrschaftszeit geht zu Ende. Die Menschen haben nicht mehr viel Zeit, auch mich vom Himmel in ihr Leben zu holen. Ich fühle mich von ihnen so unverstanden«, jammert Neptun leise vor sich hin.

»Wie sollen sie dich denn auch verstehen?! Du bist doch nie konkret und greifbar«, antwortet Merkur.

Neptun schaut ihn mit tränenerfüllten Augen an, worauf Jupiter, als er das sieht, ausruft: »Halt dich bloß zurück, Brüderchen, wir wollen hier nicht wieder eine Überschwemmung!«

»Ich bemüh mich ja als Vermittler zu deinem transzendenten Reich«, fährt Merkur mit für ihn ungewöhnlich sanfter Stimme fort, »aber mit meinen Worten können sie immer nur einen winzigen Teil von dir erfassen. Sie leben eben auf der Erde in Raum und Zeit, in der Welt der Gegensätze. Wie sollen sie da Einheit begreifen? Die gibt es auf der Erde nicht«, versucht er ihn zu trösten.

»Und daran bist du schuld, Sohn Saturn«, mischt sich Uranus ein. »Du hast das Reich des Geistig-Spirituellen, unser Reich, abgetrennt.« Er weist bei diesen Worten auf sich selbst, auf Neptun und auf Pluto. »Jetzt kannst du schauen, wie du es wiedergutmachst! Die Menschen brauchen endlich wieder den Zugang zum Himmlischen.«

»Jetzt gebt Ruhe!« Jupiters Donnerstimme dröhnt durch den Saal. »Genau darum geht es doch heute. Die Menschen werden einen neuen Planeten entdecken – natürlich nur, wenn wir es ihnen erlauben.« Er wirft sich majestätisch in Positur. »Es wird zwar ein Winzling sein im Verhältnis zu mir, aber der Gott, dessen Namen er bekommen wird, hat ohne Zweifel seine Fähigkeiten. Er kann nämlich diese Trennung zwischen uns hier, die wir die Erde regieren, und euch Göttern des

Geistigen aufheben, er kann heilen. Das behauptet er zumindest. Fragen wir Chiron also, wie er das anstellen will. Wo bleibt er eigentlich?« Jupiter schaut sich am Tisch um, der Platz zwischen Saturn und Uranus ist immer noch leer.

»Der wartet, bescheiden wie er nun mal ist, bis wir ihn rufen«, informiert ihn Merkur.

»Man hole ihn herein!,« befiehlt Jupiter.

»Es ist kein Diener da, wer ist man?«, bemerkt Merkur verschmitzt.

Da springt Mars auf: »Oh Mann, mach hinne. Ich habe heute Nacht noch was anderes vor.« Er blinzelt Venus dabei an und reißt die Tür auf. »Komm endlich rein, zack, zack. Wir wollen wissen, was du zu sagen hast.«

Chiron betritt den Raum und stellt sich hinter den leeren Stuhl, wobei das Geräusch seiner klappernden Hufe durch den Saal hallt.

»Nun setz dich endlich, damit wir anfangen können, und sag uns, was du vorhast.«

Chiron bleibt stehen und schaut Jupiter schweigend an.

»Ach so, ja, das geht bei dir wohl nicht mit deinem dicken Hintern. Entschuldige, ich vergaß!« Jupiter ist sein Lapsus sichtlich peinlich, worauf Uranus prustend loslacht: »Genial, Enkelchen, das hätte von mir sein können.«

Chiron beginnt schließlich zu reden, leise und verhalten. »Ich musste lange warten, bis ich auf meiner Bahn in die Nähe kam, um entdeckt werden zu können. Aber nun ist die Zeit reif, nicht wahr, Vater?« Er blickt Saturn an.

»Erinnere mich bloß nicht daran! Das zählt nicht, da war ich nicht ganz bei mir«, antwortet der und blickt verschämt zu Boden.

»Ach sieh mal an, gerade du mit deinen moralischen Ansprüchen! Ich stehe wenigstens zu meinen außerehelichen Abenteuern und deren Folgen.« Jupiter grinst seinen Vater Saturn herausfordernd an.

Aber Chiron unterbricht ihn, um fortzufahren: »Das ist heute nicht das Thema. Ich bin aus einem anderen Grund hier. Ich kann nämlich eine Brücke bauen zwischen dir, Vater Saturn, und dir, Großvater Uranus.«

Da meldet sich Saturn mit strengen Worten: »Zu mir kommt dieser Chaot nicht mehr rein. Meine Mauern und Grenzen sind dicht und schützen die Menschen gerade vor seinen unvorhersehbaren geistigen Ergüssen.«

»Aber«, Uranus springt auf, »ich bin doch längst entdeckt von den Menschen und sie haben schon lange den Wunsch, sich mit mir zu verbinden. Viele suchen geradezu danach mit allen möglichen Techniken, welch Geistes Kind sie eigentlich sind. Und die Antwort kann ihnen Jupiter nun mal nicht geben, nur ich!« Er schaut mit blitzenden Augen in die Runde.

»Du hast Recht, Uranus«, antwortet Jupiter und hält sich dabei die Hand vor die Augen. »Aber lass das jetzt und spar dir deine Blitze für die Menschen auf.«

»Seht ihr, seht ihr, das mein ich!«, ruft Saturn. »Und den Chaoten mit seinen sprühenden Funken soll ich reinlassen? Nie und nimmer!«

»Du musst, Vater, denn mein Erkenntnisinstrumentarium reicht nur bis an deine Grenzen, du lässt mich ja nicht darüber hinaus.« Jupiters Worte klingen ernst und streng und er hebt sogar den Zeigefinger in Nachahmung seines Vaters.

»Ich kann zwar auch verbinden und Trennungen auflösen, aber nur durch die körperlichen Sinne und durch die Liebe auf Erden«, versucht Venus mit liebreizender Stimme die spannungsgeladene Atmosphäre zu beruhigen.

»Aber das machst du ganz hervorragend«, kommentiert Mars die Worte seiner Geliebten.

»Und bei mir geht es eben um die höhere Liebe, die geistige All-Eins-Verbindung, den Einklang von allem, was ist, um das Heil-Werden«, säuselt Neptun.

»Ich möchte auch mal was dazu sagen«, meldet sich Frau Mond. »Ich spüre bei vielen Menschen dieses Bedürfnis. Sie brauchen es, sie träumen davon und sehnen sich danach, nicht nur eine Heimat auf der Erde zu haben, sondern auch eine im Himmel. Wir sollten dieses Bedürfnis erfüllen.«

»Ich meine, es ist eine Herzensangelegenheit der Menschen«, schaltet sich Helios in den Disput ein, »und sie haben ein Recht darauf, mit ihrem Geist die Welt kreativ und schöpferisch zu gestalten. Erst dann können sie sich doch als einmalige Individuen begreifen und ihr geistiges Geschenk selbstbewusst in die Welt bringen.«

»Genau, den eigenen Vater kastrieren, welche Freveltat! Ich darf es mir gar nicht vorstellen!« Jupiter schaut seinen Vater aufgebracht an und der antwortet kleinlaut: »Ich habe doch nur den Wunsch deiner Großmutter Gaia befolgt.«

»Jetzt ist Schluss damit, das Recht muss wieder hergestellt werden. Ich als oberster Richter bestimme es so, die Trennung von Himmel und Erde muss aufgehoben werden.« Jupiter ist aufgestanden bei dieser Verkündung, aber sein Vater neben ihm sitzt mit verschränkten Armen und starr auf seinem Stuhl und antwortet: »Meine Mauern sind dick und undurchdringlich, basta!«

»Du hast es wohl bisher niemandem erzählt«, wendet sich Chiron ihm zu, »aber ich muss es jetzt tun, im Interesse der suchenden Menschen. In deiner Mauer ist eine Tür, ich weiß, wo sie ist und ich habe den Schlüssel dazu. Ich kann sie aufschließen und Großvater Uranus einlassen.«

Saturn ist wie versteinert. »Weißt du, was dann passiert? Die Menschen werden sich nicht mehr sicher und geschützt fühlen in ihrer Haut. Der Strom dieses Chaoten wird in sie eindringen können und ihr Leben und ihr Selbstverständnis durcheinanderbringen und auf den Kopf stellen. Sie werden denken, sie seien plötzlich verrückt geworden und werden darunter leiden. Die Öffnung meiner Schutzbarriere macht sie zudem verletzlich, sie werden sich ausgeliefert fühlen an das Unvorhersehbare und es wird sie womöglich aus der Bahn schleudern.«

»Hört, hört, der ewige Bedenkenträger spricht.«

»Halt den Mund, du Grünschnabel. Das war alles vor deiner Zeit, du weißt ja nicht, wovon du redest«, weist Saturn Merkur zurecht.

Chiron wendet sich Saturn zu, aber der würdigt ihn keines Blickes. »Glaub mir, Vater, ich weiß, wovon du redest. Ich weiß, wie schmerzhaft es ist, anders zu sein, sich nicht normal zu fühlen. Aber ich weiß auch, wie beschämend es ist, sein Gespaltensein zwischen Körper und Geist öffentlich zur Schau zu tragen.«

Jupiter schaltet sich mit sanfter Stimme ein und versucht Chiron zu beruhigen. »Dein edler Charakter zeichnet dich aus. Du hast dir nie etwas zuschulden kommen lassen und dein selbstloses Opfer für Prometheus, den ich zu Recht bestrafen musste, hat dich in den Himmel zurückgebracht. Damit ist das Unrecht, das dir widerfahren ist, getilgt.«

»Du irrst dich, Brüderchen«, antwortet Chiron, »deine Bedingung, nur ein Unsterblicher könne ihn von seinen Qualen erlösen, hat mich letztendlich von meinen befreit. Das war kein Opfer für ihn, sondern hat uns beiden genutzt. Und damit war meine Aufgabe erfüllt.«

Jupiter schaut ihn erstaunt an. »Ok, ok, dieser Zusammenhang ist mir neu. Was machen wir jetzt? Lassen wir den Schlüsseldienst kommen?«

»Aber die Menschen sollen sich dann ja nicht bei mir beschweren«, lenkt Saturn ein. »Und dieses Mal, Vater Uranus, werden wir besser zusammenarbeiten müssen. Lass mir und den Menschen Zeit für Erfahrungen, um aus deinen Visionen etwas Brauchbares zu machen.«

»Ich schüttle sie nur ab und zu mal durch, wenn sie partout nicht umdenken wollen, versprochen«, beruhigt Uranus ihn.

»Und ich werde ihnen helfen, den Sinn und die Zusammenhänge des Ganzen zu verstehen. Das ist mein, Jupiters, Beitrag.«

»Mit mir werden sie ihre Andersartigkeitserfahrungen mit der Zeit als Wert empfinden und sie lieben lernen.« Venus lächelt in die Runde und sogar Saturns Sorgenfalte auf der Stirn glättet sich.

»Und ich, meine liebe Venus«, antwortet Mars, »werde ihnen den Mut geben, die Ideen, die Uranus ihnen bringt, auch in die Tat umzusetzen. Sie werden sich getrauen, sich zu unterscheiden, ja sie werden zu Pionieren und so Neues in die Welt bringen. Es wird höchste Zeit, mit den ollen Kamellen aufzuräumen.«

»Mein Beitrag wird sein, dass sie die Visionen verstehen und begreifen können", Merkur hüpft vor Freude und die Flügel auf seinem Helm flattern. „Dann können sie sie in die Hand nehmen und sie sowohl mit Worten als auch praktisch gestalten.«

»Nicht nur den Kopf wird man für eine neue Zukunft brauchen, lieber Merkur, sondern auch mich, ihren empfänglichen Teil, ihre Seele, ihren Bauch. Ich werde ihnen helfen, sich zu öffnen für ihre geistigen Anteile, damit sie eine Heimat in sich selbst finden können.« Frau Mond streicht sanft über ihren Bauch und lächelt dabei.

»Das ist der Funke, der sie zum Strahlen bringen wird wie die Kinder. Sie werden endlich begreifen, was es heißt, das göttliche Feuer in sich zu tragen und damit zu gestalten.« Und während er das sagt, freut sich Helios, die Sonne, so, dass er ganz vergisst, sein Licht gedimmt zu halten und leuchtet wie zu Anfang, ohne dass sich jedoch jetzt jemand darüber beschwert.

»Ich halte mich vorerst noch raus.« Das ist Plutos Kommentar und niemand von den Anwesenden vermisst seinen Beitrag.

»Nun denn, lieber Chiron«, sagt Jupiter und erhebt sich, »du siehst, alle sind einverstanden. Nun zeig dich diesem Herrn in Pasadena auf seinem Berg, und zwar so, dass er dich dieses Mal nicht übersieht.«

Neptun steht auf, sein inneres Licht bringt sein Schleiergewand zum Glitzern und Flirren. Er wirkt gar nicht mehr zart, sondern sehr kraftvoll und mächtig. »Mir fehlen die Worte«, sagt er, »genau das ist mein Anliegen. Dann sind Körper, Seele und Geist endlich wieder eins. Los, Chiron, schließe die Tür auf. Die Zeit und die Menschen sind reif für deine Entdeckung.«

Es ist der 18. Oktober 1977 um 2.08 Uhr OZ auf dem Palomar Mountain in Pasadena, USA, als Charles Kowal das erste Foto von Chiron macht.

Am 1. November 1977 um 10.00 Uhr OZ auf dem Palomar Mountain entdeckte er auf dem Foto den neuen Kleinplaneten, der den Namen Cheiron bekam. Die Uhrzeiten sind leider nicht durch Quellen nachgewiesen.

Abbildung 1: Erste Sichtung Chirons

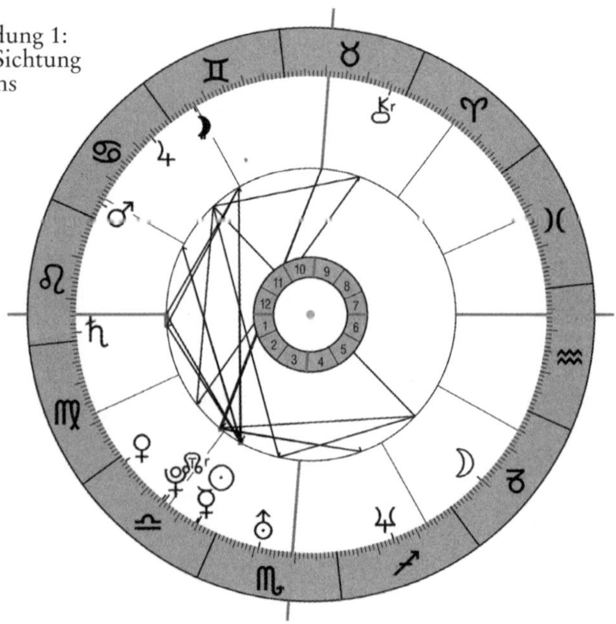

Abbildung 2:
Entdeckung
Chirons

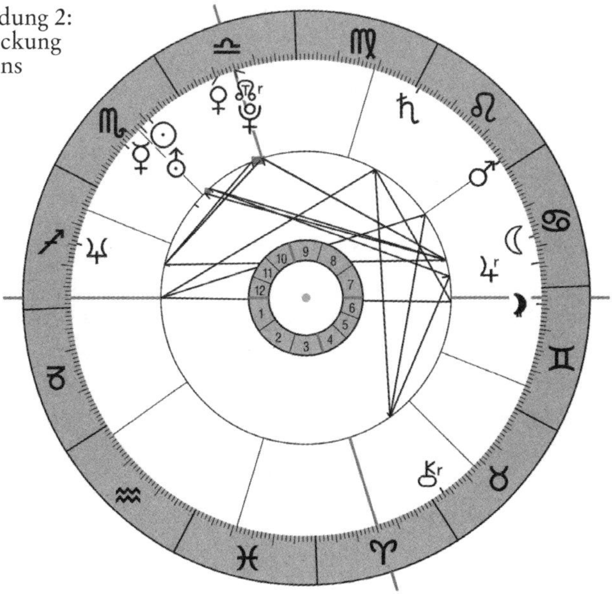

1.3 Erläuterungen zur Szene auf dem Olymp

Chirons Funktion und Aufgabe zur Zeitenwende.

Die Beteiligten an dieser Gesprächsrunde, die Götter, wissen, worum es geht und von was sie reden. Aber vielleicht brauchen wir Normalsterblichen doch einige Erläuterungen.

Da ist die Rede davon, dass Neptuns Zeitalter, das der Fische, zu Ende geht und er den Wunsch hat, in seiner Symbolik verstanden zu werden.

Diese Zeitalter, die alle etwas mehr als 2.000 Jahre dauern, sind die Monate im sogenannten Platonischen Weltenjahr, das etwa 25.000 Jahre dauert. Ganz kurz erklärt hängt es mit der Präzession zusammen, der rückwärts durch den Tierkreis schwankenden Erdachse. Die verschiebt sich etwa alle 2.000 Jahre rückwärts durch den Tierkreis, so folgt auf das Zeichen Fische das Zeichen Wassermann.

Vor etwa 2.000 Jahren begann das Fischezeitalter, etwa zeitgleich mit Christi Geburt und unserer Zeitrechnung. Das Geheimzeichen der ersten Christen war ein Fisch, und auch in der Lehre, dem geistig-weltanschaulichen Überbau, finden wir viele Entsprechungen, die dem Tierkreiszeichen Fische zugeordnet sind. Aber erst 1830 wurde Neptun entdeckt und als neuer Herrscher in diesem Zeichen eingesetzt, davor war es Jupiter.

Nun beginnt also das Wassermann-Zeitalter mit seinem Herrscher Uranus. Und so will natürlich dieser Gott im Gespräch auch endlich integriert werden in das Bewusstsein der Menschen. Da aber sein Sohn Saturn ihn, den Vater Uranus, auf Wunsch der Mutter hin entmannt hatte, war die Verbindung zwischen Himmel und Erde gekappt. Nun sieht er endlich seine Zeit gekommen und Chiron, der neu entdeckte Planetoid, bietet sich an, eine Brücke zu bauen zwischen den beiden Planeten Saturn und Uranus und die Trennung wieder aufzuheben. Chirons Symbol ist einem Schlüssel ähnlich und so kann man auch eine

Abbildung 3:
Eva Stangenberg,
15.3.1950, 21:20h,
Klötze (D)

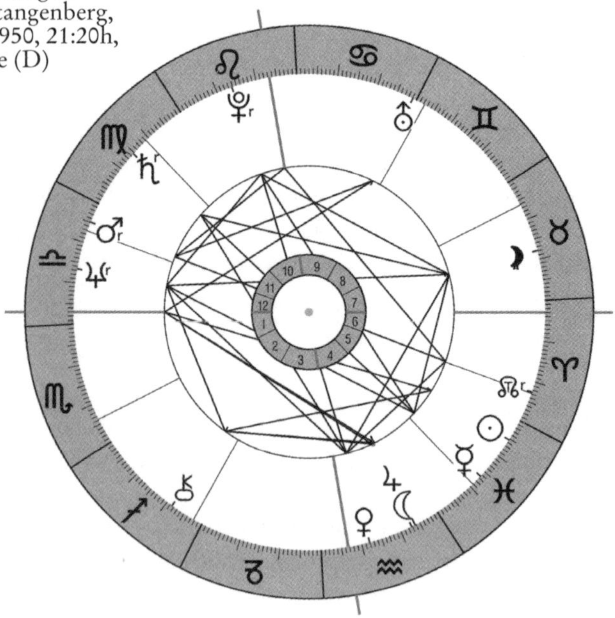

Tür in der saturnischen Wand assoziieren, die Chiron nun aufschließt, damit die uranische Energie in die konkrete Welt eindringen kann.

Diese drei Planetenprinzipien, Saturn, Uranus und Neptun, finden wir symbolisch in der Darstellung unserer Radix.

Der Kreis ist hierin Neptun zuzuordnen, der Einheit, dem Paradies, aus dem wir alle kommen. Die Planetensymbole im Kreis sind in ihrer Anordnung und Kombination einmalig und wiederholen sich nicht in einem Zeitraum, den ein Mensch erfassen kann. Sie sind deshalb das Besondere und Individuelle dieses Menschen, was ihn von allen anderen unterscheidet und entsprechen damit der Symbolik von Uranus.

Das sogenannte Achsenkreuz wird auf den Moment der Geburt am betreffenden Ort berechnet. Die horizontale Linie von Aszendent, dem Ostpunkt des Horizonts, und Deszendent, dem Westpunkt und der häufig nicht im direkten rechten Winkel dazu stehenden vertikalen Linie, dem Imum Coeli, tiefster Punkt der Sonne, und dem Medium Coeli, dem höchsten Punkt der Sonne am betreffenden Ort, schneiden sich genau im Mittelpunkt des Horoskops. Die Achsen teilen den Kreis in vier Segmente, die Quadranten, und bilden vier Schnittpunkte mit dem Kreis. Vier ist die Zahl der Realität, der Formen, die wir auch in den vier Elementen wiederfinden, aus denen sich alles zusammensetzt, in den vier Himmelsrichtungen, den vier Jahreszeiten usw. Diese Zahl mit ihrer Entsprechung der Realität wird dem Saturn zugeordnet.

Am Schnittpunkt in der Mitte steht der Mensch, gekommen aus der paradiesischen Einheit, ausgestattet mit ganz einmaligen Talenten und von der Geburt bis zum Tod gebunden an das Kreuz der Realität, an seinen Körper.

Der Punkt in der Mitte hat laut mathematischer Definition keine Raum- und Zeitbindung, ist also symbolisch die Aufhebung aller Gegensätze und somit wieder die neptunische Einheit, die ich in diesem Fall Himmel nennen möchte.

Die drei Planetenprinzipien Saturn für den Körper, Uranus für den Geist und Neptun für die Seele verbinden sich also zu einer Einheit.

So könnte man diese Abbildung zusammenfassen als Daseinszweck oder eine Aufgabe, die wir hier in der Welt haben, nämlich das in die Realität (Saturn) zu bringen, was wir als geistige Idee (Uranus) sind und aus dem »Paradies« (Kreis) mitbekommen haben, um dann in den Himmel der Einheit (der Punkt in der Mitte) einzugehen.

Die beiden Planeten Saturn und Uranus sind Prinzipien des Lebens, C. G. Jung nannte sie Archetypen (Urformen, Ur- oder Grundprägungen), die als radikale Gegensätze angesehen werden können. Uranus entspricht der Uridee des reinen Geistes, wir kennen seine Zeugungskraft, die aus dem gestirnten Himmel kommt, aus der Mythologie, wobei es ihm ausschließlich um die Entladung der elektrischen Energie ging und nicht um die Realisierung. Gaia musste seine Geschöpfe in sich verbergen, da sie durch die Realisierung auf der Erde, nicht mehr seiner reinen Vision entsprachen. Im genauen Gegensatz dazu steht das Prinzip des Saturns, ihm geht es nicht um Ideen oder Zukünftiges, Neues, sondern darum, das Bestehende zu ordnen, zu regeln, zu manifestieren und das Konkrete zu erhalten. Er ist der Herr der Erde, der Realität, der Verdichtung zu Formen und zur greifbaren, nach seinen Gesetzen strukturierten Körperlichkeit.

Und Chirons Anliegen ist es nun, diese beiden konträren Prinzipien zu verbinden, eine Brücke zwischen ihnen zu bauen durch den Schlüssel, den er und sein Prinzip in den Händen halten. Er will die Spaltung zwischen der geistigen Idee und der Verkörperung auf der Erde aufheben. Sowohl Uranus als auch Saturn werten und halten ihr Anliegen für das jeweils Beste. Mit Uranus wird der Weg zur Geistigkeit betont und für erstrebenswert gehalten, im Gegensatz zu Saturn, der das Prinzip der Anpassung an die jeweiligen Gesetzmäßigkeiten und die herrschende Norm hervorhebt. Wie Chiron diese schwere Aufgabe angeht, wird uns der Mythos erzählen.

Ich möchte die Verbindung von Saturn und Uranus auf uns Menschen übertragen einmal mit unserem Fingerabdruck vergleichen. Der ist bei jedem Menschen ganz unverwechselbar und individuell, so wie auch die geistige Idee, abgebildet im Horoskop. Nun soll die Entdeckung Chirons uns dazu verhelfen, unseren seelisch-geistigen Abdruck hier in der Welt zu hinterlassen, um unseren Daseinszweck, nämlich die Realisierung unserer Idee, hier auf der Erde in der Verkörperung zu erfüllen.

Und dieses Anliegen, diesen Wunsch hat Neptun in unserer Götterrunde, er möchte, dass die Spaltung zwischen Geist (Uranus) und der Welt der Realität (Saturn) aufgelöst wird, damit die Menschen am Ende des Fischezeitalters verstehen, was Einheit bedeutet. Deshalb setzt Neptun seine Hoffnung auf die Erfüllung von Chirons Auftrag.

Merkur und Jupiter verlaufen innerhalb der Bahn von Saturn, können also mit ihren Erkenntnismöglichkeiten nicht bis in den geistigen Bereich vordringen. So meint Uranus zu Recht, dass eine andere Art Instrument vonnöten ist, nämlich sein Spirit. Aus den Mythen wissen wir, dass er vor der Schaffung von Raum und Zeit, vor Saturn, seinen Geist versprühte. Er ist also frei von der logisch-kausalen und zeitlich-linearen Denkweise des Merkurs. Mit dessen Prinzip können wir hier in der Polarität gerade durch deren Gegensätze unsere Welt begreifen. Nur wenn es ein Oben gibt, können wir ein Unten verstehen usw. Damit ist aber Neptun nicht zu erfassen, es ist also Voraussetzung, die höhere Oktave des Denkens, die frei ist von Polaritäten, nämlich Uranus, zu integrieren, um überhaupt zu Neptun zu gelangen.

Wir finden diese beiden Planetensymbole, Merkur und Uranus, auch vertreten in unseren beiden Hirnhälften. Die linke Seite, zuständig für unsere rechte Körperhälfte, können wir dem merkurisch-logischen Denken zuordnen, dem Denken, das üblicherweise »männlich« genannt wird. Auf der rechten Seite finden wir die uranische Art zu denken, kreativ, mit plötzlichen Einfällen und Geistesblitzen, was man gemeinhin das ‚weibliche' oder auch emotionale, unlogische Denken nennt. Einseitiges Denken ist für niemanden förderlich, weder nur Ratio und Vernunft noch nur Fantasie und Visionen führen zu einem erfüllten Leben. So hat unser Gehirn auch eine Verbindung, den sogenannten Balken, damit beide Seiten sich ergänzen und gegenseitig befruchten können. (Ausführlicher beschrieben im Kapitel »5.3. Was bringt Chiron Neues«.)

Und diese Funktion, Gegensätze zu verbinden, fällt nun Chiron, dem Brückenbauer und Inhaber des Schlüssels, zu.

1.4 Die Trennung von Gott und Welt in verschiedenen Entstehungsmythen

In unserem christlichen Entstehungsmythos schuf Gott die Welt aus dem Chaos, der wüsten Finsternis, in der nur das Urmeer existierte. Am Anfang war das Wort und in sechs (eine besondere Zahl, auf die wir später noch genauer eingehen werden) Tagen wurden nacheinander die Worte zu Existenzen. Am ersten Tag entstand das Licht, Tag

Schöpfung und Trennung von Himmel und Erde – der christliche Entstehungsmythos.

und Nacht, am zweiten das Himmelsgewölbe, am dritten Land, Meer und Pflanzen, am vierten Sonne, Mond und Sterne, am fünften die Vögel des Himmels und die Lebewesen im Meer und am sechsten alle Tiere des Landes und der Mensch. Am Ende jedes Schöpfungstages befand Gott sein Werk für gut. Am siebten Tage ruhte er und gab den Menschen, geschaffen nach seinem Abbild, die Macht über die Erde und alles, was auf ihr lebte.

Und dann ging Gott auf Abstand zu seinem Werk, denn alles war getan. Er überließ es den Menschen und zog sich in den Himmel zurück. Die Schöpfung war vollendet in doppelter Bedeutung dieses Wortes. Die Menschen lebten in Einheit und Harmonie mit der ganzen Schöpfung, im Paradies, bis sie sich über Gottes Gebot erhoben und verbotenerweise vom Baum der Erkenntnis aßen und damit aus dem Paradies vertrieben wurden. Nun waren sie abgesondert von der Einheit, das finden wir in dem Bild der Ur- oder Erbsünde wieder, und sie sind seitdem hier in der Welt der Gegensätze (ausgedrückt durch »und sie erkannten sich als Mann und Frau«), um wieder Eingang in den Himmel zu bekommen durch Einhaltung der Gebote. Himmel und Erde, Gott und Mensch sind getrennt.

Hier wird erzählt, dass vor der Realisierung das allmächtige Wort, die Idee, stand, das männlich-geistige Prinzip als Schöpfungsmacht.

Das finden wir ebenso wieder in der Ideenlehre von Platon, der die Idee Urbild und die Realität Abbild nennt.

Wir finden diese Spaltung auch in der Geschichte vom verlorenen Sohn. Darin wird geschildert: Ein Vater hat zwei Söhne, der eine ist brav und folgsam und gehorcht den Geboten, der andere lehnt sich auf gegen die Gesetze des Vaters und zieht von dannen, verlässt das schützende Paradies. Er ist nun in der Welt mit all ihren Gefahren, Leiden und Schmerzen und macht seine Erfahrungen. Dies ist das Bild des Menschen, der sich wie auf einem Kreis in mehreren Inkarnationen oder auch nur einer abgespalten vom Vater in einem Körper in der Welt befindet und auf seinem Erkenntnisweg vorwärtsbewegt. Wenn wir unseren Weg als Kreis betrachten, der mit der Trennung begann, können wir nach all den inzwischen gemachten Erfahrungen nicht mehr in einer Rückwärtsbewegung zum Ursprung gelangen, denn keine Erkenntnis lässt sich rückgängig machen, sondern es geht nur vorwärts. Ab dem höchsten Punkt des Kreises, am entferntesten Punkt zum Ausgang – in der Astrologie ist dies die Opposition, der Bewusstwerdungsaspekt –, nähern wir uns, immer noch vorwärts gehend, wieder unserem Ausgangspunkt.

Als der verlorene Sohn zum Vater zurückkommt, hat er einen ganz anderen Bewusstseinsstand und er kommt freiwillig heim. Er weiß, was er tut und will, ganz im Gegensatz zu seinem Bruder, der nie selber entschieden hat, sondern im Unbewussten verblieben ist. Dieser daheim gebliebene Bruder ist ein Bild für die uns umgebende Natur, für die Pflanzen und Tiere, die im Paradies verblieben sind und dem Willen des Vaters, ihrer empfangenen Idee folgen. Nur der Mensch, der das Paradies verlassen und sich aufgemacht hat, um Erfahrungen und Erkenntnisse zu sammeln, hat den freien Willen und damit die Entscheidungsfreiheit.

Der griechische Entstehungsmythos nach Hesiod (griechischer Dichter um 700 v.Ch.).

Schauen wir uns noch kurz den griechischen Entstehungsmythos nach Hesiod – griechischer Dichter um 700 v. Chr. – an. (Eine ausführlichere Beschreibung finden Sie in meinem Buch »Das Astrologische Alphabet«, astronova). Auch hierin werden wir das Bild der Spaltung finden.

Am Anfang gab es nur das Chaos, den finsteren Abgrund und Eros, das Schöpfungsprinzip, und daraus entstand Gaia, die breitbrüstige Erde. Gaia erschuf nun aus sich selbst heraus die Welt. Als die Gestaltung der Erde mit Flüssen, Bergen, unterschiedlichen Landschaftsformen, Pflanzen und Tieren erfüllt war, schuf sie als ihren Gegenpol den gestirnten Himmel, Uranus. Dieser bevölkerte dann mit seinen Schöpfungsideen die Erde mit allen möglichen Lebewesen. Aber die Realisierung seiner Visionen durch Gaia entsprach in ihrer konkretisierten Form nicht seiner reinen Idee und so musste Gaia sie in sich verbergen. Er schuf und schuf, kam, getrieben von seinen Geistesblitzen, völlig unverhofft, und mit der Zeit wurde es Gaia zu viel und sie verlangte nach einem Ende dieser Schöpfungsüberflutung und nach Ruhe, Ordnung und Struktur, damit das Gezeugte auch heranwachsen und sich auf ihr verwirklichen konnte.

Ihr Sohn Chronos/Saturn übernahm die Pflicht, den Vater in seinem Ideenwahn zu begrenzen, indem er ihn entmannte, sodass er nichts mehr in Gaia zeugen konnte und ab da an den Himmel verbannt war. Nun übernahm Chronos/Saturn die Regentschaft. Er schuf Tag und Nacht, die Zeit, die Gesetze der Natur, und er ordnete alles, sodass aus dem Chaos am Anfang der Kosmos, die harmonische Ordnung, wurde.

Die Griechen nannten sein Zeitalter »das goldene«, und ich stelle es mir ähnlich dem Bilde des Paradieses vor, da alles geregelt war, jeder wusste, was er durfte und sollte und was nicht. Es war wie ein goldener Käfig, der Sicherheit garantierte, eben so lange, wie sich alle an die Gesetze hielten. Der Mensch war noch ein Teil der Schöpfung, wie die Pflanzen und Tiere auch, ohne eigenes Bewusstsein, und folgte dem Willen des obersten Gottes Chronos/Saturn.

Im Mythos wird weiter erzählt, dass eines Tages Zeus/Jupiter seinen Vater Saturn absetzte und die Regentschaft übernahm. Jupiter gab nun jedem das Recht, sich auf seine Weise zu entwickeln und zu entfalten. Diesem Jupiter-Prinzip entspricht auch die Erkenntnis an sich, sodass wir mit dem Beginn seiner Herrschaft über die Welt ebenso wie im christlichen Mythos (Baum der Erkenntnis) die Erkenntnis selbst als Verlassen des Paradieses übersetzen können.

Noch deutlicher wird die Parallele durch die Geschichte von Prometheus, der Jupiter das göttliche Feuer stiehlt, das für den Geist und die Erkenntnis steht, und es den Menschen bringt. Damit ist die paradiesische Zeit des Menschen endgültig vorbei, denn nun hat er ein Bewusstsein seiner Endlichkeit und von Gut und Böse.

Er unterscheidet sich von nun ab von den Tieren und Pflanzen, die weiterhin den göttlichen Geboten folgen und im Einklang mit ihnen sind.

Im griechischen Mythos erschafft also zuerst Gaia, das weibliche Prinzip, die Voraussetzung für die Schöpfungen des Geistig-Männlichen, für Uranus. Und ohne das Weiblich-Empfangende können keine weiteren Ideen verwirklicht werden, Uranus ist an den Himmel verbannt. Oder ist wie im christlichen Mythos schon alles erschaffen, vollendet? Sind alle weiteren Ideen schon als Potenzial vorhanden?

Der naturwissenschaftliche Ansatz zur Entstehung der Welt ist die am meisten verbreitete und anerkannte Urknall-Theorie. Sie meint jedoch damit keine Explosion in einem bestehenden Raum, sondern die gleichzeitige Entstehung von Materie, Raum und Zeit aus einer ursprünglichen Singularität.

Der naturwissenschaftliche Ansatz

Und diese ursprüngliche Singularität, aus der alles entstand, bekam nun in den verschiedenen Glaubensrichtungen als geistiges Schöpfungsprinzip unterschiedliche Namen.

Die Erde bot nach Millionen von Jahren die Voraussetzung für die Entstehung von Leben. Die Naturwissenschaft erklärt es sich durch Blitz- und/oder Meteoriteneinschläge aus den Weiten des Universums, die im Wasser auf der Erde die Grundbausteine des Lebens bilden konnten, die Aminosäuren.

Hierin lässt sich, mit etwas Fantasie, das Bild von Gaia und Uranus, der mit seinen Geistesblitzen aus dem Himmel auf ihr einschlägt, wiederfinden.

Aus dem Chaos im Weltraum wurde mit der Zeit der Kosmos, auf dem Hintergrund der Gesetze von Schwerkraft, Anziehung, Abstoßung usw., und kein Sternenstaub und keine Meteoriteneinschläge bringen neue Lebensideen, alles ist geordnet, denn sonst wäre Leben hier auf der Erde wohl auch nicht möglich. Hierin lässt sich unschwer das saturnische Prinzip erkennen, der dem Chaos, Uranus, ein Ende bereitete und durch seine Gesetze Ordnung, den Kosmos, schuf. Zur Entstehungsgeschichte der Erde gehört als Voraussetzung aus naturwissenschaftlicher Sicht auch die Entdeckung der Atmosphäre als schützende Hülle um unseren Planeten.

Auch hier sind also der Himmel über uns und wir auf unserer Erde voneinander getrennt.

Orphische Urworte

*Wie an dem Tag, der dich der Welt verliehen,
die Sonne stand zum Gruße der Planeten,
bist alsobald und fort und fort gediehen
nach dem Gesetz, wonach du angetreten.
So musst du sein, dir kannst du nicht entfliehen,
so sagten schon Sibyllen, so Propheten;
und keine Zeit und keine Macht zerstückelt
geprägte Form, die lebend sich entwickelt.*

Johann Wolfgang von Goethe

2. Chiron verstehen – vier Erkenntnismethoden

2.1 Der Planet: Die Anschauung am Himmel

Die »Götter« haben es also erlaubt, dass Chiron am 18.10.1977 entdeckt und dieses Ereignis am 1.11.1977 bekannt gegeben wurde. Das Horoskop wird in den meisten Fällen auf das Datum der Bekanntgabe erstellt, auf den 1.11.1977 um 10.00 Uhr auf dem Palomar Mountain in Pasadena, Kalifornien, USA.

Wenn ein Planet neu entdeckt wird und den Namen eines griechischen Gottes bekommt, den übrigens die Astronomen und nicht etwa die Astrologen vergeben, ist die Zeit reif, den entsprechenden Archetypus, die ›Ur-Idee‹, auch im Menschen bewusst werden zu lassen.

Die vier Schritte, um die Symbolik eines neu entdeckten Planeten zu verstehen.

Die sieben sogenannten ›alten‹ Planeten von Sonne bis Saturn (Sonne und Mond werden der Einfachheit halber und als Symbol für die archetypische Uridee in der Astrologie auch zu den Planeten gezählt) sind den Menschen seit Urzeiten bekannt, da sie mit bloßem Auge am Himmel sichtbar sind und ihre Bewegungen als Wandelsterne vermessen werden konnten. Diesen Planeten entsprechen als Urideen von Sonne bis Mars die persönlichen Anteile im Menschen und Jupiter und Saturn sind die beiden Planeten, die den Menschen in seinem gesellschaftlichen Kontext beschreiben.

Saturn war die Grenze der sichtbaren Welt und somit war er auch die Grenze des Bewusstseins. Darüber hinaus gab es nur den Himmel, je nach Weltanschauung der Wohnsitz der verschiedenen Götter oder des einen Gottes.

Um die Ur-Idee eines neuen Planeten zu verstehen und dann auch für die Menschen zu deuten, was ja das Anliegen der Astrologie ist, gibt es hauptsächlich vier Herangehensweisen.

Die Anschauung am Himmel. Die erste ist die Anschauung am Himmel. Noch bis vor ein paar hundert Jahren waren die Astronomie und die Astrologie eine verbundene Wissenschaft. Unsere Vorgänger mussten an den Himmel schauen, um die Gegebenheiten dort ablesen zu können. Heute finden wir die exakten Planetenstände in den Ephemeriden, die von der NASA errechnet worden sind, oder im Softwareprogramm eines Computers.

Das Abbild am Himmel erzählt aber schon eine Menge über die Deutungsinhalte des neu entdeckten Planeten, sodass es sich unbedingt lohnt, wenn auch nur auf der symbolische Grafik, einen Blick darauf zu werfen.

Wie oben so unten. Die zweite Vorgehensweise ist die Beobachtung dessen, was etwa zeitgleich, und damit als im ganzen Kosmos geltende Zeitqualität, unten auf der Erde passiert, oder welche neuen Entwicklungen beginnen oder ins Bewusstsein der Menschen rücken.

Der Mythos. Die dritte Möglichkeit des Verstehens eines Planetensymbols bedient sich der Mythologie. In der Astrologie ist es speziell die griechische Mythologie, aus der auch alle Planeten ihre Namen beziehen. Der Mythos eines Planeten, die Griechen sahen diese Uridee, diesen Archetyp als Gott, beschreibt in vermenschlichter Art und Weise den Charakter dieses Gottes und damit einen Wesensanteil des Menschen. Die Griechen verbannten allerdings ihre Götter nicht nur an den Himmel, sondern ließen sie Besitz von sich ergreifen, in ihnen selbst handeln. So war jemand, der aggressiv einen anderen niederschlug, ergriffen vom Planeten Mars. Verantwortlich für die Tat und ihre Konsequenzen waren sie allerdings selber. Die Griechen hatten demnach schon damals das Wissen, dass die Götter im Himmel eigentlich Wesensanteile im Menschen selbst sind, die nur auf den Himmel projiziert wurden, um von dort, aus der größtmöglichen Distanz, besser verstanden zu werden. Sie hatten allerdings weitaus mehr Götter mit ihren Mythen als es zu der damaligen Zeit entdeckte Planeten am Himmel gab.

Carl Gustav Jung schreibt in der Einleitung zu DIE GOLDENE BLÜTE: »Die Astrologie stellt die Summe aller psychologischen Erkenntnisse des Altertums dar.« (Zitiert nach: Romakiewicz, Brigitte aus »Spielfeld der Götter. C. G. Jungs Archetypenlehre und die Astrologie«, Tübingen 2002.)

So repräsentiert der Gott, der zum Namensgeber des neu entdeckten Planeten am Himmel wird, mit seinem Mythos einen Wesensanteil im Menschen, der nun im Menschen selber bewusst gemacht werden kann.

Die heutige Astrologie sieht also keinen kausalen Wirkungszusammenhang, die Planeten »machen« nichts, sondern es handelt sich um eine Analogie, einen Vergleich. In Kurzform lautet der hermetische Satz: wie oben, so unten, wie innen, so außen. Das finden wir auch im Christentum wieder: wie im Himmel, so auf Erden.

Und der vierte Schritt, die Bedeutung eines neu entdeckten Planeten zu verstehen, ist die Übertragung des Planeten in das Geburtshoroskop. Bringt er eine neue Sichtweise und erhellt etwas, das bislang nicht zu erklären war? Kennt der Betreffende das Thema und wie erlebt er es? Dazu ist es nötig, in vielen Horoskopen den neuen Faktor einzutragen und die Betreffenden nach ihren Erfahrungen zu befragen.

Übertragung des Planeten in das Geburtshoroskop.

Häufig wird bei einer Deutung in der Radix zu Anfang die sogenannte unerlöste Seite oder die Gefahr eines Planetenprinzips betont. Womöglich hängt das damit zusammen, dass die Befragten sich besonders an einschneidende negative Erlebnisse erinnern und die Talente oder Chancen, die dieser Planet zweifelsohne auch hat, werden als selbstverständlich genommen und deshalb nicht besonders bemerkt.

Ich bin aber der Meinung, dass es im Kosmos und damit in uns keine einseitigen Lebensprinzipien zu entdecken gibt, sondern dass in allen immer beide Seiten mit vielen Zwischenstufen enthalten sind.

Die Planeten sind als Ur-Ideen und Prinzipien grundsätzlich wertneutral. Erst der Mensch vollzieht eine Bewertung in Gut und Böse durch sein Denken und seine Fokussierung auf eine Seite. Noch heute sitzt es in vielen astrologischen Köpfen, dass ein Transit von Saturn oder gar Pluto nur als schwer erlebt werden kann.

Solche einseitigen Deutungen waren in den ersten Jahren nach seiner Entdeckung häufig auch in Bezug auf Chiron zu hören. Da hieß es dann, dass Chiron z. B. am Aszendent eine körperliche Behinderung brächte und dass seine Wunde – er wird ja auch der verwundete Heiler genannt – nie heilen könnte.

Das Prinzip Chiron ist wertneutral und ›macht‹ nichts, schon gar nicht der Planetoid dort oben am Himmel. Es liegt an uns Menschen, was wir mit und aus diesem neuen Prinzip machen, wie wir es verstehen, deuten und nutzen. Chirons Entdeckung hat einen Sinn und Zweck, und den gilt es zu verstehen, kennenzulernen und zu nutzen.

2.2 Die Deutung der Anschauung am Himmel

In Abbildung 4 sehen Sie die Bahnen der Planeten wie sie am Himmel in etwa verlaufen. In Abbildung 5 habe ich versucht, es symbolisch darzustellen, um die Botschaft deutlicher zu machen.

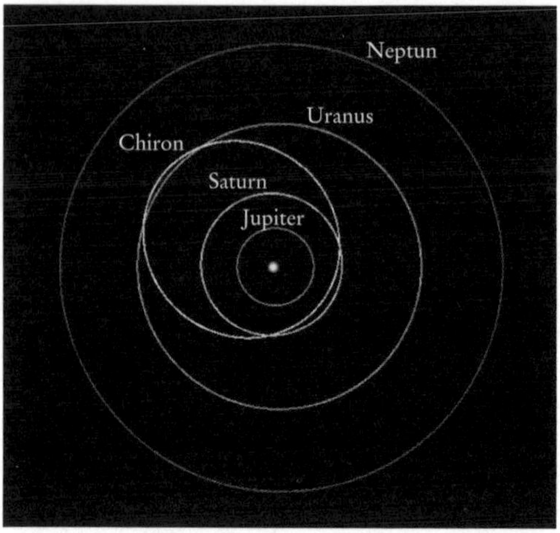

Abbildung 4: Planetenbahnen geozentrisch

Das Viereck symbolisiert die Welt der Formen und Saturn bildet die Grenze. Innerhalb dieser Welt sehen Sie die persönlichen und die gesellschaftlichen Planeten. Weit außerhalb davon steht Uranus. Er konnte erst entdeckt werden (13.3.1781), als die technischen Voraussetzungen gegeben waren, nämlich Fernrohre. Dann wurden noch Neptun (23.9.1846) und Pluto (18.2.1930) entdeckt, deren Bahnen noch viel weiter von uns entfernt im Weltraum verlaufen.

Der Mensch kann mit einiger Mühe mit bloßem Auge Saturn am Himmel sehen, die geistigen Planeten sind allerdings mit diesem merkurischen Wahrnehmungsorgan nicht auszumachen. Wir wissen aus dem Entstehungsmythos, dass Uranus weit an den Himmel

Abbildung 5: Chirons Schlüsselfunktion. Seine Bahn verbindet Saturn und Uranus, er »öffnet« die Tür.

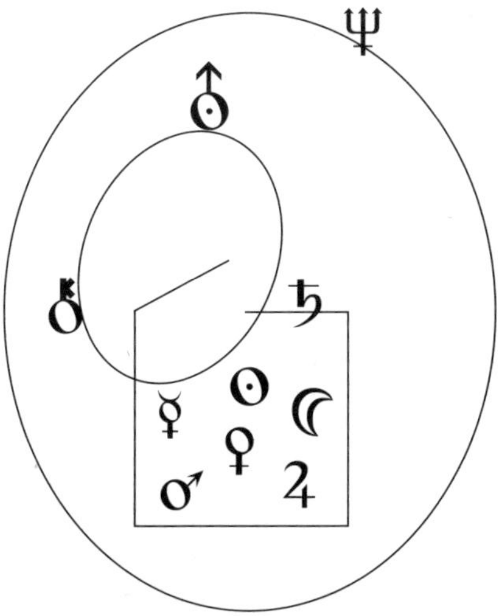

verbannt wurde und keine Verbindung mehr zur Erde hatte. Um das Prinzip Uranus, die Uridee, nun doch wieder mit der Welt und dem Menschen zu verbinden, hatte sich Chiron angeboten. Und wir sehen jetzt in der Abbildung am Himmel, wie seine Umlaufbahn Uranus und Saturn verbindet. An seiner erdnächsten Stelle, dem Perihel in der Waage, durchbricht er die Bahn von Saturn, bewegt sich für einige Zeit also innerhalb dieser Umlaufbahn. Das war die Symbolik seines Schlüssels, den er zur Verfügung hat, um die Tür in der Mauer, die Grenze Saturns, aufzuschließen. Auf dieser Bahn Chirons, die am Aphel, dem erdfernsten Punkt im Widder die Bahn des Uranus berührt, kann nun bildlich gesehen die uranische Energie wie auf einer Brücke heruntertransportiert werden zur Erde.

Chiron wird auch der Brückenbauer oder der verwundete Heiler genannt. Wenn wir uns eine Wunde ganz real und bildlich als offene Stelle in unserer begrenzenden und schützenden Haut (eine Entsprechung von Saturn) vorstellen, öffnet Chiron diese.

Und beide, Saturn und Uranus, umschließt die Bahn von Neptun und diese wiederum symbolisiert dessen Uridee, die Verbindung von Körper und Geist zu einer Einheit.

Der Weg zu Neptun führt also über eine andere Art der Erkenntnis und des Denkens, nämlich über den ›Spirit‹ von Uranus.

2.3 Wie oben so unten – was zeitgleich zur Entdeckung auf der Erde passiert

Was passierte etwa zeitgleich mit Chirons Entdeckung auf der Erde und/oder welche Entwicklungen haben damals begonnen oder welche früheren Errungenschaften finden nun Akzeptanz oder Anerkennung in der Gesellschaft? Als Anregung seien hier nur einige Stichworte zu den verschiedenen Bereichen gegeben. Wenn Sie sich mit dem Prinzip Chiron vertraut gemacht haben, werden Sie sicher noch viele andere Entsprechungen finden.

Medizin: Ganzheitliche Medizin, Psyche und Soma, Homöopathie, Akupunktur, Heilen mit Energien usw. Diese Heilmethoden sind inzwischen von breiten Teilen der Gesellschaft akzeptiert und zum Teil auch schon Kassenleistungen.

Naturwissenschaften: Ende des materiellen Weltbildes, Quantenphysik, Hirnforschung (Hüther).

Technik: Computer, Internet, Vernetzungen um die ganze Welt, Wind- und Solar-Energie.

Natur: Ökologie, Umweltbewusstsein, Gründung der Grünen (13.1.1980), biologische Landwirtschaft, artgerechte Tierhaltung, Ernährung, Ressourcenbewusstsein.

Politik, Gesellschaft: EU, Ostpolitik, Blockauflösung, Demokratisierung, Gleichberechtigung.

Weltanschauung: Suchen nach neuen, alternativen Religionen (Buddhismus/Indien/Ashram), Krisen in den Kirchen, psychologische und spirituelle Astrologie anstatt Ereignisprognosen

2.4 Der Mythos des Gottes Chiron

In Märchen oder Mythen werden Weisheiten in Bilder und Geschichten verpackt, um sie den Menschen näherzubringen. Eine jüdische Legende erzählt das sehr schön:

An einem Dorfausgang treffen sich die Weisheit und das Märchen. Das Märchen ist bunt gekleidet und hüpft fröhlich in das Dorf hinein. Die Weisheit hingegen ist grau gekleidet und geht gebeugt und niedergeschlagen aus dem Dorf hinaus. »Warum bist du so traurig?«, fragt das Märchen die Weisheit. »Die Menschen wollen mich nicht«, antwortet die Weisheit, »ich bin ihnen zu schwer.« »Ich habe damit kein Problem«, erwidert das Märchen, »ich bin so bunt und heiter, dass sie mich gerne einlassen. Mach es doch wie ich.« Diesen Rat nahm die Weisheit gerne an und seitdem ist sie im buntem Vielerlei der Kleider in Märchen enthalten.

Und noch etwas Wichtiges erzählen uns Märchen, nämlich, dass auf eine Krise der Helden immer ein gutes Ende folgt. Auch im Mythos der Planetengötter finden wir die Beschreibung einer Verwandlung des anfänglichen Prinzips, ganz so wie bei Chiron.

»Wenn die Seele das Symbol erforscht, wird sie zu Vorstellungen geführt, die jenseits des Zugriffs des Verstandes liegen.«

Carl Gustav Jung

Geschichten können Gefühle auslösen und Bilder erreichen eine tiefere Schicht unseres Wesens als nur den Verstand. Sie öffnen unsere Seele und wir lassen uns berühren. Dieses Berührt-Sein von Märchen kennen wir sicher alle aus der Kindheit. Für uns Erwachsene ist der nächste Schritt, die Bilder zu übersetzen, zu interpretieren, sodass sie eine Bedeutung bekommen, die wir ganzheitlich verstehen können.

Der Mythos von Chiron

Saturn war der Herrscher der Welt. Er hatte alles wohlgeordnet, alles unterlag seiner Kontrolle und verhielt sich seinen Regeln entsprechend. Aber er hatte Angst, war ihm doch von Gaia, seiner Mutter, und Uranus, seinem Vater, geweissagt worden, dass es ihm eines Tages genauso ergehen würde wie seinem Vater und ihm ein Sohn die Macht entziehen würde. Deshalb hatte er bisher alle seine Kinder verschluckt. Er blieb aber dennoch misstrauisch und suchte nach einem von den Frauen Gaia und Rea (Letztere war seine Ehefrau) verborgenen Sohn. Dabei kam er auch an einen Meeresstrand und sah dort die wunderschöne Nymphe Philyra. Er vergaß all seine moralischen Prinzipien, entbrannte für sie und wollte mit ihr schlafen. Aber Philyra entzog sich ihm, sie wollte nicht, und als sie keine Chance sah, seinem Begehren zu entkommen, bat sie die Götter, sie in ein Pferd zu verwandeln, damit sie vor diesem zudringlichen Gott würde fliehen können. Aber Saturn war derartig von seiner Lust erfasst, dass auch er sich in ein Pferd verwandelte, Philyra einholte und sie vergewaltigte. Nach dem Akt war er so entsetzt über sich und seine fehlende Kontrolle und Selbstbeherrschung, dass er sofort den Ort des Geschehens verließ.

Aber die Verbindung hatte Folgen, Philyra war schwanger. Als sie das neugeborene Kind sah, war sie entsetzt über dessen Aussehen und bat die Götter, sie in eine Linde zu verwandeln, denn sie wollte nichts mit ihm zu tun haben. Und dieses Kind war Chiron. Er sah aus wie ein Kentauer mit einem Pferdeunterleib und einem Oberkörper, der einem edlen Menschen oder einem Gott glich. Da saß der Kleine nun, von Vater und Mutter verlassen, allein am Meeresstrand mit dem Gefühl, dass wohl etwas an ihm so abstoßend sei, dass nicht einmal die Mutter ihn annehmen und lieben konnte. Und er vermutete, dass es sein Pferdeunterleib sein müsste. Da kam Apollon und weil der wusste, dass Chiron zumindest zum Teil göttlichen Ursprungs war, nahm er ihn an und lehrte ihn die Tugenden des Götterhimmels. Chiron war ein gelehriger Schüler und strengte sich sehr an, die Erwartungen Apollons zu erfüllen. So wurde er bald selber zum Lehrer der Göttersöhne und unterrichtete unter anderem Herakles, Asklepios und Achilles in der Kunst des Bogenschießens, der Musik, der Jagd, der Heilkunst, des Kampfes und auch der Astrologie. Er war sehr angesehen und konnte seine unglückliche Herkunft vergessen. Niemand nahm mehr Anstoß an seinem Pferdeunterleib, sondern achtete den göttlichen Oberkörper.

Er wurde auch der Pontifex der wilden Kentauren, die ihm körperlich glichen, allerdings nicht den edlen Anteil lebten, sondern den instinkthaften, wilden und triebhaften Pferdeanteil. Er versuchte, sie zu kultivieren, scheiterte aber immer wieder mit seinem Vorhaben.

Eines Tages sollte ein Hochzeitsfest bei dem Volk der Lapithen stattfinden. Sie waren edel und kultiviert, ein apollinisches Volk, und sie luden auch die Kentauren zu ihrem Fest ein. Chiron und Herakles, der gerade von der Erfüllung einer seiner zwölf Aufgaben zurückgekehrt war, nahmen ebenfalls an der Feier teil. Herakles, ein unehelicher Sohn Jupiters, musste diese zwölf Aufgaben erfüllen, um als Unsterblicher im Götterhimmel aufgenommen zu werden. Eine Aufgabe lautete, die im Sumpf lebende Hydra zu besiegen. Herakles hatte versucht, ihr die Köpfe mit seinem Schwert abzuschlagen, aber für jeden, den er traf, wuchsen drei neue nach. Der Kampf war aussichtslos. Erschöpft sank Herakles auf die Knie und sah ein, dass er dieses Krakenwesen nicht würde besiegen können. So hob er sie aus ihrem Sumpf ins Licht und damit war die Macht der Hydra gebrochen und seine Aufgabe erfüllt.

Auf der Hochzeitsfeier brach nach dem Genuss von Alkohol die triebhafte Natur der Kentauren durch und sie raubten und vergewaltigten die Braut. Daraufhin entbrannte ein heftiger Kampf, an dem auch Herakles beteiligt war. Chiron stand zwischen den beiden Parteien und versuchte zu schlichten. Als Herakles einen seiner ins Blut der Hydra getauchten Giftpfeile aus seinem Köcher zog, traf der zufällig Chirons Bein. Das Gift war für jeden Sterblichen absolut tödlich, aber da Chiron durch das Erbe seines Vaters Saturn unsterblich war, konnte er dem Gift nicht erliegen, sondern litt stattdessen unsägliche Schmerzen. Daraufhin war er nicht mehr in der Lage, Lehrer für die Göttersöhne zu sein und zog sich in seine Höhle zurück und suchte nach einem Heilmittel für sich.

All sein Wissen versuchte er nun für sich anzuwenden und er forschte auch nach neuen Mitteln, die als Gegengift das Gift der Hydra würden bekämpfen können oder zumindest seine Schmerzen lindern könnten. Jedes Mal hatte er die Hoffnung, dieses Mittel würde ihm endlich helfen, aber jedes Mal folgte die Enttäuschung, es half ihm nicht. Allerdings profitierten viele andere von seinen Forschungen und sie konnten die neuen Erkenntnisse und Heilmittel Chirons nutzen. Nach vielen, vielen Versuchen gab er eines Tages auf. Er würde sich nicht heilen können, es lag nicht in seiner Macht.

Einige Zeit später kam Herakles zu Besuch zu seinem alten Lehrer und erzählte ihm vom Schicksal des Prometheus. Der war zur Strafe von Göttervater Zeus/Jupiter an einen Felsen im Kaukasus gekettet worden, hing über einem Abgrund und alle drei Tage kam ein Adler und fraß ihm die Leber weg. Die wuchs in den nächsten Tagen wieder nach, sodass der Adler bei seiner Rückkehr erneut sein Futter vorfand. Dies war die Strafe für seine Freveltat, denn er hatte trotz des strikten Verbotes von Zeus/Jupiter diesem das göttliche Feuer gestohlen und den Menschen gebracht. Prometheus konnte von seinem Leiden nur erlöst werden, wenn ein Unsterblicher, also ein Gott, seine Unsterblichkeit aufgeben würde und für ihn in den Hades, die Unterwelt, das Reich des Todes, eingehen würde. Aber die Götter kannten keine körperlichen Schmerzen, konnten nicht nachempfinden wie es Prometheus erging und so war er wohl zu unendlichem Leiden verurteilt, denn keiner wollte für ihn sterben.

Als Chiron diese Geschichte hörte, wusste er genau, in welcher unerträglichen Lage Prometheus sich befand, er konnte mit ihm mitempfinden, ging es ihm doch genauso. Auch er musste ja wegen seiner Unsterblichkeit unendlich lange leiden, und so war er bereit, sie für Prometheus hinzugeben und in den Hades einzugehen.

Prometheus wurde erlöst und Chiron starb. Nach drei Tagen hörte Zeus/Jupiter vom Opfer des edlen ehemaligen Lehrers der Göttersöhne, befreite ihn aus dem Hades und machte ihn im Sternbild der Kentauren am Himmel unsterblich.

2.5 Deutung der Bilder und Symbole des Mythos – was sie uns für die Anwendung im Horoskop sagen können

Sich durch die Bilder berühren lassen.

Wenn meine Klient/innen oder Student/innen die Geschichte zum ersten Mal hören, sind sie gerührt vom Schicksal Chirons und erleben es als sehr ungerecht. Zum Glück nimmt seine Leidensgeschichte ein gutes Ende und er kommt in den Himmel. Er hatte ja nie etwas Böses getan, sondern im Gegenteil, war ohne Schuld in die jeweilige Situation geraten, und besonders die schwere Verletzung durch den Pfeil ist ja passiert, als er den anderen helfen wollte. So könnte man geneigt sein, anzunehmen, dass in diesem Mythos eine gewisse Moral enthalten ist, nämlich: Sei gut und edel, auch wenn du leidest, dann kommst du am Schluss in den Himmel. Manche Deuter meinen auch, seine Wunde kann nicht heilen bis zum Tod, nur der kann ihn von seinem Leiden erlösen – so wörtlich darf man aber die Bilder im Mythos nicht übersetzen, denn auch Tod und Himmel sind symbolisch zu verstehen. Es ist nicht verwunderlich, dass dieser Mythos und das Schicksal Chirons uns nahegehen. Vielleicht erinnert es Sie auch an die Leidensgeschichte von Christus.

Manche Zuhörer sind am meisten betroffen vom Beginn, nämlich von der Vergewaltigung Philyras und davon, dass sie ihren Sohn verstößt. Anderen wiederum geht es sehr nahe, wie er sich um Anerkennung bemüht und dann wieder unschuldig leiden muss durch den Giftpfeil des Herakles. Und noch andere sind besonders berührt durch das Opfer, das Chiron Prometheus bringt, indem er für ihn stirbt.

Spüren Sie einmal bei sich nach, welcher Teil des Mythos Ihnen am meisten nahegeht. Möglicherweise hat das mit Ihrem eigenen Chiron-Thema zu tun.

Es ist gut und wichtig, sich von solchen Geschichten, den Mythen und Märchen, anrühren zu lassen, denn durch die Gefühle öffnen sich unsere Innenwelten und es entstehen Bilder, die uns den Zugang zu den Weisheiten hinter den Worten ermöglichen und damit die Bedeutung für uns und unser Leben erschließen. Dann werden die Bilder aus den Geschichten zu Symbolen, die weit umfassender sind als die Erzählung an sich.

»Ein Bild ist nur dann ein Symbol,
wenn in ihm noch etwas mehr mitschwingt als seine bloße
augenfällige und unmittelbare Bedeutung.«

Carl Gustav Jung

Deuten wir also die Bilder und Symbole in diesem Mythos, um die Bedeutung für uns zu verstehen.

2.5.1 Das Bild des Pferdes

Saturn steht am Meeresstrand, er sieht Philyra und ist fasziniert von ihr. Nun weiß man aus seiner Geschichte, dem Mythos über ihn, dass er sehr selbstbeherrscht und kontrolliert ist, dass er nichts zulässt, was gegen die von ihm aufgestellten Regeln und Normen verstößt und dass er sich und seine Gefühle und Bedürfnisse immer und jederzeit im Griff hat.

Und gerade ihn packt nun die sexuelle Lust, seine Triebe sind zum ersten Mal stärker als seine Kontrollmechanismen. Aber Philyra

Die Bewertung des unvollkommenen Anteils.

verweigert den Beischlaf und entzieht sich seinem Werben, indem sie die Götter bittet, sie in ein Pferd zu verwandeln, damit sie vor diesem zudringlichen Gott fliehen kann. Aber auch er verwandelt sich in ein Pferd, verfolgt und vergewaltigt sie.

Was symbolisiert ein Pferd? Der kraftvolle und elegante Körperbau vermittelt Sinnlichkeit und Stärke. In diesem Symbol sind Leidenschaft, Sexualität und Triebe miteinander verbunden, aber auch deren Gefahren, wenn nämlich die Instinkte und Begierden unkontrolliert durchbrechen. Das meint der Volksmund mit »der Gaul geht mit ihm durch«.

In Pegasus, dem geflügelten Pferd, finden wir die Verbindung von Körper und Geist, wobei das Pferd für die körperliche Seite steht. Die galt es in unserer christlichen Weltanschauung zu überwinden und so hatte auch der Teufel, als dunkler, abgespaltener Teil des reinen Göttlichen, einen Pferdefuß. Neptun ist der Vater von Pegasus und er war in Vorzeiten auch ein Erdgott, Symbol für die Fruchtbarkeit des Weiblichen, und liebte Pferde. Die Hufe der Pferde haben eine Mondform, das Symbol für das Mütterliche, für Mutter Erde.

Der Gott Dionysos, ein Sohn des Zeus und der sterblichen Semele, symbolisiert ebenso die weibliche Seite. Er ist ein Gott des Weines und der Fruchtbarkeit und kann durch Rauschzustände Sorgen und Probleme lösen. (Die Kentauren trinken beim Fest Wein.)

Und dieses Symbol für das Weiblich-Sinnlich-Körperliche finden wir nun zu Beginn des Mythos über Chiron und bei seiner Zeugung. Es soll den unvollkommenen und damit menschlichen, körperlichen Anteil symbolisieren im Gegensatz zum göttlich vollkommenen Teil.

Astrologisch können wir diesen sinnlich-triebhaften Teil als Entsprechung sowohl der Venus als auch dem Mars zuordnen, die ja beide für unsere Sexualität und Körperlichkeit stehen.

Saturn ist nach diesem »tierischen Akt« dementsprechend entsetzt über sich, mit ihm ist auch »der Gaul durchgegangen«, und er macht sich davon.

Philyra müsste nun allein die Folgen tragen und sich ohne ihn um das Kind kümmern, aber auch sie entzieht sich dieser Verantwortung und lässt sich von den Göttern in eine Linde verwandeln. Das soll ihren Schmerz lindern (Lindenblüten).

Und Chiron, ihr Sohn, sitzt nun von Vater und Mutter verlassen allein am Strand. Der Mythos erzählt, dass seine Mutter ihn entsetzt angesehen hat, bevor sie zu einer Linde wurde. Er muss also den Eindruck haben, dass es sein äußeres Erscheinungsbild ist, was sie so verstörte. Er verkörpert in sich sowohl die eine Seite seiner Eltern bei der Zeugung, sein Unterleib ist der eines Pferdes, als auch die andere Seite, nämlich den göttlichen Anteil seines Vaters in seinem Oberkörper. Er hat den Leib eines Kentauren und es ist der Pferdeanteil, der die Mutter so entsetzt hat, und so vermutet er, dass genau dieser Teil an ihm so schlecht, so entsetzlich ist, dass ihn nicht einmal eine Mutter lieben oder annehmen kann.

Zwei Beispiele für mögliches Erleben.

Um dem Bild eine Bedeutung für uns zu geben, müssen wir diesen Teil des Mythos symbolisch betrachten, denn Symbole haben über die Anschauung hinaus einen Bedeutungsüberhang.
Niemand von uns hat einen Pferdehinterleib und niemand wurde wohl beim bloßen Anblick von der Mutter verstoßen.

Was hat die Mutter in ihrem Kind gesehen? Der Pferdeleib erinnert sie an etwas, was sie am liebsten vergessen oder verdrängen würde, an die schmerzhafte Erfahrung des tierischen Aktes der Vergewaltigung. Durch ihren Sohn hätte sie es nun tagtäglich vor Augen.

Möglicherweise erinnern wir unsere Eltern durch unser So-Sein auch an etwas, das sie als nicht gut in ihrer Vergangenheit erlebt haben, an etwas, unter dem sie litten, womit sie negative oder schmerzhafte Erfahrungen machen mussten.

Beispiel: Chiron im vierten Haus.

Ein Beispiel, um es leichter auf unser Leben übertragen zu können: Wählen wir ein Horoskop, in dem Chiron in einem Wasser-Haus steht, z. B. im vierten Haus, dem Lebensbereich der Gefühle, Bedürfnisse, Familie oder Herkunft. Der astrologischen Analogie folgend ist es also ein Chiron/Mond-Thema.

Nehmen wir an, ein Geschwisterkind von Mutter oder Vater war sehr emotional und konnte die Gefühle und Bedürfnisse nicht kontrollieren. Eines Tages war der Ausbruch so massiv, dass die Eltern sich nicht mehr zu helfen wussten und dieses Geschwisterkind in ein Heim, eine Anstalt oder ein Internat abschoben, oder es wurde als psychisch krank bezeichnet, als nicht normal, mit Klinikaufenthalt oder Medikamenten. Das war eine sehr schmerzhafte Erfahrung, die eigene Schwester oder der eigene Bruder war auf Grund dieses Verhaltens nicht mehr in der Familie geduldet oder der Klinikaufenthalt wurde schamhaft verschwiegen. Und nun sehen die Eltern beim Blick in die Wiege eine gewisse Ähnlichkeit, z.B. die gleichen blauen Augen, und auch das starke Äußern der Bedürfnisse, z.B. lang anhaltendes Schreien, erinnert sie an das vielleicht verdrängte schmerzhafte Erleben in der Kindheit. Das Kind weiß nichts von den vergangenen Erfahrungen der Eltern, erlebt nun aber, dass die starke emotionale Seite abgelehnt wird, dass es auf alle erdenkliche Art und Weise dazu erzogen wird, sich und seine Gefühle und Bedürfnisse unter Kontrolle zu haben.

Das erfolgt nun aber nicht durch den Zeigefinger des Saturns, durch Regeln, Gebote oder Verbote, sondern auf eine subtil-emotionale Art. Das Kind erlebt sich als »schlecht«, wenn es sich so verhält, es hat das Gefühl, die Eltern schämen sich, können diesen Teil nicht annehmen oder gar lieben, sie entziehen sich wie Philyra.

Auch wenn das Kind keine ablehnenden Worte hört, hat es doch das Gefühl, dass diese Seite, dieser Anteil an ihm nicht in Ordnung ist. Es lernt mit der Zeit, sich selber zu schämen, wenn es sich auf diese Art verhält, weil es die Scham der Eltern spürt.

Wählen wir ein weiteres Beispiel, Chiron im dritten Haus, dem Haus der Kommunikation, des Denkens, des Lernens. In der Analogie ist es eine Chiron/Merkur-Thematik. Mit dieser Stellung könnte das Kind die Eltern z.B. an schambesetzte Erlebnisse in ihrer eigenen Schulzeit erinnern, als man aufgerufen wurde und die Antwort nicht wusste oder gar stotterte. Diese Erfahrung möchte man dem Kind natürlich ersparen und legt dementsprechend in der Erziehung viel Wert auf korrektes Sprechen, Lernen und Wissen.

Beispiel: Chiron im dritten Haus.

Das Kind weiß nichts vom Hintergrund der Maßnahmen, es erlebt nur die Ablehnung bei Versagen auf diesem Gebiet, die Scham der Eltern und die eigene. Es fühlt sich unvollkommen und fehlerhaft und bemüht sich dementsprechend sehr um eine korrekte Sprache und darum, immer jede Frage beantworten zu können, womöglich auch mehr zu wissen als die Klassenkameraden.

Dies sind nur zwei Beispiele, wie sich die Anfangssituation im Mythos in unserem konkreten Leben zeigen kann. Es sind Übersetzungen des Bildes und regen Sie vielleicht an, darüber nachzudenken, ob und wie Sie diese Chiron-Erfahrungen gemacht haben.

Wenn Sie astrologisch erfahren sind, erinnern Sie diese Beispiele vielleicht auch an mögliche Übersetzungen oder Entsprechungen für die Planeten Saturn und Pluto. Das ist richtig, auch diese beiden können sich als Erfahrungen auf diese Art in unserem Leben zeigen.

Wir finden im Chiron-Mythos die Bewertungskriterien, die dem Saturn zugeordnet sind. Und er als Chirons Vater, dem »der Gaul durchging«, hat sich selbst sicherlich im Anschluss an den tierischen Akt sehr negativ bewertet, dieses Verhalten war nicht in Ordnung. Pluto steht symbolisch auch für die nicht lebenswerten Teile an oder in uns, die wir verdrängen in sein Reich der Unterwelt, in unser Unbewusstes.

Jedoch hat jeder der drei Planeten, Chiron, Saturn und Pluto, seine eigene Thematik, und die Erfahrungen haben einen dem Planeten in seiner Symbolik entsprechenden Sinn und Zweck. Und der ist bei allen dreien individuell, auch wenn die Themen Bewertung und Abspaltung bei allen vorkommen. Wozu, so könnte man fragen, erlebe ich etwas, wenn es einem Saturn- oder Pluto-Thema entspricht, im Unterschied zu einem Chiron-Thema?

Darauf werden wir in dem gesonderten Kapitel »Was bringt Chiron Neues?« unter 5.2 noch genauer eingehen.

Manche deuten die Anfangserfahrung des Verlassenseins von Chiron auch als unsere Urwunde der Geburt. Wir werden herausgeworfen aus der Einheit und Verbundenheit, werden abgenabelt und sind nun getrennt von der Mutter und allein. Das betrifft uns alle und so haben wir alle zumindest diese eine Chiron-Erfahrung gemacht.

Fragen an sich selbst:
Spüren Sie selber mal nach, welche Verhaltensweisen für Sie schambesetzt sind, oder wann Sie sich nicht »in Ordnung« fühlen, sei es heute oder als Erinnerung aus Ihrer Kindheit.

2.5.2 Apollon

Die Bewertung des vollkommenen Anteils.

Schauen wir uns das nächste Bild im Mythos an: Apollon kommt und nimmt sich des Kleinen an, lehrt ihn alle Tugenden des Götterhimmels und macht ihn zum Lehrer der Göttersöhne und zum Pontifex der wilden Kentauren.

Apollon ist ein Sonnengott und vertritt im patriarchalen Weltenmodell den edlen geistigen Anteil, den Chiron als Erbe seines Götter-Vaters Saturn ja auch hat. Diese Seite wird nun also gefördert und unterstützt und Chiron bemüht sich sehr, die Adoption durch Apollon zu rechtfertigen. Wir finden hier wiederum die Bewertung, die positive vollkommene Seite wird gefördert und ermöglicht so, zumindest scheinbar und zu Anfang, die Überwindung des negativ bewerteten Teils.

Chiron bekommt viel Anerkennung für diesen Anteil von sich, er muss sich dafür allerdings auch sehr bemühen und anstrengen und immer auf der Hut sein, damit seine unvollkommene und instinkthaft-tierische Seite nicht durchbricht. Alle bringen ihm Achtung entgegen und so hat er sicher den Eindruck, dass niemand mehr seinen unvollkommenen Unterkörper beachtet. Er hat es durch stetes Bemühen und viel Arbeit an sich selbst geschafft, trotz seines schwierigen Starts, und kann stolz auf sich sein.

Für uns könnte dieses Bild die Bedeutung haben, dass wir uns anstrengen, die von den Eltern anerkannten und gelobten Seiten zu entwickeln und dass wir uns sehr bemühen, uns auf diese Weise ein Lächeln, Anerkennung und Zuwendung zu verdienen. Wir fördern also den »göttlich-vollkommenen«, nämlich den als gut bewerteten Teil in uns, im Mythos symbolisiert durch Apollon. Wie Chiron erleben wir dann, dass die schambesetzten Seiten in den Hintergrund rücken und wir das Gefühl bekommen, mit dieser gelobten Seite doch in Ordnung zu sein.

Als Kind brauchen wir die Zuwendung und Fürsorge der Eltern, sie ist überlebenswichtig, und so ist es nicht verwunderlich, dass wir diese anerkannte Seite hervorheben und froh sind, wenn die ungeliebten Anteile verschwinden.

Saturn symbolisiert unter anderem die Regeln und Normen der Gesellschaft, in die wir hinein geboren wurden, und die uns von den Eltern vermittelt werden. Sie geben damit dem Kind Halt, Sicherheit und Orientierung in der Gemeinschaft und der jeweiligen Kultur. Wenn sich das Kind daran hält, hat es also das Gefühl, so und damit bin ich in Ordnung, ganz wie es Chiron im Mythos erlebte, als er sich in die Tugend-Förderung von Apollon begab. Das Bedürfnis, sich an die positiv bewerteten geltenden Regeln zu halten, stammt noch aus den Anfängen der Menschheit, bedeutete doch das Ausgegrenzt-Werden den sicheren Tod. Auch heute suchen womöglich Jugendliche, die ohne diese Anhaltspunkte aufwuchsen und ihren Saturn nicht in sich selbst entwickeln konnten, dies alles im Außen in sehr rigide strukturierten und hierarchisch aufgebauten Organisationen.

Wir können Saturn auch als eine moralische Korrektur-Instanz ansehen, die etwas nur als gut oder böse bewertet. Dies geht unter anderem mit Schuldgefühlen, Angst vor Strafe oder auch Scham bei Übertretung der Regeln einher. Das kann durchaus sehr sinnvoll sein, denken wir nur an die Gesetze, die die Mitglieder einer Gemeinschaft vor Schaden durch Einzelne schützen. Eine konkrete Strafe für das Übertreten dieser Gesetze erleichtert übrigens auch das Gewissen des Betreffenden, er hat gebüßt und damit ist alles wieder in Ordnung. Diese Funktion hatte ursprünglich ebenfalls die Beichte.

»Das hast du getan, sagt mein Gedächtnis.
Das kannst du nicht getan haben, sagt mein Stolz (mein Gewissen)
und bleibt unerbittlich.
Endlich gibt das Gedächtnis nach.«

Friedrich Nietzsche

Das Schamgefühl bei Chiron betrifft in der Regel aber keine Gefährdung anderer, sondern bezieht sich auf eine unangenehme und schmerzhafte Erfahrung der Eltern, die nicht auf saturnische Art durch Vermittlung der akzeptierten Regeln vermittelt wird, sondern auf sehr subtil-emotionale Art Wirkung erzielt. Das Kind, der Mensch, erlebt hierbei nicht unbedingt das Übertreten eines Gesetzes, sondern das Gefühl, nicht normal zu sein mit einer Eigenart. Das wiegt auf der Gefühlsebene häufig viel schwerer und ist kaum durch eine Strafe zu korrigieren. Denn immer wieder bricht ja dieser Teil durch (Uranus) und katapultiert ihn in den Bereich außerhalb der Bahn der Norm.

Zum besseren Verständnis sei hier noch einmal an die bereits erwähnten zwei Möglichkeiten für ein konkretes Erleben erinnert:

Beispiel: Chiron im vierten Haus.

Im ersten Fall schämt sich das Kind für seine Ausbrüche. Es hält sich in dieser Beziehung für nicht normal, nicht in der Ordnung mit den anderen befindlich, und lernt, seine Gefühle unter Kontrolle zu haben, beherrscht sich, und es gibt keine Ausbrüche mehr, sodass es eine Freude ist für die Eltern. Und mit Recht ist es dann stolz auf sich, und die Zuwendung der Eltern bedingt immer weitere Anstrengungen, will es doch so sein wie andere auch.

Chiron im dritten Haus.

Und beim zweiten Beispiel, dem Schulversagen, ist das Kind infolge der Scham bemüht, viel zu lernen, um mehr zu wissen als Gleichaltrige, gute Noten nach Hause zu bringen und immer klar, deutlich und korrekt zu sprechen, und es erntet so das Lob der Eltern.

Fragen an sich selbst:
Vielleicht kennen Sie auch Menschen, persönlich oder aus den Medien, die es trotz eines schlechten Starts in ihrem Leben zu etwas gebracht haben.
Diese Menschen werden in der Regel bewundert für ihre Leistung und mögen es vielleicht gar nicht, auf diesen »wunden Punkt« in ihrer Biografie angesprochen zu werden.
Wen bewundern Sie?
An was aus Ihrer Vergangenheit (oder auch Gegenwart) möchten Sie nicht erinnert werden?
Oder auf was sind Sie selbst stolz, weil Sie es geschafft und bewiesen haben und ihre anfänglichen Schwächen überwinden konnten?

2.5.3 Pferd und Gott – das Bild der Spaltung

Wir können im Bild des Kentauren Chiron unsere eigene Spaltung in einen unvollkommenen menschlichen und einen vollkommenen göttlichen Anteil sehen. Der Mensch trägt in seinem Körper (eine Saturn-Entsprechung), der abgespalten ist von der Einheit, einen göttlichen Funken, den Spirit des Uranus. Und der Planet Neptun symbolisiert in unserem Horoskop den Teil, der uns durch Ahnen und Sehnen an die ehemalige Einheit, aus der wir alle mal kamen, erinnert. Er ist wie eine kosmische Nabelschnur, durch die wir immer noch mit allem verbunden sind, ohne dass wir es hier im konkreten Erdenleben begreifen oder fassen können. Unter anderem symbolisiert er die Sehnsucht nach der Rückkehr in die Einheit und Verbundenheit mit allem. Mithilfe dieses Archetypus in uns versuchen wir die Trennung, die Spaltung zu überwinden, damit aus dem ›Allein-Gefühl‹ das ›All-Eins-Gefühl‹ werden kann.

Spaltung und Sehnsucht nach der Einheit.

»Niemand, wenn er auch noch so viel besitzt,
kann ohne Sehnsucht bestehen;
die wahre Sehnsucht aber muss gegen ein Unerreichbares
gerichtet sein.«

Johann Wolfgang von Goethe

Auch Christus, der Sohn und Gesandte Gottes, verkörperte diese Spaltung, er war Mensch und Gott. Und vor ungefähr 2.000 Jahren begann etwa zeitgleich mit dem Christentum das Zeitalter der Fische. Wie oben schon erwähnt, war das Geheimzeichen der ersten Christen ein Fisch, und das Christentum hat viel mit den Entsprechungen des Zeichens Fische zu tun. So nimmt meiner Meinung nach der christliche Mythos die Symbolik von Neptun schon lange vor dessen Entdeckung vorweg, obwohl ich in den Auslegungen der Schriften durch die Kirchenvertreter oftmals eher die Gefahrenseite von Neptun zu entdecken meine.

Zu Anfang war Jupiter der Herrscher in den Fischen, aber wie wir in der Abbildung im Kapitel über die Anschauung am Himmel gesehen haben, verläuft seine Bahn innerhalb der von Saturn.

Er ist unser Erkenntnisinstrumentarium hier in der Welt, um Zusammenhänge herzustellen und in den vielen Details (Bereich des Merkur) das große Ganze

Unterschied zwischen Jupiter und Neptun.

zu sehen. Er symbolisiert die institutionalisierten Glaubenssysteme hier in der Welt, die Konfessionen. Im Unterschied dazu meint Neptun Religion im Sinne von Religio, also Rückbindung an den Ursprung, und die ist als jene von Goethe genannte Sehnsucht bei allen Religionen gleich.

Jupiter ist unser größter Planet am Himmel, zudem als Zeus der Herrscher im griechischen Götterhimmel, und so finden wir in den Übersetzungen dieses Archetypus auch den Wunsch nach Größe, nach Herrschaftsanspruch bis hin zur Überheblichkeit und Größenwahn.

In Genesis 1,28 lesen wir die Aufforderung: »Macht euch die Erde untertan.« Und wenn wir diesen Auftrag mit Jupiter verbinden, ist es nicht verwunderlich, dass sich der Mensch über die Erde mit all ihren Lebewesen erhob. Daraus resultiert fast zwangsläufig die Abwertung des Körpers, er war des Teufels, und der Drang nach Überwindung alles Irdischen mit seinen Unvollkommenheiten. Und da das Weibliche mit Mutter Erde in Verbindung stand, wurden auch die Frauen und die weiblichen Eigenschaften abgelehnt. Die Spaltung, die Polarisierung in Gut und Böse, in Gott und Teufel, war vollzogen. Der Geist und das Göttliche, assoziiert mit dem männlichen Prinzip, war vollkommen, damit gut, edel und erstrebenswert, der Körper mit all seinen Sinnen, Bedürfnissen und Einschränkungen, symbolisiert durch das Weibliche, musste beherrscht und überwunden werden. In der Lebensgeschichte von Christus finden wir diese Bewertung allerdings nicht, denken wir nur an Maria Magdalena, sie, die Spaltung, ist ein Werk der Kirche.

Dann wurde 1830 Neptun entdeckt. Er löste Jupiter ab und wurde zum Herrscher in den Fischen und mit dieser Entdeckung ging die Aufforderung einher, die Spaltung aufzulösen und die Einheit in und hinter allen Gegensätzen hier in der polaren Welt zu erkennen.

Das Fische-Zeitalter geht jetzt zu Ende, aber diese neptunische Einheit zu begreifen, das haben wir noch nicht geschafft. Vielleicht kann es uns auch nicht gelingen, solange wir Menschen in einem Körper sind. Wir sind nun mal gespalten und polarisieren und bewerten fortlaufend. Zumindest können wir es nicht anders mit unseren beiden Erkenntnisinstrumentarien hier in der Welt, nämlich mit Merkur und Jupiter. Dazu braucht es eine andere Art des »Denkens«, den Spirit des Uranus, der nicht an die Raum- und Zeitachse gebunden ist und damit nicht wie Merkur und Jupiter den logisch-kausalen Ursache-Wirkung-Zusammenhang herzustellen versucht.

Christentum und Chiron-Mythos.

Im astronomischen Teil, der Anschauung am Himmel, haben wir gesehen, wie die Bahn Chirons genau diese zwei Welten, die der Verkörperung und Realität hier auf der Erde, symbolisiert durch Saturn, und die des Spirits, dessen Vertreter Uranus ist, verbindet. Er, Chiron, symbolisiert so die Vereinigung der beiden scheinbaren Gegensätze, die Aufhebung der Spaltung und der Polarität. Erst dann kann sich uns Einheit, Neptun, erschließen.

Der Chiron-Mythos ist viel älter als unsere christliche Religion, aber in beiden finden wir das Bild der Spaltung und ihrer Überwindung. Die Parallelen zwischen den beiden Mythen werden am Schluss noch deutlicher im Opfer, sowohl von Chiron als auch von Christus. Und nun, am Ende des Fische-Zeitalters, bekommt ein Kleinplanet den Namen Chiron, das ist ein deutlicher Hinweis, dieses Thema neu zu überdenken. Im Christentum, zumindest in der von der Kirche vermittelten Lehre, wurde ebenso wie im Chiron-Mythos der unvollkommene verkörperte Anteil als unwert abgelehnt und alles Streben galt nur dem geistig-vollkommenen Anteil. Alle »fleischlichen« Instinkte, die astrologisch hauptsächlich dem Zeichen Stier und der Venus und dem Widder mit Mars als seinem Herrscher zugeordnet werden, sollen überwunden werden. Dazu gehören dann die Sinnlichkeit mit der körperlichen Lust, das Genießen des Lebens ebenso wie die Aggression in ihren verschiedenen Facetten und die Triebe. Durch Geißelung und Fasten sollte der Körper mit seinen Bedürfnissen diszipliniert und bestraft werden. Aber auch unabhängig vom Christentum finden wir diese negative Bewertung des Körperlichen in einigen neuzeitlichen esoterischen Bewegungen.

Eine Bewertung, sei sie nun positiv oder negativ, ist aber eine Spaltung. Das eine ist gut, das andere ist schlecht. Und Spaltung bedeutet Un-Heil, im Gegensatz zu Heil, Eins-Sein. Chiron hat den Beinamen Heiler, was, wenn wir es in diesem Zusammenhang sehen, die Bedeutung von der Überwindung der Spaltung durch Verbindung der Gegensätze hat. Auch bei dem Wort ›heilig‹, zum Beispiel im Zusammenhang mit der Jungfrau Maria, der Mutter von Christus, geht es darum. Sie empfing Christus, die Idee aus der göttlichen Einheit, den

Fischen zuzuordnen, und gebar ihn. Die Idee verkörperte sich also und das entspricht der Achse Jungrau/Fische mit den beiden Herrschern Chiron und Neptun.

Wir werden im Verlauf der Deutung der Bilder im Mythos sehen, wie wichtig die Symbolik von Neptun, Saturn und Uranus für die Lösung und Heilung von Chiron ist.

2.5.4 Die Kentauren

Die Geschichte über die Kentauren, deren Pontifex Chiron wird, erzählt uns, dass der abgelehnte und negativ bewertete Pferde-Anteil nicht verschwunden, nicht wirklich überwunden ist. Die Kentauren sehen körperlich genauso aus wie Chiron, leben allerdings nicht den edlen, apollinischen, oberen Teil, sondern den tierisch-instinkthaften, dionysischen, unteren Teil. Und es wird erzählt, dass Chiron sich sehr um sie bemüht, dass er versucht, sie davon zu überzeugen, es doch genauso zu machen wie er. Aber alle Versuche, sie zu kultivieren, scheitern.

Projektion des negativ bewerteten Teils.

Der Höhepunkt des Scheiterns wird uns in der Szene der Hochzeitsfeier geschildert: die Kentauren trinken Wein (Dionysos ist der Gott des Weines), verlieren alle Kontrolle in ihrem Rausch und rauben und vergewaltigen die Braut. Hier finden wir auch eine Parallele zur Zeugung von Chiron, was möglicherweise als Hinweis zu verstehen ist, dass durch diese Situation sein altes, eigenes Thema wieder aktiviert wird.

Und in der Hochzeitsfeier zeigt sich das Thema der Spaltung ebenso erneut, das sich als Hauptmotiv durch den ganzen Mythos zieht. Auf der einen Seite stehen die edlen Lapithen, auf der anderen die instinkthaften Kentauren, und deren Verhalten bestätigt die allgemeine Ablehnung.

Wie können wir dieses Bild verstehen? Chiron hat den negativ bewerteten Teil abgespalten, verdrängt, und nun erscheint er ihm im Außen in der Projektion. Er sieht an den Kentauren das, was er überwunden zu haben glaubt, sie halten es ihm wie in einem Spiegel vor Augen. Allerdings erkennt er es nicht als einen Teil von sich selbst, denn er meint ja, längst geläutert zu sein und diesen Anteil nicht mehr zu haben.

»Projektion bezeichnet [...] einen Abwehrmechanismus. Der Begriff Projektion umfasst das Übertragen und Verlagern eines innerpsychischen Konflikts durch die Abbildung eigener Emotionen, Affekte, Wünsche und Impulse, die im Widerspruch zu eigenen und/oder gesellschaftlichen Normen stehen können. Eine solche Projektion richtet sich auf andere Personen, Menschengruppen, Lebewesen oder Objekte der Außenwelt.« (Wikipedia, Stichwort Projektion (Psychoanalyse), Zugriff 13.7.15) Das Gleiche meint der Satz aus der Bergpredigt.

»Warum siehst du den Splitter im Auge deines Bruders,
aber den Balken in deinem Auge bemerkst du nicht.«

Matthäus 7,3

Übersetzen wir diesen Teil des Mythos' auf unser Leben, so könnte er bedeuten, dass uns genau die Seiten und Verhaltensweisen im Außen oder an anderen stören, die wir in uns selber haben, aber ablehnen und verdrängen. Meistens sind es Schwächen, die wir meinen längst überwunden zu haben, oder etwas, das wir uns nicht zugestehen oder getrauen zu leben, weil es negativ bewertet ist, etwas, für das wir uns schämen müssten, womit wir nicht in Ordnung wären.

Chiron zeigt ja auch niemandem, dass er mit seinem Pferdeunterteil ein Problem hat, dass er sich gar dafür schämt. Er verbirgt es und erweckt den Anschein, dass er dieses Unwerte an und in sich längst überwunden hat. Wir werden später noch genauer auf dieses Verhalten eingehen.

Wir können nun entweder, wenn wir es an anderen Menschen beobachten, darüber abfällig lästern: »Wie kann die/der bloß? Dass die sich nicht schämen!« zum Beispiel. Oder unser Missionierungsdrang setzt ein – wie bei Chiron – und wir versuchen, unser Gegenüber davon zu überzeugen, dass sie dies oder jenes doch nicht tun oder dass sie sich so nicht verhalten können. Manchmal geht es auch einher damit, dass wir uns selber schämen für diese Person, das ist das sogenannte »Fremdschämen«.

Ich erlebe es des Öfteren, z. B. bei ehemaligen Fleischessern oder bei ehemaligen Rauchern. Sie reagieren – natürlich nicht alle, ich möchte es nicht verallgemeinern, es eignet sich hier nur gut als Beispiel – besonders empfindlich, wenn jemand in ihrer Gegenwart raucht oder Fleisch isst. Und häufig setzt harsche Kritik und starke Ablehnung ein oder der »Missionierungsdrang«. Sie sind besonders berührt von diesem Verhalten, sie lehnen es vehement ab, es löst etwas in ihrem Inneren aus, rührt an einen wunden Punkt, an etwas, das sie mit Mühe überwunden haben und wofür sie sich möglicherweise heute schämen. Oder haben sie diese Art von »Gelüsten« nur scheinbar überwunden, müssen diese bei sich unter Kontrolle halten und erleben die »Kentauren« im für sie selbst verbotenen Gegenüber? »Getroffene Hund bellen«, vielleicht kennen Sie diese Metapher, die ja aussagt, dass wir nur dort stark reagieren, wo uns eben etwas berührt.

Chiron im vierten Haus.

Die Kentauren im Außen könnten bei diesem Beispiel Menschen sein, die sich sehr von ihren Gefühlen leiten lassen und aus dem Bauch heraus handeln. Sie verbleiben eher in der Kindrolle und wollen nicht erwachsen werden und Verantwortung für ihr Leben übernehmen. Die geben sie dann gerne an diejenigen ab, die das doch so viel besser können, die ihnen Halt und Orientierung versprechen, sagen, was zu tun oder zu lassen ist, und die die täglichen Dinge für sie regeln. Sie verharren in der Abhängigkeit eines Elternrollenspielers und nehmen womöglich eher dessen Vorwürfe in Kauf, als die bequeme Geborgenheit aufzugeben.

Chiron im dritten Haus.

Ein Mensch mit Chiron im dritten Haus erlebt in der Projektion möglicherweise solche Menschen, die immer wieder betonen, wie schwer es zum Beispiel für sie ist, Mathematik zu lernen, oder die Probleme haben, sich klar auszudrücken. Vielleicht stellen sie sich bei alltäglichen Verrichtungen auch sehr ungeschickt an, sind angeblich praktisch völlig unbegabt, sodass andere es für sie erledigen müssen. Auch Formulare auszufüllen könnte für sie eine Überforderung sein, sodass der Mensch mit Chiron im dritten Haus zwar schimpft und sie kritisiert, aber dabei doch seine logischen und formalen Fähigkeiten wieder einmal beweisen kann.

Bei Pluto erleben wir häufig eine ähnliche Reaktion der Abspaltung der betroffenen Themen und damit auch der Projektion auf die Umwelt. Der Unterschied zu Chiron ist hier, dass er, Chiron, den Kentauren helfen will, diesen Teil zu überwinden, weil er selber sehr negative Erfahrungen damit gemacht hat. Bei beiden Planeten-Archetypen zeigt sich aber, wenn wir davon betroffen sind, meistens eine starke emotionale Reaktion, wenn andere uns das vermeintlich überwundene Verhalten vorhalten, »den Finger in die Wunde legen«

oder uns an unserem »wunden Punkt« treffen. Allerdings ist Chirons Verhalten im Anschluss an die tiefe Betroffenheit anders als bei Pluto. Dazu später mehr.

Fragen an sich selbst:
Wann erleben Sie an sich den Drang, andere zu überzeugen, ein bestimmtes Verhalten abzulegen?
Was ärgert sie besonders im Außen, an anderen?
Wann schämen Sie sich für jemanden?
Wann haben Sie schon mal andere abgewertet oder über sie gelästert?

2.5.5 Herakles und die Hydra

Die Geschichte von Herakles, die in diesem Chiron-Mythos eingefügt ist, bedarf einer Deutung, die über die Erklärung des Giftes hinausgeht.

Kampf gegen das Böse/ Lebensunwerte.

Herakles ist der Sohn von Zeus/Jupiter, allerdings gezeugt mit einer Sterblichen, der Gattin des Königs Amphytrion. Hera ist sehr erbost über diesen erneuten Fehltritt ihres Gatten, verhindert durch einen Trick die Thronfolge Herakles' und verlangt von ihm die Erfüllung von zwölf Aufgaben. Nach dessen Tod nimmt Zeus/Jupiter seinen Sohn als Gott im Götterhimmel, als Unsterblichen, auf. Herakles hat also ein ähnliches Schicksal wie Chiron, ist auch gespalten in Mensch und Gott und muss Aufgaben erfüllen, um die Spaltung zu überwinden.

Die zwölf Aufgaben werden häufig in Analogie gesetzt zu den zwölf Tierkreiszeichen, die es in ihrer negativen Form zu »besiegen« gilt, damit die erlöste Form als Teil von Herakles integriert werden kann und er so heil und göttlich wird.

Von der Lösung einer dieser Aufgaben kommt er gerade zurück, als das Hochzeitsfest stattfinden soll. Er hat die Hydra, ein Krakenwesen, das in einem Sumpf lebt, besiegt. Zur Erinnerung hier noch einmal die Schilderung seines Sieges, der trotz seiner übermenschlichen Kräfte und seiner Kampfkunst nicht so einfach gewesen war: Immer, wenn er der Hydra einen ihrer neun Köpfe abschlug, wuchsen an dieser Stelle drei neue nach. Nach langem Kampf gab er erschöpft auf, er konnte sie nicht töten. Er fiel auf die Knie und hob die Hydra als Zeichen ihres Sieges aus dem Sumpf empor. Und genau das brachte ihm die Erfüllung seiner Aufgabe ein.

Das Bild der Hydra als Krakenwesen in einem Sumpf entspricht wohl am ehesten dem Zeichen Skorpion. Herakles meinte, sie mit Kampf und Gewalt besiegen zu können und scheiterte. Anstatt weniger wurden es immer mehr Köpfe. Hier begegnen wir den Zahlen drei und neun, beides Zahlen, die Pluto als Zahlen der Wandlung zugeordnet werden. Sein Hades wird vom neunköpfigen Cerberos bewacht, und die Zahl drei finden wir unter anderem wieder im Bild der Verwandlung vom Same über die Pflanze bis zur Frucht oder Raupe, zur Puppe oder zum Schmetterling.

Wenn wir diese Bilder für uns deuten, werden wir mit dem Archetyp des Pluto in uns konfrontiert. Auch wir meinen ja, gegen das sogenannte »Böse« in uns, das »Nicht-Lebens-Werte«, das Pluto in seinem Schattenreich bewacht, ankämpfen zu müssen, um es zu besiegen, zu töten. Aber der Mythos von Herakles erzählt, dass das nicht klappt, denn haben wir eine Schattenseite »abgeschlagen«, wachsen drei neue nach.

Herakles erringt den Sieg, als er vor ihr niederkniet, ihre größere Macht akzeptiert und sie aus dem Sumpf ins Licht hebt. Die einzige Möglichkeit, die Schatten zu besiegen, ist also, sie ins Licht der Bewusstheit zu heben. Das bedeutet, wir müssen akzeptieren, dass es auch in uns solche »nicht-lebenswerten« Anteile gibt wie z. B. Hass, Neid, Eifersucht, Macht- und Kontrollbedürfnisse usw.

Das Blut der Hydra ist für jeden Normalsterblichen absolut tödlich und Blut symbolisiert in Mythen und Märchen den Lebenssaft, analog dem Prinzip Mars. Sowie dieser Gift-Lebenssaft des Lebens-Unwerten in einen Menschen eindringt, holt ihn Hades in die Unterwelt. So wird er zumindest zu Anfang seines eigenen Mythos geschildert, Hades stand dort symbolisch nur für Tod und Ende, er bestimmte, was leben durfte und was unwert war. Seine Frau Persephone öffnete dann die Türen zum Hades und ermöglichte so nach der Verwandlung des anfänglich Unwerten in Schätze auch die »Wiedergeburt«.

Und diese Geschichte finden wir nun im Mythos über Chiron wieder. Dieser hat ja auch gegen das vermeintlich Unwerte, seinen

Pferdeunterleib, angekämpft, er hat ihn in den Hades, das Reich der Schatten, wie die Griechen die Unterwelt nannten, verdrängt. In der Projektion dieses Schattens auf die Kentauren haben wir gesehen, dass ihm der Sieg nur scheinbar gelungen ist, er ist nur scheinbar heil, heilig. Und dieses Hydra-Gift, Gift ist übrigens eine Neptun-Entsprechung, trifft ihn nun am Bein. Er kann nicht daran sterben, da er ja durch seinen göttlichen Vater Saturn unsterblich ist, aber er leidet unsägliche Schmerzen.

Hier können wir vielleicht die Schmerzen, die er leidet, noch nicht so recht nachempfinden, aber spätestens beim Bild des Adlers, der Prometheus die Leber wegfrisst, und dem Hinweis, dass Chiron weiß wie Prometheus leidet, weil es bei ihm ähnlich ist, wird klar, welche unsäglichen Schmerzen dieses Hydra-Gift ihm bereiten muss.

Fragen an sich selbst:
Gegen welche »Schattenanteile« kämpfen Sie an?
Was können Sie auf keinen Fall an sich akzeptieren und wo reagieren Sie wie der Höllenhund Cerberos, wenn man Ihnen das nachsagt?
Was haben Sie vermeintlich längst hinter sich, erfolgreich bearbeitet und doch taucht das Thema immer wieder auf?
Was halten Sie für »böse«, was würden Sie nie tun oder nie sein wollen?

2.5.6 Der Pfeil trifft Chiron

Bis zu diesem Punkt im Mythos hat er den in seinen Augen unwerten Pferdeanteil erfolgreich abspalten können, aber nun muss er sich genau damit beschäftigen. Er kann nicht mehr Lehrer sein, sondern zieht sich in seine Höhle zurück, um Heilung oder zumindest Linderung zu finden. Und wieder muss er abspalten, jetzt den göttlichen, edlen, den weisen Anteil.

Der wunde Punkt.

Das Gift der Hydra, Pluto/Neptun, zwingt ihn also, sich mit dieser ungeliebten Seite des Körperlichen, des Instinkt- und Triebhaften, des

Unvollkommenen zu beschäftigen. Er hat immer darunter gelitten, von seiner Geburt an, aber nun ruckt es in den Mittelpunkt, er kann es nicht mehr verdrängen, es ist ein Teil von ihm.

An diesem Punkt im Mythos wiederholt sich das Bild der Verwundung vom Anfang seines Lebens. Damals, als die Mutter ihn verstieß wegen seines Aussehens, das sie an die Vergewaltigung erinnerte, war es eher eine seelische Verwundung, denn er fühlte sich abgelehnt, verstoßen, nicht wert, geliebt zu werden, so wie er war. Jetzt wird er körperlich verletzt durch den Giftpfeil, und die Ursache für den Streit und damit für den Unfall war wieder eine Vergewaltigung. Die seelische Verwundung konnte er in den »Griff bekommen« durch Abspaltung und Ignorieren seines Leides und seiner Scham, der körperlichen muss er sich nun stellen.

Im Mythos ist von »Zufall« die Rede, denn Herakles verwundet seinen alten und verehrten Lehrer ja gewiss nicht absichtlich. Wir können ihn aber in diesem Zusammenhang so deuten, dass Chiron etwas »zufällt«, also eine Absicht, oder besser, ein Sinn dahintersteckt. Denn um wirklich heil und ganz zu werden, seine Spaltung zu überwinden, muss er ja diesen ungeliebten Pferdeunterkörper integrieren, sich mit ihm beschäftigen. Und das passiert nun durch das Gift der plutonischen Hydra, das ihm unsägliche Schmerzen bereitet. Wenn wir das Gift als eine Neptunentsprechung deuten, zwingt ihn also Neptun dazu, sich diesem abgespaltenen Teil, Pluto, zuzuwenden. Und Neptuns Anliegen ist ja gerade die Überwindung der Spaltung, um zur Einheit zu gelangen. Um im Bild zu bleiben, greift also Neptun ein, um dem bisherigen nur scheinbar erfolgreichen Vorgehen ein Ende zu bereiten. Er leitet, wenn auch hier noch sehr unverständlich für den Betroffenen, die Heilung ein. Im weiteren Verlauf des Mythos wird ein weiterer neptunischer Schritt folgen.

Für uns bedeutet dieses Bild, dass auch wir im Laufe unseres Lebens immer wieder mal von solchen »Pfeilen« getroffen werden. Wir fühlen uns verletzt, es schmerzt, wenn uns andere etwas vorwerfen, was wir doch längst meinten überwunden zu haben, oder sie treffen den »wunden Punkt«, für den wir uns schämen und von dem wir glaubten, dass niemand ihn bemerken würde. Dann leiden wir wie Chiron unter den Verletzungen, begreifen wohl aber genauso wenig wie er den Sinn und Zweck dahinter.

Ich möchte hier noch einmal auf die Beispiele von weiter oben zurückkommen. Lange wurden die Gefühle (Chiron im 4. Haus) kontrolliert, man war beherrscht und sachlich, aber dann passiert es und vehement bricht alle gestaute Emotionalität durch. »Du bist immer so emotional«, könnte der Vorwurf lauten, der wie ein Pfeil genau den wunden Punkt trifft.

Beispiel: Chiron im vierten Haus.

Oder (Chiron im 3. Haus) man gerät in eine Situation, in der einem nichts einfällt. Man kann nichts sagen, kommt sich dumm und ungebildet vor oder beginnt sich gar zu verhaspeln oder zu stottern. Der Vorwurf, der trifft, könnte hier zum Beispiel sein: »Drück dich doch mal verständlich aus!«

Beispiel: Chiron im dritten Haus.

Am Ende des Mythos werden wir sehen, »wozu« diese Erfahrungen, trotz aller Schmerzen, doch einen Sinn und Zweck haben.

2.5.7 Das Bein astro-symbolisch

Saturn, Uranus, Neptun.

In manchen Versionen des Mythos finden wir eine genauere Zuordnung der Stelle, an dem der Pfeil Chiron trifft. So ist unter anderem die Rede von der Hüfte. Die Hüfte ist auf der Körperebene dem Jupiter-Prinzip zugeordnet und deshalb sehen manche Astrologen Chiron als zusätzlichen Herrscher des Zeichens Schütze. Oder andere bevorzugen das Knie, das dem Saturn als Körperregion entspricht, und damit gehört für sie Chiron zumindest als Mitherrscher zum Zeichen Steinbock.

Ich möchte das Bein, an dem der Pfeil ihn trifft, einmal als Ganzes von oben bis unten betrachten:

Die Prinzipien der Planeten, die Ideen, können wir analog auch auf die körperliche Ebene übertragen, wie oben, so unten. Es würde zu weit führen, sie hier alle in ihrer Analogie zu erklären, deshalb beschränke ich mich auf die vier Planeten, die in diesem Zusammenhang wichtig sind. Die Oberschenkel entsprechen dem Jupiter-Prinzip, die Knie dem Saturn, die Waden dem Uranus und die Füße dem Neptun.

Jupiter spielt im Chiron-Mythos ohne Frage eine wichtige Rolle, fesselt er doch Prometheus an den Felsen, provoziert dadurch das Opfer Chirons, holt ihn danach aus dem Hades und macht ihn am Himmel unsterblich. Dem Prinzip Jupiter in uns entspricht auch die Fähigkeit,

Zusammenhänge und den Sinn und Zweck eines Geschehens oder einer Sache zu erkennen. Auch die Gerechtigkeit ist dem Jupiter zugeordnet, und wenn wir das, was Chiron widerfährt, als ungerecht ansehen – er hat ja im Gegensatz zu Prometheus keine Schuld auf sich geladen und muss dennoch leiden – stellt Jupiter dadurch, dass er Chiron in den Himmel aufnimmt, die Gerechtigkeit wieder her.

Das Knie auf der Körperebene und damit Saturn als innerer Wesensanteil symbolisieren unter anderem die Bereitschaft in uns, Verantwortung und eine Aufgabe zu übernehmen. Wir haben es dem Achsen-Kreuz in unserem Horoskop zugeordnet und werden später noch ausführlicher auf diese Symbolik eingehen.

Und Uranus finden wir am Bein in den Waden und Neptun in den Füßen.

Bis auf Jupiter tauchen hier wieder die drei Planeten aus der Ansicht am Himmel auf: Saturn als die Grenze und Mauer der Verkörperung, in der Chiron eine Tür öffnet, damit die uranische Energie eindringen kann und Körper und Geist im Sinne von Neptun vereint werden.

Weil alle genannten Stellen und Planeten mit dem Chiron-Mythos verbunden sind, lokalisiere ich die Wunde nicht exakt, sondern benutze die allgemeine Formulierung »Bein«.

2.5.8 Die Suche nach dem Heilmittel

Konzentration auf das Problem.

Chiron kann nun nicht mehr Lehrer sein, nicht mehr den anerkannten Teil leben, sondern muss sich mit dem schmerzenden Pferdeunterleib beschäftigen, den er doch bis jetzt so erfolgreich hatte abspalten können.

Er ist ja auch ein berühmter Heiler (Asklepios war sein Schüler) und so nutzt er all sein Wissen, um für sich selber ein Mittel zu finden. Das Gift der Hydra wird womöglich genau untersucht, um ein Gegengift zu finden. Er forscht und forscht, aber jedes Mal folgt die Enttäuschung, denn das gefundene Präparat lindert nicht einmal seine Schmerzen.

Der Heilerplanet ist traditionsgemäß Merkur, der auch – zumindest bisher – der Herrscher in der Jungfrau ist, dem Zeichen, dem das Thema Gesundheit zugeordnet wird. Mit der Fähigkeit dieses Planetenprinzips in uns sind wir in der Lage, die Fakten genau zu analysieren, immer mehr im Detail zu erkennen und zu lernen. Es ist das mathematischlogische Denken, das ihm zugeordnet ist, womit wir linear-kausal Ursache und Wirkung begreifen. In der naturwissenschaftlichen Forschung, in der es um das Ergründen von Gesetzmäßigkeiten geht, ist der Merkur genau das richtige Instrumentarium.

Auch die allopathische Medizin folgt dem merkurischen Prinzip: Wir haben eine Wirkung, eine Krankheit, ein Leiden und suchen nun nach der Ursache, und wenn wir gegen diese ankämpfen und sie eliminieren können, verschwindet auch die Wirkung. In vielen Fällen ist das unbedingt richtig und erfolgreich, aber eben nicht immer und nicht ausschließlich und nicht, wenn es um eine Chiron-Verletzung geht. So erzählt auch der Mythos, dass diese Methode für Chiron nicht den erhofften Erfolg bringt.

Wir kennen dieses Vorgehen – nennen wir es ›merkurisches Vorgehen‹, – alle. Probleme, seien sie physischer oder psychischer Natur, belasten und wir wollen sie loswerden. Wir kämpfen gegen sie, Krankheit ist ein Feind, den es zu besiegen gilt.

Zu Anfang hat Abspalten und Verbergen geholfen – jetzt nicht mehr. Wir müssen uns unserem Leiden, unserer Scham über unvollkommene Anteile stellen. Und wir suchen möglicherweise auch nach Ursachen, in der Hoffnung, wenn wir die gefunden haben, können wir die Wirkungen mit bestimmten Mitteln bekämpfen. Ein nachvollziehbares Vorgehen, worin uns alle unterstützen. Ja nicht aufgeben!

Chiron im Mythos nützt dieses Vorgehen nichts, deshalb kommen vielleicht auch manche Deuter zu dem Schluss, dass Chirons Wunde nicht heilen kann.

Andere hingegen, Patienten, die vor der Höhle warten, profitieren von seinen Forschungen, denn ihnen helfen die Mittel, die er findet.

Sie kennen vielleicht den Ausdruck »hilfloser Helfer« aus der psychologischen Terminologie, der meint, dass manche Helfer wohl anderen, aber eben nicht sich selber bei ihren Problemen helfen können.

Ich möchte an dieser Stelle nochmals auf unsere christlichen Werte zurückkommen. Da wurde uns von der Kirche vermittelt, dass es wertvoller ist, sich um andere zu kümmern, die Hilfe brauchen, als um sich selbst. Mit diesem Verhalten könne man sich dann sogar einen Platz im Himmel verdienen. Das Leiden und das Verzichten auf Wohlergehen wurden zum Teil verherrlicht. Das Leben auf der Erde ist ein »Jammertal« und man solle ja nichts für sich wollen, sondern nur für die anderen. Ich habe selber eine Fische-Sonne und das Gutmensch-Prinzip hat mich lange begleitet. Aber ich glaube nicht, dass dieser Teil im Mythos, in dem Chiron vergeblich nach Heilung für sich sucht und nur die anderen davon profitieren, diese Botschaft vermitteln will. Denn sein Motiv ist ja keinesfalls, den anderen zu helfen (das wollte er nur bei den Kentauren und wie wir gesehen haben, hat er sich da eigentlich auch nur mit seiner Schatten-Projektion beschäftigt), sondern er will seine Schmerzen lindern oder sich von ihnen befreien.

Um diesen Teil des Mythos als Bild für uns zu verstehen, müssen wir kurz noch einmal sein bisheriges Vorgehen zusammenfassen: Er hat vom Beginn seines Lebens unter oder besser an diesem Pferdeunterkörper gelitten, hat ihn dann erfolgreich abspalten können und seinen positiv bewerteten Anteil gelebt, wobei der abgespaltene ihm als Schatten in der Projektion auf die Kentauren erhalten bleibt. Es war die seelische Verwundung zu Beginn seines Lebens. Und nun muss er sich ausschließlich und intensiv gerade um den abgelehnten körperlichen, konkreten Teil kümmern, wobei der Kampf gegen das Leiden, trotz aller Bemühungen, erfolglos bleibt, denn ihm ist der Zusammenhang zwischen Körper und Seele nicht bewusst, zumindest wird es im Mythos nicht erzählt.

Hierzu ein kurzer Exkurs zum Thema Krankheit bzw. Gesundheit. Ich stelle es vereinfacht dar, um es zu verdeutlichen. Die Seele meldet sich mit einem Bedürfnis, ihr fehlt etwas, etwas wird nicht gelebt und der Mensch ignoriert die Botschaft dieses Bauchgefühls. Was bleibt der Seele anderes übrig, als sich vehementer zu melden, z. B. durch ein physisches Leiden, um den Betreffenden quasi so zu zwingen, diesem Teil, der bisher nicht leben durfte, auch Raum und Zeit zu geben. (Das Schokoladen-Mädchen-Prinzip.) Chiron hat sich nicht um sein seelisches Leiden gekümmert, hat es verdrängt, und nun meldet sich der Körper und zeigt durch das Symptom (Gift und »verteufelter« Pferdefuß) genau das, worum es geht, nämlich die Akzeptanz dieses Anteils. Er will auch zu Chirons Leben gehören. Aber der spaltet in dieser Phase wieder ab, jetzt den oberen Teil, konzentriert sich auf den Körper, kämpft gegen sein Leiden und will es wie einen Gegner besiegen.

Übertragen wir es zur Verdeutlichung auf unsere zu Anfang genannten konkreten Beispiele. Derjenige mit den starken Emotionen,

Beispiel: Chiron im vierten Haus.

die er im Verlauf seines Lebens immer besser unter Kontrolle bekommt, erlebt vielleicht in der Projektion sehr gefühlsbetonte Menschen und will sie, wie Chiron die Kentauren, dazu bringen, dass sie lernen sich doch zu beherrschen. Vielleicht wird er an genau diesem Punkt öfter verletzt, wenn er selber Nähe und Verständnis für sich und seine Gefühle sucht und dann auf Ablehnung stößt, da er in der Außenwahrnehmung all das für sich doch so gut beherrscht und da es ganz und gar nicht als bedürftig erlebt wird. Wenn wir weiterfantasieren, ist es vorstellbar, dass sich sein Problem somatisiert und er auf der körperlichen Ebene z. B. Magenbeschwerden bekommt (der Magen ist dem Mond zugeordnet). Oder er begibt sich in Therapie, um die Ursache herauszufinden, wieso er so unangemessen mit seinen Emotionen umgeht, mal völlig kontrolliert, mal überschwemmen sie ihn, zumindest wenn er alleine ist. Er verhält sich wie Chiron, lehnt sie, die starken Emotionen, ab, kämpft gegen sie, sucht nach helfenden Medikamenten oder Ursachen in der Kindheit und findet möglicherweise schambesetzte Erlebnisse im Zusammenhang mit starken Gefühlsreaktionen. Nun hat er eine Ursache, sein Problem ist gelöst. Aber – so erzählt der Chiron-Mythos – er erlebt auch weiterhin die gleiche Diskrepanz in seinem Verhalten und deshalb probiert er vielleicht die nächste Therapie-Variante. Möglicherweise sucht er auch im Horoskop nach »schuldigen Planeten« oder begibt sich in die weitere Vergangenheit und forscht nach Ursachen in seinem Karma. Inzwischen ist er sehr kompetent geworden auf diesem Gebiet und andere können von seinem Wissen und seinen Erfahrungen profitieren.

Hiermit wären wir am momentanen Punkt in unserem Mythos angelangt. Der Betreffende mit Chiron in diesem Haus würde seine Angst vor intellektuellem Versagen möglicherweise dadurch zu beheben versuchen, dass er noch mehr lernt und immer über alles informiert ist. Vielleicht belegt er auch Rhetorik-Seminare, um immer korrekt und fehlerfrei zu sprechen. Mir fällt hierzu als Beispiel Demosthenes ein (bedeutender griechischer Redner um 384 v. Ch.), der mit Kieselsteinen im Mund gegen die Meeresbrandung anredete, um seinen Sprachfehler zu beheben. Auch jeder Anflug von Dialekt oder Mundart muss ausgemerzt werden. Vielleicht sucht auch er Hilfe bei

Beispiel: Chiron im dritten Haus.

einem Therapeuten, um der Sprecherwartungsangst auf den Grund zu gehen und findet in seiner Kindheit schambesetzte Situationen, in denen er als dumm dastand oder bloßgestellt und ausgelacht wurde für das, was er sagte, oder dafür, wie er es sagte. Auch dieser Mensch ist inzwischen auf seinem Gebiet sehr kompetent und andere können von seinem Wissen profitieren.

Bei Chiron-Themen ist das allopathische Vorgehen also nicht angebracht, hier nutzt uns unser merkurisches Erkenntnisinstrumentarium nichts.

Ich kann mich noch gut erinnern, dass mich in meiner Kindheit, als ich krank war, ein Arzt fragte: »Was fehlt dir denn?« In diesem Satz steckt viel Weisheit und vielleicht auch ein ganz anderes Verständnis von Krankheit, es fehlt nämlich etwas im Leben, um ganz, um heil und damit um gesund zu sein. Die Antwort auf diese Frage sieht ganz anders aus und ist bestimmt auch nicht so leicht zu geben, als wenn wir heute fragen: »Was hast du denn?« Wir haben zum Beispiel Grippe und müssen uns ins Bett zurückziehen, und wir dürfen es jetzt, weil wir krank sind. Vielleicht haben uns ja gerade der Rückzug und die Ruhe gefehlt? Die Krankheit gibt uns nun die Möglichkeit, genau das, was uns gefehlt hat, zu tun. Vielleicht haben wir so einen »Krankheits-Gewinn«?

Das allopathische Vorgehen empfiehlt, Medikamente gegen die Grippe zu nehmen und sie damit zu bekämpfen, aber vielleicht ist es manchmal auch sinnvoll, uns im Bett und in der Ruhe mit der Frage, was uns fehlt, zu beschäftigen. Denn dann ist Gesundheit oder besser ihr Fehlen nicht mehr nur auf den Körper beschränkt, sondern bezieht die Seele mit ein.

Fragen an sich selbst:
Gegen welche schambesetzten Teile in oder an Ihnen haben Sie schon gekämpft?
Wie sind Sie vorgegangen?
Welche Möglichkeiten haben Sie schon probiert?
Haben Sie Ursachen gefunden, die die Wirkung milderten?

2.5.9 Chiron gibt auf

Nach langem, langem Suchen und Hoffen gibt Chiron auf. Dieser Satz berührt die Zuhörer sehr, haben sie doch auf ein glückliches Ende gehofft, da Chiron sich ja nie etwas zuschulden hatte kommen lassen und das unendliche Leiden eine ungerechte Strafe wäre. Außerdem ist das Aufgeben in unserer Gesellschaft nicht positiv bewertet, sondern im Gegenteil, das darf und soll man doch nicht. Man muss sich anstrengen und bemühen und bestimmt gibt es nach kurzer Zeit der Resignation einen guten Freund, eine gute Freundin, der oder die einen Ratschlag hat oder eine Methode kennt, die bestimmt hilft. Und meistens, weil der Leidensdruck ja groß ist, beginnt man zu hoffen und versucht es erneut, das Problem wegzubekommen mit dem Ergebnis: Alles ist wie gehabt.

Aufgeben, resignieren, loslassen?

Schauen wir uns das Bild genauer an. Was gibt Chiron auf? Die Suche nach dem Heilmittel bzw. nach dem Gegenmittel gegen seine Schmerzen. Er akzeptiert, dass er den Pferdeunterkörper, unter dem er leidet, hat. Er kann aus eigener Macht nichts dagegen tun, er gehört zu ihm. Es gibt keine Ursache, zumindest keine, die er beheben kann, er findet keine Schuld, nichts, was er begangen hat und was eine Strafe rechtfertigen würde. Man könnte jetzt argumentieren, es wäre sein Karma, die Schuld der Eltern und ihres tierischen Aktes abzutragen, aber da wären wir schon wieder beim merkurischen Ursache-Wirkung-Prinzip. Außerdem ist diese Deutung eher Pluto zuzuordnen, der das »Erbe« unserer Vorfahren symbolisiert, als Chiron. Und bei Pluto wie auch bei Saturn, die sich in manchen Problemen ähnlich anfühlen, sind wir aufgefordert, etwas zu tun, nicht jedoch bei Chiron. Deshalb passt hier das Gebet von Reinhold Niebur:

»Gott, gib mir die Gelassenheit (die Demut),
Dinge anzunehmen, die ich nicht ändern kann,
den Mut, Dinge zu ändern,
die ich ändern kann und die Weisheit,
das eine vom anderen zu unterscheiden.«

Reinhold Niebur

Fragen an sich selbst:
Haben Sie schon einmal aufgegeben?
Wie hat es sich angefühlt?
Sind Sie von anderen motiviert worden, nicht aufzugeben?
Sind Sie deren Ratschlägen gefolgt?

2.5.10 Der erste Schritt zur Heilung

Es ist so, ich kann es nicht ändern.

Hier begegnen uns wieder Pluto und Neptun, wie im giftigen Blut der Hydra als Auslösung der Wende. Chiron akzeptiert eine höhere Macht und seine eigene Ohnmacht. Er kann nun nichts mehr tun, es ist so, auch wenn er es nicht versteht.

Und er nimmt seinen Pferdeunterleib mit dieser Entscheidung endlich an, er kämpft nicht mehr gegen ihn, will ihn nicht mehr loswerden. Damit ist der erste Schritt, die Demut in der Symbolik des Neptuns, zur Heilung, zum Ganzwerden getan.

Ich möchte mich hier auf Neptun reduzieren, weil er in unserem astronomischen Abbild die Vereinigung von Saturn und Uranus symbolisiert und Pluto, weit draußen, noch eine andere Dimension enthält, auf die an dieser Stelle nicht eingegangen werden kann.

Wir sind hier allerdings noch nicht am Lösungspunkt angelangt, sondern dieser Schritt ist erst die Voraussetzung dafür, dass die Heilung erreicht werden kann.

Denn Chiron leidet ja weiter, seine Schmerzen sind durch dieses Annehmen nicht weg. Im Gegenteil, es erwartet ihn nun ein unendliches Leiden, da er ja nicht einmal sterben kann.

Dies ist der schwerste Schritt. Es klingt vielleicht leicht, wenn wir es hier so lesen, aber wenn wir es auf das praktische Leben übertragen, bedeutet es ja, wir können die schambesetzten Seiten nicht mehr verdrängen, alle sehen sie und wenden sich womöglich von uns ab – das sagt uns zumindest unsere Kindheitserinnerung. Und wir können auch nichts dagegen tun, sind diesen Seiten hilflos ausgeliefert, sagen uns die Erfahrungen unserer vergeblichen Bemühungen.

Wenn wir das auf unsere Beispiele anwenden, hieße das bei Chiron im vierten Haus: »Ich habe immer andere kritisiert, wenn sie emotional waren, sich nicht unter Kontrolle hatten, sich an andere anlehnten und keine Eigenverantwortung kannten. Jetzt sehen alle, wie meine Gefühle mich überschwemmen und wie hilflos und bedürftig ich eigentlich bin. Sie werden mich auslachen, sie werden mich für ein Weichei halten und über mich spotten. Ich werde keinen verantwortungsvollen Posten mehr bekommen, mir wird niemand mehr etwas zutrauen.«

Beispiel: Chiron im vierten Haus.

Und bei Chiron im dritten Haus: »Jetzt merken alle, wie dumm ich eigentlich bin, dass mein Wissen nur Blendwerk war und nichts dahinter. Niemand wird mich noch etwas fragen. Jetzt kommt heraus, dass ich mich für ganz andere Dinge interessiere, dass ich nicht richtig ticke, dass ich manchmal etwas denke oder sage, was die anderen für verrückt halten«.

Beispiel: Chiron im dritten Haus.

So ins konkrete Leben übersetzt ist sicher nachvollziehbar, dass es nicht so einfach ist, die Bemühungen aufzugeben und diesen schambesetzten Teil zu zeigen und zu leben.

Aber zum Glück ist der Mythos hier auch noch nicht zu Ende. Das Akzeptieren der eigenen Andersartigkeit ist nur der erste Schritt.

2.5.11 Das Feuer von Zeus/Jupiter

Alles, was lebt, setzt sich aus den vier Elementen zusammen, dem Feuer, der Erde, der Luft und dem Wasser. Das Leben beginnt mit dem Funken Leben, der die Elemente zusammenhält und der geht auch als Erstes, wenn wir sterben und in der Folge fallen die Elemente wieder auseinander. Auch unser Tierkreis beginnt mit einem Feuerzeichen, dem Widder, und das erste Haus symbolisiert unsere Geburt, den Anfang unseres Lebens. Das Feuerzeichen Löwe mit dem Herrscher Sonne symbolisiert das Schöpferische Selbst, und der Schütze mit Jupiter als Herrscher steht für das Sinnstiftende und die Erkenntnis von Zusammenhängen. Dieses göttliche Feuer hat nun Prometheus gestohlen, um es den Menschen zu bringen und sie damit unabhängig zu machen vom alleinigen Schöpfungswillen der Götter, speziell vom obersten Gott Zeus/Jupiter.

Der göttliche Funke.

Damit, so könnte man sagen, begann das eigentliche Menschsein im Unterschied zu den anderen Lebewesen. Es ist Fluch und Segen zugleich, denn auf der einen Seite kann der Mensch nun selber schöpferisch sein Leben gestalten, zum anderen hat er aber auch ein Bewusstsein von Gut und Böse und von seiner Endlichkeit.

Vor Kurzem wurde im Fernsehen auf Arte ein Bericht mit dem Titel »Unser Bauch, unser zweites Gehirn« gesendet. Darin wurde dargestellt, dass der Mensch erst mit der Beherrschung des Feuers in der Lage war, das Gehirn im Kopf weiter auszubilden, da die Ernährung und Verdauung – eben der Bauch – leichter vonstatten gingen und der Mensch sich in seiner Weiterentwicklung nun anderen Bereichen zuwenden konnte. Auch hier, im naturwissenschaftlichen Kontext gesehen, ist es also das Feuer, das den Sprung in ein anderes Bewusstsein ermöglicht. Und das beherrscht nur der Mensch im Unterschied zu allen anderen Lebewesen, und es gibt ihm so seine Sonderstellung in der Schöpfung.

In der Naturwissenschaft finden wir also die Bestätigung der Bildersprache der Mythen, sowohl im Mythos von Prometheus als auch im Bild des Sündenfalls aus unserer christlichen Lehre, dem Griff nach dem Apfel am Baum der Erkenntnis, eine Jupiter-Entsprechung.

2.5.12 Prometheus

Fluch und Segen des Feuers.

Er wird auch der erste Adam genannt und sein Name bedeutet »der Vorausdenkende«. Er gehört zu dem mächtigen Göttergeschlecht der Titanen, die Nachkommen von Gaia und Uranus sind.

Er sieht die Menschen auf der Erde und hat Visionen, was sie alles gestalterisch bewirken könnten, wenn sie einen Funken Göttlichkeit hätten. So stiehlt er, trotz Verbot, das Feuer Jupiters aus dem Götterhimmel und bringt es zu ihnen auf die Erde. Er tut dies nicht aus Eigennutz oder für einen persönlichen Vorteil, sondern will den Menschen zu mehr eigenem gestalterischem Freiraum verhelfen, sie aus der Abhängigkeit von den Göttern befreien. Und dafür wird er von Zeus/Jupiter schwer bestraft.

Ähnliches wird in unserer Geschichte vom Sündenfall erzählt. Adam pflückt den Apfel vom Baum der Erkenntnis, eine Jupiter-Entsprechung, und er und seine Frau Eva werden ebenso bestraft.

Ich möchte Ihnen ein Bild zu diesen Geschichten anbieten: Die Menschen lebten im Paradies. Alles war geregelt und geordnet, jeder wusste, was zu tun und zu lassen war, und jeder folgte in seinem Dasein der Idee des jeweiligen Gottes. Man kann es sich so vorstellen, als ob die Menschen noch wie die Tiere waren, die ohne etwas infrage zu stellen ihr jeweiliges Dasein lebten. Eine Tulpe ist eine Tulpe und möchte keine Rose sein und ein Hund ist ein Hund und will nicht zum Löwen werden. Auch hatten die Lebewesen zu der Zeit wohl nicht das Bewusstsein von Gut und Böse oder von Endlichkeit. Sie waren einfach.

Mit dem Apfel vom Baum der Erkenntnis oder mit dem Feuer des Jupiters änderte sich alles. Wenn wir im Bild bleiben, richteten sie sich nun auf (Jupiter ist auf der Körperebene die Hüfte zugeordnet) und hatten nun einen ganz anderen Weitblick, einen weiteren Horizont. Sie konnten in die Zukunft hinein erkennen und wussten somit um ihre Endlichkeit. Sie waren nicht mehr unschuldig im Paradies, wo sie nur dem Willen des jeweiligen Gottes folgten, sondern nun waren sie daraus vertrieben, mit allen Folgen. Das entspricht auch dem Bild der Erbsünde, denn Sünde hat den gleichen Wortstamm wie absondern, sie waren nun abgesondert aus der Einheit.

Prometheus wird bestraft, hart bestraft von Jupiter, hat dieser doch nun seinen absoluten Herrschaftsanspruch über die Menschen verloren.

Schauen wir uns wieder das Bild an, das der Mythos uns als Strafe anbietet. Prometheus wird an einen Felsen gekettet und hängt über einem Abgrund. Ein Felsen ist härteste Materie, an die ist er gebunden. Ich möchte dieses Bild hier erweitern auf unser Bild des Kreuzes. Das Kreuz symbolisiert Saturn, die Realität, die Materie, den Körper. Mit dem Beginn unseres Lebens bis zum Ende sind wir an das Achsenkreuz in unserer Radix gebunden.

Der Mensch, Prometheus als erster Adam, ist angebunden an einen Körper, er ist hier in der Welt der Formen und der Polarität und abgesondert von der Einheit.

Prometheus leidet, denn zur Strafe kommt nun zusätzlich jeden Tag der Adler Ethon, dem Jupiter zugeordnet, als König der Lüfte und des Himmels, und frisst ihm die Leber weg, die immer wieder nachwächst. Auch die Leber ist auf der Körperebene ein Jupiter-Organ. Er leidet nun also genau an der Entsprechung dessen, was er im übertragenen

Sinne geraubt hat, dem göttlichen Feuer des Jupiters, und die Verbannung aus dem Götterhimmel bringt ihm das Eingebundensein in einen Körper, der leiden kann. Die Götter kennen keinen Schmerz, aber Prometheus gehört nun nicht mehr zu ihnen, er ist rausgefallen aus dem Paradies und nun, ebenso wie Chiron, gespalten in einen leidenden und unvollkommenen Köper und in seinen göttlichen Ursprung. Er kann von diesem Leiden nur erlöst werden, wenn ein Unsterblicher, also ein Gott, seine Unsterblichkeit für ihn aufgeben und sterben würde. Jupiter weiß, dass diese Bedingung zur Erlösung unendlich langes Leiden für Prometheus bedeuten würde, denn keiner der Götter kennt körperliche Schmerzen. So kann niemand aus dem Götterhimmel ermessen, was diese Strafe für Prometheus bedeutet und es interessiert sie nicht weiter.

2.5.13 Der Besuch des Herakles bei Chiron

Die Erfahrungen werden nützlich.

Und wieder ist es Herakles, der hier im Mythos die nächste Wende bringt. Er hat Chiron, obwohl unabsichtlich, mit seinem vergifteten Pfeil in diese Situation gebracht, und er leitet jetzt auch die Heilung ein. Der, der verwundet, verhilft auch zur Heilung, das erinnert an das homöopathische Prinzip: Ähnliches heilt Ähnliches.

Er kann aber erst auftreten, nachdem Chiron durch das Annehmen seines Pferdeunterkörpers die Voraussetzung geschaffen hat.

Herakles erzählt seinem ehemaligen Lehrer vom schweren Los des Prometheus, der sich über das Verbot Zeus'/Jupiters hinweggesetzt und den Menschen das Feuer der Götter gebracht hatte. Dafür muss er nun unendlich lange leiden, ganz so wie Chiron, dessen Schmerzen allerdings nicht auf einer Strafe beruhen. Dieser kann auf dem Hintergrund seines eigenen Erlebens als Einziger nachempfinden, wie es Prometheus geht. Und damit bekommen die in der Vergangenheit gemachten Erfahrungen einen Zweck und Sinn, sie werden nützlich. Er ist anders als die anderen, jetzt aber genau dadurch zu etwas in der Lage, was kein anderer zu leisten vermag, nämlich Prometheus zu erlösen.

Er wird in eine besondere Position erhoben, ist auserwählt, diese besondere Aufgabe zu erfüllen, gerade auf dem Hintergrund seiner Andersartigkeit, eine Uranus-Entsprechung.

2.5.14 Das »Opfer« Chirons

Und nun berichtet also Herakles, der vor der vollständigen Erfüllung seiner zwölf Aufgaben auch noch nicht im Götterhimmel aufgenommen ist, Chiron vom Schicksal Prometheus. Hier treffen sich drei Figuren aus der griechischen Mythologie mit einem ähnlichen Thema, denn alle drei sind zu diesem Zeitpunkt noch nicht eins, das heißt, noch nicht im Himmel, sondern gespalten in einen Körper und einen Geist.

Empathie.

Als Chiron die Geschichte seines Leidensgenossen Prometheus hört, ist er sehr berührt davon, er kann empathisch mitempfinden. Da geht es jemandem wie ihm, Prometheus würde wie er unendlich lange leiden müssen, ohne Hoffnung auf Erlösung.

Empathie bezeichnet die Fähigkeit und die Bereitschaft, Gedanken, Emotionen, Motive und Persönlichkeitsmerkmale einer anderen Person zu erkennen und zu verstehen. Grundlage der Empathie ist die Selbstwahrnehmung: Je offener man für seine eigenen Emotionen ist, desto besser kann man die Gefühle anderer deuten.

Hierzu eine kleine Geschichte, kein Mythos mit zu deutenden Bildern, sondern eine Erzählung von einem kleinen Jungen, den es heute überall geben könnte, und in der das Thema und die Fähigkeit der Empathie deutlich wird.

Welpen zu verkaufen

In einer Tierhandlung war ein großes Schild, auf dem zu lesen stand: »Welpen zu verkaufen«.

Ein kleiner Junge kam vorbei und sah das Schild. Da der Ladenbesitzer gerade vor der Tür stand, fragte er ihn: »Was kosten die Hundebabys?«

»Zwischen 50 und 80 Euro«, sagte der Händler.

Der kleine Junge griff in seine Hosentasche und zog einige Münzen heraus. »Ich habe 7 Euro und 65 Cents«, sagte er. »Darf ich sie mir bitte anschauen?«

Der Ladenbesitzer lächelte und pfiff nach seiner Hündin. Fünf kleine Hundebabys stolperten hinter ihr her. Eines von ihnen war deutlich langsamer als die anderen und humpelte auffällig.

»Was hat der Kleine da hinten?«, fragte der Junge.

Der Ladenbesitzer erklärte ihm, dass der Welpe einen Geburtsschaden hatte und nie richtig laufen würde.

»Den möchte ich kaufen«, sagte der Junge.

»Also den würde ich nicht nehmen, der wird nie ganz gesund«, antwortete der Mann. »Aber wenn du ihn unbedingt willst, schenke ich ihn dir.«

Da wurde der Junge wütend. Er blickte dem Mann direkt in die Augen und sagte: »Ich möchte ihn nicht geschenkt haben. Dieser kleine Hund ist jeden Cent wert, genauso wie die anderen auch. Ich gebe Ihnen meine 7,65 Euro und werde jede Woche einen Euro bringen, bis er abgezahlt ist.«

Der Mann entgegnete nur: »Ich würde ihn wirklich nicht kaufen – er wird niemals in der Lage sein, mit dir zu rennen und zu toben wie die anderen.«

Da hob der Junge sein Hosenbein und sichtbar wurde eine Metallschiene, die sein verkrüppeltes Bein stützte.

Liebevoll auf den Hund blickend sagte er: »Ach, ich renne selbst auch nicht gut und dieser kleine Hund wird jemanden brauchen, der ihn versteht.«

(Aus: Dan Clark „Weathering the Storm“, http://www.engelbrecht-media.de/s_welpen_zu_verkaufen.html, Zugriff 11.7.2015.)

Der Junge in dieser Geschichte empfindet kein Mitleid mit dem kleinen Hund, denn das würde an dessen Situation nichts ändern, sondern er achtet ihn und gibt ihm den gleichen Wert wie den anderen Hunden, trotz seines scheinbaren Mangels im Vergleich. Das ist der Unterschied zwischen falsch verstandenem neptunischem Mitleiden und der Empathie im Sinne von Chiron, denn er will ihm nicht helfen oder ihn gar retten. Und die Voraussetzung dafür ist die Erfahrung, die der Junge am eigenen Leib gemacht hat. Dies zeichnet ihn aus, er ist nicht wie die »Normalen«, die ungehindert gehen können, sondern seine eigene Andersartigkeit hebt ihn in eine besondere Position, sodass er dem kleinen Hund mit Achtung und Respekt begegnen kann und ihn annimmt genau wie er ist.

So wie der kleine Junge die Beeinträchtigung des Hundes nachempfinden konnte, da es ihm ähnlich erging, kann Chiron als Einziger im Götterhimmel Prometheus' Leiden nachempfinden.

Und wir alle haben in unserem Leben Erfahrungen gemacht, die uns von anderen unterscheiden, haben scheinbare Mängel im Vergleich mit anderen. Erst, wenn wir diese scheinbaren Mängel als besondere Fähigkeiten annehmen und nicht mehr gegen sie ankämpfen usw., verwandeln sich die negativen Gefühle von Scham, Abscheu etc. in die große mitmenschliche Qualität der Empathie gegenüber Menschen mit ähnlichen Themen.

Und hier sehen wir noch mal den Unterschied zwischen Merkur als altem Herrscher der Jungfrau und Chiron. Merkur hat in der Realität und Vergangenheit (Saturn) Fakten gelernt und wir wissen aus seiner Mythologie, dass er persönlich unbeteiligt als Götterbote Informationen aus den verschiedenen Bereichen vermittelt. Er ist sachlich und distanziert und emotional nicht selber betroffen wie Chiron.

Und noch ausgeprägter finden wir diese abgehobene rein auf die Idee bezogene Distanz bei Uranus, der höheren Oktave von Merkur. Ihm als Revoluzzer geht es um Visionen, wobei ihn die betroffenen Menschen bei der Umsetzung der Ideen in ihrem persönlichen Erleben nicht interessieren.

Das trifft auch auf Prometheus als uranische Figur im Götterhimmel zu. (Liz Greene, Uranus im Horoskop, Prometheus und die Kunst das Feuer zu stehlen. Chiron Verlag, 1999.) Er stahl das Feuer für die Menschen, folgte damit seiner Vision, den Menschen eine göttlich-schöpferische Möglichkeit zu eröffnen und bedachte dabei keinerlei Konsequenzen, weder für sich noch für die Menschen auf der Erde, die nun aus dem Paradies vertrieben und in der Spaltung sind.

Einzig Chiron als Brückenbauer zwischen Saturn und Uranus hat die empathische Fähigkeit in seiner Wahrnehmung und kann damit die Aufgabe erfüllen, Prometheus zu erlösen.

Bedeutung des »Opfers«.

Und nun erzählt der Mythos, dass Chiron bereit ist und dass dieses Mitempfinden den Ausschlag gibt, sich für Prometheus zu opfern, um ihm die Erlösung zu bringen.

Dabei vergessen wir aber einen wichtigen Punkt, nämlich, dass dieses sogenannte Opfer die einzige Möglichkeit für ihn selber ist, sich von seinem Leiden zu befreien. Unter Opfer verstehen wir in der Regel eine selbstlose Tat oder eine selbstlose Gabe, und es ist um so wertvoller und heilsbringender, jemehr Verzicht es für die Gebenden bedeutet. Das ist hier allerdings nicht der Fall. Deshalb möchte ich das Wort Opfer umformulieren in Geschenk. Chiron opfert nicht selbstlos etwas, an dem er hängt, seine Unsterblichkeit, sondern er will sie loswerden, um von seinen Schmerzen erlöst zu werden. Er schenkt sie Prometheus. Heute würden wir sagen, das ist eine Win-Win-Situation, denn beide haben einen Nutzen davon.

Wenn wir diesen Punkt nicht berücksichtigen, könnten wir seine Tat deuten wie: Opfere dich für andere und du kommst dafür in den Himmel.

Das klingt nach falsch verstandenem Christentum oder astrologisch ausgedrückt nach unerlöstem Neptun. Es ist ein großer Unterschied zwischen Sich-Aufgeben oder Sich-Hingeben, bzw. Sich-Opfern oder Sich-Schenken. Diesen Unterschied zu verstehen ist der tiefere bzw. höhere Sinn der Entdeckung von Chiron gerade am Ende des Fische-Zeitalters.

Schauen wir uns deshalb das Bild im Mythos noch genauer an. Prometheus – Adam als erster Mensch – braucht für seine Erlösung einen Unsterblichen, der zugleich weiß, was es bedeutet, ein unvollkommener Mensch mit körperlichen Schmerzen zu sein. Er muss Erfahrungen gemacht haben mit dieser Problematik der Spaltung und darunter leiden. Ansonsten würde die Empathie für Prometheus fehlen. Und er müsste schon an dem Punkt angekommen sein, aus eigener Kraft nichts gegen sein Leiden tun zu können, es angenommen haben.

Diese Voraussetzungen zur Erlösung Prometheus, die Erfüllung der Aufgabe durch bestimmte entwickelte Gaben erfüllt allein Chiron. Niemand anderes im Götterhimmel hätte Prometheus erlösen können von seinem Felsen. Damit ist Chiron in eine besondere, man könnte sogar sagen, auserwählte Position gekommen. Und so gedacht, bekommen seine ganzen Erfahrungen einen Sinn, sie haben eben keine Ursache in der Vergangenheit, sondern einen Zweck in die Zukunft hinein, sind nicht kausal, sondern final. Er hat eine Aufgabe zu erfüllen, die diese bestimmten Voraussetzungen benötigt. Damit werden seine Erfahrungen zu unverzichtbaren Gaben, um die Aufgabe überhaupt erfüllen zu können, sie bekommen einen Wert.

Somit stellt sich bei Chiron nicht die Frage »Warum habe ich etwas erlebt?«, sondern die Umformulierung in »Wozu habe ich etwas erlebt?« ist entscheidend für die Wende.

Wir werden später beim Zeichen Jungfrau noch einmal auf diesen gravierenden Unterschied eingehen, denn mit dieser Fragestellung werden die Erfahrungen »nützlich«, ein wichtiges Wort für dieses Zeichen.

Wenn wir diesen Teil des Mythos auf uns übertragen, erzählt er uns, dass wir durch unsere Erfahrungen mit unserer Andersartigkeit auch besondere Fähigkeiten erworben haben, nämlich genau die Menschen besonders gut zu verstehen, die Ähnliches erlebt haben. Damit bekommen sie einen Wert.

Fragen an sich selbst:
Betrachten Sie Ihre »leidvollen« Erfahrungen bitte mal so:
Was haben Sie dadurch, im Unterschied zu anderen, lernen können?
Gibt es Menschen, denen diese Erfahrungen nützen könnten?
In welchen Lebensbereichen wären sie von Wert?

2.5.15 Chiron im Hades

Chiron schenkt Prometheus seine Unsterblichkeit und erlöst ihn damit. In manchen Versionen des Mythos muss Prometheus als Erinnerung an seine Freveltat und seine Strafe einen Ring tragen mit einem Stein aus dem Kaukasus, in anderen bekommt er eine Dornenkrone auf sein Haupt.

Und nun kann Chiron sterben, er geht in den Hades ein, wie die Griechen die Unterwelt, das Reich des Todes, nannten. Hier herrscht Pluto, der Gott, der über Tod und Leben bestimmt. Zu Anfang seines Mythos heißt er Hades, was so viel bedeutet wie »der Unnennbare« und meint, dass man seinen Namen nicht nennen durfte, ohne Gefahr zu laufen, von ihm in die Unterwelt geholt zu werden. Dann war alles endgültig vorbei, denn was Hades einmal in seinem Reich hatte, gab er nie mehr her. Erst durch seine Frau Persephone verwandelte auch er sich und zwar in »Pluto«, was »der Reiche« bedeutet, denn mit ihr öffnen sich die Türen zur Unterwelt, und das, was hier im Erdinneren lag, kann als Saat für Neues wieder an die Oberfläche kommen. Allerdings erst nach einer Phase der Metamorphose, denn das Alte musste zuvor verwandelt werden, um wieder neues Leben erschaffen zu können.

Jetzt ist die Entsprechung für Pluto nicht mehr nur Tod, sondern eben auch Wiedergeburt.

Die Symbolik vom Tod Chirons.

Chiron stirbt und verbleibt drei Tage im Reich des Todes, bis Jupiter von seiner Tat hört, ihn aus der Unterwelt holt und am Himmel unsterblich macht, so erzählt es der Mythos.

Die Zahl drei ist, wie bereits erwähnt, unter anderem die plutonische Zahl der Wandlung, zur Erinnerung seien die oben schon genannten Stichworte Raupe, Puppe und Schmetterling genannt. Früher gab es bei uns den Brauch, Verstorbene drei Tage zu Hause aufzubahren, bis sich, jenem Glauben nach, die Seele vom toten Körper hatte lösen können und der Betreffende die Wandlung in ein geistiges Wesen vollzogen hatte. Auch Christus blieb drei Tage im Grab bis zu seiner Auferstehung.

Es geht hier im Hades also um eine Wandlung Chirons, sein Tod ist als ein Bild, ein symbolisches Sterben zu verstehen. Denn der alte gespaltene Chiron muss sterben, um sich verwandeln zu können und das Bild des Himmels, an dem Jupiter ihn unsterblich macht, ist das Resultat der Wandlung und steht bildlich verstanden als Symbol für die Einheit und Ganzheit. Damit ist die Spaltung aufgehoben und Chiron ist heil im ursprünglichen Sinne.

Auch dieser Teil lässt sich unschwer auf unseren christlichen Mythos übertragen, in dem es heißt: »Und sitzet zur Rechten Gottes.« Christus hatte ebenfalls seine Aufgabe erfüllt, nämlich den Menschen zu zeigen, wie sie eins werden und die Spaltung überwinden können. Dazu hatte er Mensch werden müssen, seine Erfahrungen hatten den Zweck, empathisch zu verstehen, was es bedeutet, Mensch zu sein. Er hat sein Kreuz angenommen (siehe oben bei Saturn) und die göttliche Idee seiner Existenz in die Welt gebracht. Und er konnte die Aufgabe nur erfüllen, da er selber am eigenen Leib erlebt hat, wie es ist, gespalten zu sein in einen leidenden menschlichen Körper und einen göttlichen Geist.

»Wir sind keine menschlichen Wesen mit einer spirituellen Erfahrung, sondern spirituelle Wesen mit einer menschlichen Erfahrung.«

Pierre Teilhard de Chardin

Wie können wir diesen letzten Teil des Mythos auf uns übertragen? Ein Geschichte mag dies erläutern:

Die beiden Krüge

Es war einmal ein Wasserträger in Indien. Auf seinen Schultern ruhte ein schwerer Holzstab, an dem rechts und links jeweils ein großer Wasserkrug befestigt war. Einer der Krüge hatte einen Sprung, der andere hingegen war makellos und mit diesem konnte der Wasserträger am Ende seines langen Weges vom Fluss zum Haus seines Dienstherrn eine volle Portion Wasser abliefern. In dem kaputten Krug war hingegen immer nur noch etwa die Hälfte des Wassers, wenn er am Hause ankam.

Der perfekte der beiden Krüge war natürlich sehr stolz darauf, dass der Wasserträger in ihm immer die volle Portion transportieren konnte. Der Krug mit dem Sprung hingegen war beschämt, dass er durch seinen Makel nur halb so gut war wie der andere Krug.

Nach zwei Jahren voller Scham hielt der kaputte Krug es nicht mehr aus und sagte zu seinem Träger: »Ich schäme mich so für meine Unzulänglichkeit und möchte mich bei dir entschuldigen.«

Der Wasserträger schaute den Krug an und fragte: »Aber wofür denn? Wofür schämst du dich?«

»Ich war die ganze Zeit nicht in der Lage, das Wasser zu halten, sodass du durch mich immer nur die Hälfte zum Haus deines Dienstherrn bringen konntest. Du hast die volle Anstrengung, bekommst aber nicht den vollen Lohn, weil du immer nur anderthalb statt zwei Krügen ablieferst«, bekannte der Krug.

Der Wasserträger lächelte nur und erwiderte: »Achte gleich einmal, wenn wir zum Haus gehen, auf den Straßenrand.«

Daraufhin fühlte sich der Krug etwas getröstet und so machten sie sich auf den Weg. Am Ende des Weges jedoch fühlte sich der Krug wieder ganz elend und entschuldigte sich erneut zerknirscht bei dem Wasserträger.

Der aber erwiderte: »Hast du die Wildblumen am Straßenrand gesehen? Ist dir aufgefallen, dass sie nur auf deiner Seite des Weges wachsen, nicht aber auf der, wo ich den anderen Krug trage? Ich wusste von Beginn an über deinen Sprung Bescheid. Und so habe ich einige Wildblumensamen gesammelt und sie auf deiner Seite des Weges ver-streut. Jedes Mal, wenn wir zum Haus meines Herrn liefen, hast du sie gewässert. Ich habe jeden Tag einige dieser wundervollen Blumen pflücken können und damit den Tisch meines Herrn dekoriert. Und all diese Schönheit hast du geschaffen.«

(Aus: http://www.engelbrecht-media.de/s_die_beiden_kruege.html Zugriff 11.7.2015.)

Wenn wir die Geschichte im Sinne unseres Chiron-Mythos fortsetzen würden, könnte sich der beschädigte Krug jetzt sicher freuen, dass sein Mangel so schöne Blumen hervorgebracht hat und er würde sich nicht weiter dafür schämen, sondern könnte sich am Sinn und am Ergebnis seines Sprungs erfreuen. Er nimmt ihn an und akzeptiert ihn als zu sich gehörend in dem Bewusstsein, dass es eben kein Mangel ist, sondern eine besondere Gabe.

2.5.16 Chiron im Himmel

Die Spaltung ist überwunden, Chiron ist heil.

Die Mangelerfahrung, die Scham über einen Teil, der eben nicht perfekt ist, zumindest im Vergleich mit anderen und in der eigenen Wahrnehmung, stellt sich in dieser Geschichte als ein Segen heraus. Genau das meint das Ende des Mythos von Chiron. Ohne seine Erfahrungen der Unvollkommenheit, die ja sein Schmerz leidender Pferdekörper symbolisiert, hätte Prometheus nicht von seinem Schicksal befreit werden können.

Chiron schenkt ihm seine Unsterblichkeit, seinen göttlichen Anteil, astrologisch wäre das Uranus als geistige Idee. Damit erfüllt er den Sinn und Zweck seiner Existenz in der Spaltung und damit der zugrunde liegenden geistig-göttlichen, uranischen Idee.

Das Bild des Himmels, an dem er von Jupiter unsterblich gemacht wird, soll uns sagen, dass nun dieser abgespaltene Teil angenommen und als zu ihm gehörend akzeptiert ist. Das meint das Wort heil. Er hat seine uranische Idee realisiert, also Körper und Geist verbunden.

Wir finden hier im Mythos wieder die drei wichtigen Planeten in ihrer Reihenfolge der Heilung: Neptun als Empathie und Mitgefühl und Annehmen der Andersartigkeit, Saturn als Erfahrungsschatz des Erlebten und Uranus als das geistige Geschenk. Auf uns übertragen bedeutet es, dass das Erleben der Unvollkommenheit und der Scham zum Segen, zu einem Geschenk werden können, wenn die besonderen Erfahrungen, die wir dadurch gemacht haben, den Menschen oder Lebensbereichen zur Verfügung gestellt werden, die genau diese Besonderheit benötigen. Dadurch erleben wir dann plötzlich selber, dass sie nicht etwa Grund zum Schämen sind, sondern, im Gegenteil, zu Gaben werden, die zwar nicht von allen und überall gebraucht, aber dort, wo sie vonnöten sind, sehr geschätzt werden.

Übertragen wir diese Deutungen wieder auf unsere beiden oben genannten Beispiele mit den Chiron-Stellungen im dritten bzw. vierten Radix-Haus.

Der Betreffende mit Chiron im dritten Haus hätte nun inzwischen seine besondere Art zu reden, zu denken und wahrzunehmen akzeptiert und würde sie nicht mehr hinter geschwollenen Worten oder Besserwisserei verstecken. Er könnte dazu stehen, nicht mehr alles zu wissen, sondern sich womöglich sogar mit eigenen, etwas aus dem Rahmen fallenden Interessensgebieten zu beschäftigen.

Beispiel: Chiron im dritten Haus.

Vielleicht würde er auch merken, dass seine besonders sensible Art der Wahrnehmung kein Grund zur Angst ist, verrückt zu werden, sondern dass er damit ein feines Gespür für Unausgesprochenes oder für Schwingungen hinter den konkreten Worten hat, und dass er gerade damit denjenigen zu Worten verhelfen kann, denen es schwerfällt, sich zu äußern. Er hat auf dem Hintergrund der eigenen Erfahrungen eine Antenne für Menschen mit ähnlichen Problemen in der Kommunikation, im Lernen usw. entwickelt. Vielleicht hat er sein Talent entdeckt, die Körpersprache besonders gut zu verstehen, oder er hat andere Formen der Kommunikation erlernt, z.B. die Gebärdensprache oder den Ausdruck durch Musik oder Malerei.

Und ein Beruf, in dem er nun diese besonderen Erfahrungen und Fähigkeiten einbringen könnte, wäre geeignet, damit er seine Andersartigkeit der Wahrnehmung als Gabe und als Geschenk ansehen kann. Ich erinnere mich gerade besonders an zwei unserer Studentinnen in unserer Astrologieschule mit Chiron im dritten Haus, denn sie waren beide Lehrerinnen an einer Schule für sprach- und lernbehinderte Kinder.

Im zweiten Beispiel geht es um Chiron im vierten Haus. Der Betreffende hat nun inzwischen seine starke Emotionalität akzeptiert. Immer, wenn es um Angelegenheiten geht, die mit Gefühlen oder allgemein mit der Seele zu tun haben, schwingt er auf einer höheren Frequenz, Uranus, und kann damit Befindlichkeiten seines Gegenübers wahrnehmen, die anderen verborgen bleiben. Er weiß und akzeptiert nun auch, dass dieses Thema zentral und wichtig ist in seinem Leben. Am passendsten wäre seine Gabe für die Menschen, die selber Schwierigkeiten haben, ihre Seele zu öffnen, die nicht geübt darin sind, über Gefühle zu reden und ihre Bedürfnisse nicht kennen. Denn dieser Mensch kann dadurch, dass er sich selber öffnet, emotional mitschwingt, anderen das Gefühl von Angenommensein und Vertrauen geben, sodass sie sich selber öffnen können. So würden seine vormals abgelehnten starken Gefühle sinnvoll und nützlich und er könnte sie als besondere Gabe und als Geschenk ansehen.

Beisoiel: Chiron im vierten Haus.

Fragen an sich selbst:
Haben Sie es schon einmal erlebt, dass diese besonderen Anteile in oder an Ihnen, für die Sie sich schämten, von anderen gewürdigt oder gar gebraucht wurden?
Falls noch nicht, gäbe es Bereiche oder Menschen, die genau diese auf eigener Erfahrung beruhende einfühlsame und sensible Kompetenz benötigen würden?

3. Chiron anwenden: Chiron in der Horoskop-Deutung in den Radix-Häusern

3.1 Tabellarische Aufzählung der Deutungsschritte:

1. Chiron im Radix-Haus, mögliche Erfahrungen
2. Flucht ins Gegenhaus
3. Erleben in der Projektion
4. Negative Wiederholungen – Siehste-Effekt
5. Häuserwippe
6. Konzentration auf das Radix-Haus – Heilungsversuche
7. 1. Heilungschritt: annehmen = Neptun
8. 2. Heilungsschritt: Reinigung der Wunde, Erfahrungen = Saturn
9. 3. Heilungsschritt: Zur-Verfügung-Stellen der Besonderheit = Uranus
10. Pflaster, Schutz der Wunde
11. Heilung im Sinne von Chiron: Überwindung der Spaltung, Neptun

Ich werde die einzelnen Deutungsschritte an zwei Beispielen (Chiron im ersten und Chiron im zweiten Haus) exemplarisch demonstrieren, um das Vorgehen zu verdeutlichen, damit Sie es auf alle anderen Häuserstellungen übertragen können.

3.2 Chiron im Radix-Haus: mögliche Erfahrungen

Chiron wird hauptsächlich in seiner Häuserstellung und in seinen Aspekten zu den persönlichen Planeten gedeutet. Ich möchte mich hier in den Erklärungen der Vorgehensweise auf die Hausposition reduzieren.

Wie kann Chiron im Haus zu Anfang erlebt werden?

Wenn wir Chiron in einem Haus deuten wollen, ist also der erste Schritt, uns vorzustellen, wie das

Häuserthema mit dem »Mehr« und »Anders« von Uranus und den Reaktionen von außen erlebt worden sein könnte. Die bislang wiederholt genannten Beispiele für Chiron im dritten bzw. im vierten Haus sollten für diesen Deutungsschritt stehen und ich ergänze sie hier noch durch die Stellung Chirons im ersten und zweiten Haus.

Erinnern wir uns dazu noch einmal an das Geschehen am Himmel, wo die Bahn Chirons die Bahnen von Uranus und Saturn verbindet. Dabei kommt er in die Umlaufbahn von Saturn und öffnet durch seine Schlüsselsymbolik eine bislang verschlossene Tür, sodass die uranische Energie hier eindringen kann.

Wenn wir das auf die Hausposition von Chiron übertragen, macht er also – bildlich gesprochen – in diese Hauswand ein Loch oder öffnet hier eine Tür, sodass in diesen Lebensbereich, dieses Umfeld auf der Erde, Uranus eindringen kann. Uranus lädt diesen Bereich mit seiner Energie, mit seinem Strom auf. Hier sind wir nicht »normal«, sondern schwingen auf einer höheren Frequenz. Zusätzlich sind wir hier besonders offen, unsere schützende Haut (Saturn) hat ein Loch, eine Wunde, und damit reagieren wir hier besonders sensibel, sind besonders empfindlich und leicht verletzbar.

Die Wunde als offene Stelle.

Ich stelle es mir vor, als ob Bemerkungen oder Reaktionen aus der Umwelt wie konkreter Dreck in die Wunde eindringen und dort schmerzhafte Entzündungsprozesse auslösen.

Die Umwelt weiß nun aber nichts von dieser Offenheit, sondern hat, im Gegenteil, eher den Eindruck, dieser Mensch lebt den betroffenen Lebensbereich besonders autark, energievoll und schert sich nicht um gängige Konventionen. Sie erleben hier die Aufladung des Uranus so, als ob der Mensch in diesem Bereich besonders unter Strom stehe und keine Probleme mit dem Thema habe. Deshalb, so meinen sie, sei er unempfindlich gegen Kritik, und er brauche eher noch eine Korrektur von außen.

Dieser »Dreck« kann aber nicht an der Haut des Betroffenen abprallen wie bei anderen und so können die Mitmenschen die starken, für sie überzogenen Reaktionen nicht nachempfinden, sie wirken befremdlich auf sie. Und der betreffende Mensch fühlt sich wieder darin bestätigt, dass er anders ist, was für ihn gleichbedeutend ist mit nicht normal, nicht in Ordnung. Er schämt sich dafür und versucht, es zu vermeiden.

Beispiel: Chiron im ersten Haus.

Zum Beispiel mit Chiron im ersten Haus, bei dem es unter anderem um Durchsetzung, Spontaneität, den eigenen Willen und den Umgang mit Aggressionen geht, könnte das Erleben des Betreffenden sein, dass seine spontane und energiegeladene Art, den eigenen Willen in Taten umzusetzen, auf Ablehnung und Widerstand stößt und dass er erlebt, wie zerstörerisch Aggressionen in Form von Wut sein können. Auf andere wirkt sein Verhalten überzogen und zu stark, er schämt sich dafür und versucht fortan, es zu unterdrücken.

Beispiel: Chiron im zweiten Haus.

Das Thema des zweiten Hauses ist unter anderem der Selbstwert, Werte allgemein, eigene Talente, Körper und Sinnlichkeit, der eigene Geschmack und das Bedürfnis nach Sicherheit. Im Erleben könnte es sich so zeigen, dass die betreffende Person bereit ist, auf viel zu verzichten, was das Leben sinnlich und zu einem Genuss macht (sie würde sich dafür schämen), sie hätte einen mangelnden Selbstwert, ließe sich deshalb unter Wert bezahlen und würde ihre eigenen Talente auch nicht wertschätzen.

Praktisches Vorgehen bei der Horoskop-Deutung:
Fragen in Bezug auf das Erleben dieses Häuserbereichs, besonders in der Kindheit. Bewertungen herausarbeiten, wann war man in Ordnung, wann nicht. Schamerinnerungen?

Zweck und Sinn:
Bewusstmachen der eigenen individuellen Erfahrungen in Bezug auf Andersartigkeit und Schamgefühl darüber.
Die Erfahrungen jetzt als Wert sehen, die einen unterscheiden von anderen.
Z. B. die Fragen: Was hast du dadurch gelernt, was andere nicht kennen?
Was zeichnet dich dadurch im Besonderen aus?

3.3 Flucht ins Gegenhaus

Abspaltung des Themas.

Der Mythos erzählt uns dann weiter die Strategie Chirons, um diese schmerzhaften Verletzungen zu vermeiden. Er spaltet den betroffenen Teil ab, seinen unvollkommenen Unterleib, und stärkt das Gegenteil davon, den göttlich-geistigen oberen Anteil.

Auf den Häuserbereich für unsere Deutung bezogen heißt das, Chiron meidet in Zukunft das Haus, in dem er in der Radix steht, und »flieht« ins Gegenhaus. Mit diesem Thema nun versucht der betreffende Mensch, wie Chiron im Mythos, Erfolg zu haben, Anerkennung zu bekommen, um den schamhaft erlebten Anteil vergessen zu können. Damit will er nichts mehr zu tun haben, den lehnt er als nicht zu sich gehörend ab.

Beispiel: Chiron im ersten Haus.

Zum Beispiel könnte sich Chiron im ersten Haus entscheiden, ins siebte Haus zu »fliehen« und wäre geneigt, sich an den Willen anderer anzupassen und die Initiative ihnen zu überlassen. Und für diesen rücksichtsvollen Umgang gäbe es Zuwendung und Anerkennung, was das Gefühl des Betreffenden verstärken würde, dass er jetzt und so in Ordnung ist, im Gegensatz zu seiner Impulsivität. Oder er könnte, sensibel wie er für das Thema Wille und Durchsetzung ist, das spüren, was die anderen wollen, und in ihrem Sinne handeln.

Beispiel: Chiron im zweiten Haus.

Das achte Haus ist das »Fluchthaus« des zweiten und so könnte sich die Person abhängig machen von der Wertebestimmung anderer und dem, was ihr von jenen zugeteilt würde. Vielleicht schätzt sie auch eher die Beschäftigung mit dem seelischen Innenbereich und lehnt Äußerlichkeiten wie Geld, Körperlichkeit und Lebensgenuss als zu oberflächlich ab. Und z. B. ehrenamtliche Tätigkeiten, für die es keine Entlohnung gibt, könnten ihr das Gefühl geben, so in Ordnung zu sein, da sie hier ja nicht auf ihre eigene Sicherheit und Werte bezogen ist, sondern die der anderen höher schätzt. Da das achte Haus das zweite Haus der Partnerschaft ist, wäre es auch denkbar, dass man den Partner unterstützt in der Entwicklung seiner Talente usw. und die eigenen vernachlässigt.

Praktisches Vorgehen bei der Horoskop-Deutung:
Fragen zum Lebensbereich des Gegenhauses, wie kennt man es, welche »Erfolge« hat man hier gehabt?
Wie sahen die Anerkennungen aus?
Wie sahen die Vermeidungsstrategien des Chiron-Hauses aus? Versagensängste?

Zweck und Sinn:
Bewusstmachen der Bemühungen um in Ordnung zu sein und der Sensibilisierung für dieses Thema bei sich selbst und bei anderen.

3.4 Erleben in der Projektion

Wie innen so außen.

Aber wir wissen aus dem Mythos, dass das verdrängte Thema damit nicht erledigt oder überwunden ist, sondern dass es in Gestalt der Kentauren von außen wieder erscheint. Wie Chiron fühlen wir uns dann möglicherweise genötigt, zu missionieren und/oder das Verhalten dieser »Kentauren« abzuwerten oder zu kritisieren.

Beispiel: Chiron im ersten Haus.

Für das Beispiel mit Chiron im ersten Haus könnte das heißen, dass die Betreffenden Menschen anziehen, die egoistisch und rücksichtslos wären und im-mer ihren Willen durchsetzen wollen. Vielleicht machen sie auch direkte Erfahrungen von Gewalt und erleben sich als Opfer von Unterdrückung und Aggressionen. Das würde die eigene Annahme bestätigen, dass so ein Verhalten eben nicht in Ordnung sei, und die eigene Gewaltlosigkeit würde das Gefühl in ihnen nähren, es selber längst überwunden zu haben.

Beispiel: Chiron im zweiten Haus.

Mit Chiron im zweiten Haus könnten dem Betreffenden häufig Menschen begegnen, die sehr viel Wert auf ihr Äußeres legen, denen Sinnlichkeit und Lebensgenuss wichtig sind und die es auch entsprechend ausleben, Menschen, die sich selber viel wert sind und die sich mit genügend Geld im Hintergrund auch viel gönnen könnten.

Wie oben schon einmal erwähnt, gibt es die Möglichkeit, dass diese Gefühle auch bei Saturn- oder/und Pluto-Themen auftauchen. Auch hier bewerten wir oder spalten ab, sodass sie uns von außen gespiegelt werden können. Da die Intention der drei Planeten aber unterschiedlich ist, ist es wichtig, mithilfe des Horoskops zu unterscheiden, welche Planetensymbolik sich auf diese Art und Weise zeigt. Das erläutere ich in dem Kapitel »Was bringt Chiron Neues?« unter 5.2.

Chirons Bemühungen, die Kentauren zu kultivieren, sind allerdings vergeblich. Und so könnte es auch uns mit unserem Missionierungsdrang ergehen. Denn wieso sollte jemand das Verhalten usw. ändern, wenn er selber damit kein Problem hat? Es ist ja Chirons Problem, es ist unser Problem und nicht das unseres Gegenübers.

Schauen wir uns dieses Verhalten noch etwas genauer an. Wenn wir betroffen sind von etwas im Außen, ist es ein Hinweis darauf, dass es etwas im eigenen Inneren berührt, denn sonst würde es uns nicht treffen.

Chiron hat es sich auf dem Hintergrund seiner Erfahrungen nie erlaubt, so instinkthaft und unvollkommen zu leben wie es die Kentauren in seinen Augen taten. Aber es ist dennoch ein Teil von ihm. Vielleicht, wenn wir uns ganz tief einfühlen in seine Problematik, steckt doch noch eine Sehnsucht, ein Wunsch in ihm, auch mal nicht so edel und tugendhaft zu sein, sodass auch mit ihm mal der „Gaul“ durchgehen dürfte und er dennoch oder trotz alledem geachtet und wertgeschätzt würde.

Der Neid.

So wächst in ihm womöglich das Gefühl des Neides, ein Gefühl, das meistens negativ gesehen wird, gehört es doch auch zu den sieben Todsünden.

Dieses Gefühl ist eine Entsprechung des Planeten Venus. Sie steht unter anderem für unsere Werte und unsere Talente. Wir wissen aus der Mythologie, dass sich bei Nichtbeachtung dieser Göttin ihre Liebenswürdigkeit usw. ins Gegenteil verkehren kann und sie rach- und missgünstig wird. Dies entspricht dem Gefühl des Neides in seiner negativen Variante, nämlich der Missgunst. Man gönnt es dem anderen nicht, man will es ihm vermiesen, sei es direkt oder indirekt. Denn wenn wir es nicht leben, nicht genießen dürfen, sollen es die anderen gefälligst auch nicht. Wir haben ja das, was uns da im Außen begegnet, in uns abgewertet, sehen es nicht etwa als Talent oder Wert an, sondern haben uns dafür sogar geschämt und es mühevoll scheinbar überwunden. Und wenn andere das nun so selbstverständlich leben, ist es nicht verwunderlich, dass sich die Venus mit ihrer Neidentsprechung in ihrer missgünstigen und destruktiven Seite zeigt.

Neid hat aber auch noch eine konstruktive Seite. Jemand anderes kann etwas, hat etwas, lebt etwas und das berührt und trifft einen so, dass dieses starke Gefühl entsteht: Ich bin neidisch. Wenn wir so betroffen sind, ist es ein Hinweis darauf, dass dies auch in uns steckt, wir wollen es auch können, haben, leben. Und das ist eine positive Seite des Neides, nämlich ein Ansporn, dieses Talent selber zu entfalten. Es geht also eigentlich gar nicht darum, es dem anderen nicht zu gönnen, sondern es selbst zu leben.

Praktisches Vorgehen bei der Horoskop-Deutung:
Zum Beispiel Fragen wie: Kennen Sie Menschen, die Ihr eigenes Chiron-Häuserthema aus der Radix für Sie leben? Stört oder ärgert es Sie, sodass Sie die Betreffenden abwerten, kritisieren oder missionieren, da man doch so nicht sein dürfte?
Wann, auf wen oder was reagieren Sie neidisch?
Abhängigkeiten von Fremdbewertungen?

Zweck und Sinn:
Projektionen erkennen in ihrer Verzerrung und positiv umformulieren.
Sensibilisierung für das Thema als besonderes Talent, das gelebt werden möchte.
Die konstruktive Seite des Neides entwickeln.

3.5 Negative Wiederholungen – der »Siehste-Effekt«

Dazu fantasiere ich mir den Chiron wie einen »kleinen Mann im Ohr« oder gebe der inneren Teilpersönlichkeit Chiron eine Stimme, die in

Der innere Boykotteur. Bezug auf unser Beispiel mit Chiron im 1. Haus sagen könnte: »Du kannst es ja versuchen, zu tun was du willst, aber du wirst sehen, dass es schiefgehen wird.«

Beispiel: Chiron im ersten Haus. Endlich will man mal das tun, was man selber will, vielleicht etwas Neues beginnen, etwas Eigenes ohne andere, und man geht es voller Energie und Mut an. Die innere Stimme, der kleine Mann im Ohr oder die eigene innere Überzeugung hat nun allerdings genau die Wirkung einer sich selbst erfüllenden Prophezeiung, nämlich das, was man sich vorgenommen hat, klappt nicht. Der Boykotteur hat wieder mal gesiegt. Können Sie nachvollziehen, dass der Betreffende sich jetzt schämt? Man hätte doch auf die anderen hören sollen, doch eher das tun, was sie für richtig halten und nicht so eigenwillig sein. Und wieder hat man sich die Bestätigung geholt, den Bereich des ersten Hauses besser zu meiden, und damit verstärkt sich die innere Gewissheit erneut.

Fantasieren wir uns die betreffende Person, als sie sich vornimmt, nun endlich zu ihrem Chef zu gehen und eine angemessene Entlohnung für ihre Leistungen zu fordern. Sie hat sich vielleicht sogar besonders gekleidet und sich dazu als Vorbild einen Kollegen / eine

Beispiel: Chiron im zweiten Haus. Kollegin gewählt, der/die sich in ihren Augen mit viel Geschmack und sehr gut kleidet. Chiron als kleiner Mann im Ohr, als innere Stimme, flüstert unserer Beispiel-Person nun aber zu: »Glaub du doch nicht, dass du deinem Chef mehr wert bist. Bleib bescheiden und verlang nicht so viel für dich. Und wie du aussiehst? Aufgedonnert und völlig überzogen. Glaubst du etwa, so bist du attraktiv? Du machst dich lächerlich damit.«

Mit dieser inneren Stimme in Verhandlungen zu gehen, lässt kein positives Ergebnis erwarten. Und so wird sich auch hier die innere Überzeugung bestätigen, unsere Person scheitert mit ihren Ansprüchen, wird wieder der Fremdwertbestätigung aus dem achten Haus erliegen und sich womöglich erneut schämen für ihren vermeintlich unberechtigten Anspruch. »Siehste, ich habe es dir ja gleich gesagt, dass es schiefgehen wird!«, sagt Chiron als kleiner Mann im Ohr.

Die Erwartung bestätigt sich laufend durch das reale Erleben und wird so zu einem Wiederholungsmuster. Es sind die übernommenen Bewertungskriterien, die als innere Bilder gespeichert sind, welche sich hierin zeigen. Durch die von starken, in diesen Fällen negativen

Emotionen begleiteten wiederholten Erfahrungen manifestieren sie sich immer mehr. Und der Mensch ist bemüht, die alte Ordnung wiederherzustellen, die Ruhe statt verunsichernder Unruhe im Innenleben der Gefühle verspricht. Also wird er in Zukunft, zumindest für eine ganze Weile, diesen Bereich meiden.

Erklärungsmodell der Psychologie.

In der Kognitiven Psychologie, worin es um die psychischen Mechanismen des menschlichen Denkens geht, nennt man diesen Effekt Bestätigungsfehler. Dabei werden alle Informationen aus der Außenwelt gemäß der eigenen Erwartung gefiltert, und nur das wird wahrgenommen, was in unserem Gehirn an schon gespeicherte Erfahrungen andocken kann. Es entspricht wieder unserer linken Hirnhälfte und dem merkurischen Wenn-Dann-Denken. Denn alles, was wir jemals gelernt haben, ist in unserem Gehirn wie auf einer Computer-Festplatte gespeichert und wird bei Aktivierung als innere Bilder auf die Außenwelt projiziert und dort als Realität gesehen. Die Erwartungen und die Erfahrungen bestätigen also erneut das Erleben. Eine Fabel aus Indien erzählt das sehr schön:

Tempel mit tausend Spiegeln

Vor langer, langer Zeit gab es in einem fernen Lande einen Tempel mit tausend Spiegeln, und als zufällig ein Hund vorbeikam und sah das Tor offen, ging er vorsichtig und ängstlich hinein. Und im selben Augenblick sah er sich von tausend Hunden umgeben, die ihn vorsichtig und ängstlich anschauten. Der Hund begann zu knurren und alle tausend Hunde knurrten mit ihm. Und auch als er die Zähne fletschte, taten es alle tausend Hunde ihm nach. Der Hund bekam es mit der Angst zu tun und floh voller Panik. Dieses schreckliche Erlebnis hat sich fest in sein Gehirn eingegraben und so war er von nun an überzeugt und hielt es für erwiesen, dass die Welt voller bösartiger Hunde war, mied sie und lebte einsam und verbittert bis ans Ende seiner Tage.

Die Zeit verging und zufällig kam ein anderer Hund des Weges, sah das Tor offen und ging neugierig und erwartungsvoll hinein. Im selben Moment sah er tausend Hunde, die ihn erwartungsvoll und neugierig anschauten und er wedelte vor Freude mit dem Schwanz.

Und alle tausend Hunde taten es ihm gleich. Fröhlich spielte er eine lange Weile mit den freundlichen Hunden. Dieses schöne Erlebnis hat sich tief in sein Gedächtnis eingegraben und er war von nun an überzeugt und hielt es für erwiesen, dass die Welt voller freundlicher, ihm positiv gesonnener Hunde war und lebte glücklich in der Gemeinschaft bis ans Ende seiner Tage.

(Quelle: Sinngemäß und verkürzt wiedergegeben aus http://www.engelbrecht-media.de/s_tempel%20_mit_tausend_spiegeln.html, Zugriff 11. 7. 2015.)

Diese Wippe zwischen den beiden Häuserbereichen, diese negativen Wiederholungen sind ein Leben lang denkbar und es ist keine Lösung in Sicht. Wir erinnern uns, Chirons Bahn verläuft zwischen Saturn und Uranus und die Grenze von Saturn versucht lange Zeit, die uranische Energie, die Aufladung abzuschirmen. Man versucht, die Tür krampfhaft zuzuhalten, aber ein Moment der Unachtsamkeit, in dem die Kontrolle nachlässt und Uranus bricht durch. Man ist hier eben doch nicht normal, entspricht nicht der saturnischen Norm, sondern ist anders und das ist auf dem Hintergrund der negativen und schmerzhaften Erfahrungen gleichbedeutend mit nicht in Ordnung. Doch genau das hatte man ja erwartet und der »Siehste-Effekt« oder der Bestätigungsfehler beweisen die eigene Annahme. Der innere Boykotteur hatte recht und hat wieder einmal gesiegt.

Wir werden im Kapitel »Was bringt Chiron Neues?« unter 5.3 sehen, wie wir uns aus diesem Kreislauf der ständigen negativen Wiederholungen befreien können.

Praktisches Vorgehen bei der Horoskop-Deutung:
Fragen: Bei welchen Themen erleben Sie besonders diesen inneren Boykotteur eines Vorhabens?
Welche Erfahrungen haben Sie gemacht?
Gab es auch Erfolge?
Wie erging es Ihnen in so einer Situation mit der Scham?

Zweck und Sinn:
Die inneren Erwartungsmuster bewusst machen.
Positive Vorbilder für das Thema finden.
Übernommene Bewertungen hinterfragen.
Die konstruktive Seite des Neides entwickeln.

3.6 Häuserwippe

Flucht und Sehnsucht, Hoffnung und Enttäuschung.

Die Häuserachse wird häufig wie eine Wippe gelebt. Am Anfang stehen die schmerzhaften Erfahrungen, es folgt die Flucht ins Gegenhaus. Aber da das Bedürfnis, auch mit diesem abgelehnten Anteil geliebt oder wertgeschätzt zu werden oder ihn leben zu dürfen, weiterhin vorhanden ist, kehrt man immer wieder zu dem Ursprungs-Häuser-Thema zurück.

Verdeutlichen wir es am Beispiel Chiron im ersten Radix-Haus: Nach langer Zeit der Anpassung (Flucht in Haus sieben), wagt der Betreffende ein Nein. Wenn wir es uns als Bild vergegenwärtigen, versagt quasi in dem Moment die Kontrolle des Saturn und Uranus dringt energiegeladen in das Thema Haus eins – Durchsetzung und Eigenwille – ein. Dadurch ist die Reaktion häufig überzogen oder wirkt zumindest auf die Umgebung so, die in der Folge mit Irritation, Ablehnung oder mit Vorwürfen reagiert, wie z. B.: »Du bist immer so aggressiv!« oder: »Immer muss es nach deinem Kopf gehen!«

Beispiel: Chiron im ersten Haus.

Versetzen wir uns einmal in die Situation dieser Person. Sie ist an diesem Punkt besonders empfindlich, ja sogar im Vergleich mit anderen überempfindlich – denken Sie an den »entzündeten Dreck«, der hier in der Wunde ist –, und sie reagiert deshalb auf Vorwürfe in Bezug auf das Thema Durchsetzung und Eigenwille sehr vehement. Denn sie bemüht sich hier immer besonders um Zurückhaltung, kritisiert sich womöglich häufig selber, was die anderen meistens nicht wissen, weil sie ja gar nicht bemerkt haben, wie oft sich der Betreffende in seiner Impulsivität zurückgenommen hat. Sie nehmen ja im Gegenteil an ihm wahr, dass er beim Thema Durchsetzung und Eigenwille durch die Aufladung mit der uranischen Energie viel Potenzial hat! Womöglich, quasi als Abwehrreaktion und durch den Missionierungsdrang von Chiron, hat die betreffende Person andere schon häufig kritisiert, wenn sie sich ihrer Meinung nach zu rücksichtslos oder aggressiv verhalten haben. So ist den anderen nicht bewusst, dass sie mit ihrem Vorwurf genau den wunden Punkt treffen und die Verletzung, die die Betreffende dadurch erfährt, ist nicht beabsichtigt (wie beim Giftpfeil von Herakles). Oder die anderen nutzen endlich einmal die Gelegenheit, auch dieser immer so »perfekten, kontrollierten und besserwisserischen Person« die Meinung zu sagen, um ihr zu zeigen, dass auch sie nicht fehlerlos ist. Das trifft diese allerdings bis ins Mark, bis tief in ihre Persönlichkeit hinein, und löst ein schmerzhaftes Schamgefühl aus, was dann wiederum nicht gezeigt werden darf, denn man will ja diesen wunden Punkt verbergen, niemand soll davon wissen.

Was die anderen wahrnehmen: die Aufladung mit Energie durch Uranus.

Auf die Verletzungs-Erfahrung kann nun wieder die Flucht ins siebte Haus erfolgen, denn das erneute schmerzhafte Erleben hat ja einmal mehr die Ablehnung und das Versagen gezeigt. Man hat das Problem eben doch noch nicht überwunden, der »normale« und nach den verinnerlichten Wertekriterien scheinbar korrekte Umgang mit der vitalen Energie funktioniert nicht. Es setzt harte Selbstkritik ein und in der Folge wird man sich noch mehr bemühen, noch mehr dagegen ankämpfen, diese Energie noch mehr unter Kontrolle halten, das Thema wieder vermeiden und ins siebte Haus »fliehen«. So kann man zwischen diesen beiden Häuserbereichen hin und her wippen, immer in der Hoffnung, irgendwann würden es einem die anderen »erlauben«, die eigenen vitalen Interessen vertreten zu dürfen oder einmal etwas zu tun, was dem eigenen Willen entspricht.

Beispiel: Chiron im zweiten Haus.

Für dieses Beispiel erinnere ich mich an eine Klientin, die sich selber für unscheinbar und wenig attraktiv hielt. Sie verurteilte weibliche Verführungskunst, kritisierte sogar Freundinnen dafür, denn für sie war es wesentlicher, auf innere Werte zu schauen, anstatt auf die äußere Fassade. Zum einen wunderte sie sich, dass sie häufig von Frauen umgeben war, die sich schmückten und viel Geld dafür ausgaben, und zum anderen konnte sie es überhaupt nicht nachvollziehen, wieso Männer erotisch interessiert auf sie selbst als Frau reagierten. Eines Tages verliebte sie sich, begann auch, sich schön zu machen und sich in ihrem Körper wohlzufühlen, bis der Mann ihr vorwarf (er war sehr eifersüchtig und besitzergreifend), sie würde sich wie eine Prostituierte verhalten, die die Männer verführen wolle, wie sie es auch bei ihm getan hätte. Sie war sehr betroffen von dem Urteil, schämte sich für ihr Verhalten und verbannte alle schönen neuen Kleider wieder in den Schrank.

Beispiel: Chiron im ersten Haus.

Dieses Missverständnis zwischen Selbst- und Fremdwahrnehmung wollen wir noch verdeutlichen: In unserem Beispiel Chiron im ersten Haus ist dieser Lebensbereich besonders aufgeladen, und ohne dass der Betreffende es weiß, strahlt er quasi mit Betreten eines Raumes viel Strom, viel Energie ab. Diese Energie wirkt nun auf die Umgebung, lädt sie mit auf und die Personen werden vielleicht mutiger, direkter, unruhiger, vielleicht sogar aggressiver und streitlustiger. Solange dies ein unbewusster Prozess ist, der Betreffende also nichts weiß von seiner höheren Schwingung auf diesem Gebiet, erlebt er immer wieder die »Kentauren« im Außen, die ihm gerade sein eigenes Thema spiegeln. Seine höhere Schwingung aktiviert in den anderen gerade die von ihm abgelehnte und abgespaltene Seite, er setzt sie sozusagen mit unter Strom.

In der Wahrnehmung der anderen wiederum beginnt die Veränderung in ihrem eigenen Inneren mit dem Auftreten der Person mit Chiron im ersten Haus und so sehen sie in ihr den Schuldigen, den Auslöser. »Immer, wenn du kommst, gibt es Streit!« Das könnte ihre Reaktion sein und die betreffende Person weiß gar nicht, wie ihr geschieht, hat sie doch nichts in dieser Richtung getan. Sie nimmt sich vor, sich noch mehr zurückzuhalten, sich noch mehr anzupassen.

Beispiel: Chiron im zweiten Haus.

Unsere Person mit Chiron im zweiten Haus weiß nichts von ihrer erhöhten Schwingung in Bezug auf sinnlich-erotische Ausstrahlung und sie wundert sich, dass sie auf andere so wirkt, wo sie sich doch selber sehr bemüht, gerade das Gegenteil zu betonen. So treffen sie Vorwürfe in dieser Hinsicht sehr, es ist ihr wunder Punkt, und sie kann diese Wahrnehmung der anderen in keiner Weise nachvollziehen und bestreitet es bestimmt vehement.

Das ist das Fatale an der Chiron-Wunde: Die anderen wissen nichts davon, sondern nehmen hier sogar eine besondere Fähigkeit und besonders viel Energie wahr. So ist die Reaktion auch häufig Unverständnis, wenn der Betreffende seine Schwierigkeiten, wie hier in den Beispielen in Bezug auf die Durchsetzung der eigenen Interessen oder den eigenen Selbstwert, schildert. »Du hast doch damit kein Problem!«, lautet die Antwort möglicherweise, und der Betreffende fühlt sich wieder einmal miss- oder unverstanden.

Praktisches Vorgehen bei der Horoskop-Deutung:
Fragen: Wann und wobei kritisieren Sie sich besonders?
Was kritisieren Sie an anderen?
Wie und bei welchen Themen erleben Sie besonders die Diskrepanz zwischen Selbst- und Fremdwahrnehmung?
Wo trauen Sie sich eher wenig zu, die anderen halten Sie aber gerade hier für kompetent?

Zweck und Sinn:
Sich Fehler erlauben und liebevoller mit sich und anderen sein.
Sich damit auseinandersetzen, dass die anderen etwas wahrnehmen, was dem Betreffenden selber noch unbewusst ist.
Bewertungsmuster und Vorbilder aus der Kindheit erinnern.

3.7 Heilungsversuche: Konzentration auf das Thema des Radix-Hauses

Die Verdrängung und der Versuch der Abspaltung des Themas durch Kontrolle funktioniert also nicht. Wir sind jetzt im Mythos an dem Punkt, an dem Chiron durch den Giftpfeil des Herakles so schmerzhaft an seinem Pferdeleib verletzt wird, dass er ihn nicht mehr verdrängen kann, sondern sich stattdessen gerade mit ihm beschäftigen muss. Er zieht sich in seine Höhle zurück und sucht nach Heilmittel für sich und seinen leidenden Körper, denn er ist ja selber ein bedeutender Heilkundiger.

Merkur als Heiler.

Aber wie geht er vor? Offensichtlich ist das Gift der Hydra die Ursache für seine Schmerzen. So könnten wir fantasieren, dass er das Gift analysiert und nach Gegenmitteln sucht. Und wenn er hier fündig werden würde, hätte er eine Waffe gegen sein Leiden. Das Vorgehen ist also: Ursachensuche als erster Schritt, Analysieren der »schuldigen, bösen« Faktoren, dann ein Gegenmittel, Waffen finden und damit das Leiden bekämpfen, um es zu eliminieren. Diese Worte entsprechen einer Kriegsführung und wir sehen unsere Leiden, seien sie physisch oder psychisch, auch oft als Feinde an, die es zu bekämpfen und zu besiegen gilt.

Die allopathische Medizin hat diesen Weg gewählt und ohne Zweifel viele Erfolge errungen im Kampf gegen Krankheiten. Das naturwissenschaftliche Vorgehen entspricht dem Planeten Merkur, dem bisherigen Herrscher des Zeichens Jungfrau, das viel mit dem Thema Gesundheit und Heilung zu tun hat. (Ich und viele andere Astrologen sehen heute allerdings Chiron als Herrscher der Jungfrau – dazu später ab Seite 121 mehr). Hermes-Merkur hatte einst Asklepios, Äskulap, gerettet und ihn in die Obhut von Chiron gegeben, bei dem dieser die Heilkunst erlernte. Der Äskulap-Stab, das Zeichen der Mediziner, ein Stab, um den sich eine Schlange windet, hat viel Ähnlichkeit mit dem Hermes-Stab, dem Caduceus, einem Stab mit zwei Schlangen und zwei Flügeln an der oberen Spitze. Hermes-Merkur als Götterbote und in seiner Funktion als Psychopompos vermittelt zwischen den drei Bereichen Himmel, Erde und Unterwelt und somit kann er Kenntnisse aus den jeweiligen Ebenen an die anderen überbringen. Das entspricht dem Vorgehen in der naturwissenschaftlichen Medizin, wobei der Himmel und sein damaliger Herrscher Jupiter hier als Erkenntnisse von Zusammenhängen gesehen werden können. Wohl niemand von uns will auf diese Erkenntnisse und Errungenschaften der Medizin verzichten. Allerdings stellt sich die Frage, ob wir wirklich alles berücksichtigen und nicht doch etwas vernachlässigen oder übersehen, das für unsere Gesundheit wichtig ist. Haben wir noch nicht genügend Ursachen gefunden und müssen unser Forschen intensivieren? Oder hat Heilung noch eine andere Bedeutung und fordert ein weiteres, alternatives Vorgehen?

Das Problem ist der Feind und wird bekämpft.

Statt dass der Arzt uns, wie schon erzählt, fragt, was uns fehlt, will er immer öfter von uns wissen, was wir haben. Wir haben also etwas, ein Leiden, das wir aber nicht haben wollen, und nun soll das weg, man soll dagegen kämpfen mit allen möglichen Mitteln. Was aber fehlt uns eigentlich? In der alternativen Medizin wird eher genau danach gesucht. Seit der Entdeckung Chirons hat sie in ihrer Akzeptanz enorm zugenommen und selbst die Krankenkassen bezahlen die eine oder andere alternative Heilmethode.

Wie bereits ausgeführt ist Chirons allopathische Ursachen- und Gegenmittelsuche jedes Mal von großer Hoffnung begleitet und endet in einer Enttäuschung. Er findet nichts für sich, kann sich selbst nicht heilen, dafür profitieren aber viele andere Kranke, die vor seinem Höhleneingang warten, von seinen Forschungen. Manche Astrologen deuten deshalb die Chiron-Wunde als unheilbar.

Das könnten wir nun allerdings auch so deuten, dass sein Leiden keine Ursache, die es zu finden gilt, sondern einen Sinn und Zweck hat, denn er ist nicht schuldig im Sinne einer Verfehlung, die eine Strafe bedingt. Seine Zeugung und damit seine Gestalt beruht auf der Vereinigung seiner Eltern als Pferde und auch in seinem persönlichen Leben hat er nie Schuld auf sich geladen, sondern, im Gegenteil, immer versucht ohne Fehl und Tadel zu sein und nichts falsch zu machen.

An diesem Punkt im Mythos konzentriert er sich ganz auf sein körperliches Leiden, akut geworden durch den Giftpfeil. Aber wir wissen ja, dass er schon von Geburt an unter diesem Pferdeunterleib gelitten hat und dass die Verletzung ihn nun zwingt, sich mit dem abgespaltenen Teil zu beschäftigen. So gesehen hat Herakles' unabsichtliche Verletzung einen Sinn und einen Zweck, denn nun wird das Leiden offensichtlich, es hat sich somatisiert und ist nicht mehr zu ignorieren.

Die beispielhafte Frage »Was haben Sie?« und die allopathische Ursachensuche waren nicht erfolgreich. Wenn wir die andere Variante der Frage verwenden, nämlich »Was fehlt Ihnen?«, bekommen wir andere Antworten. Als Chiron sich nur auf seinen edlen und göttlichen Teil konzentrierte, fehlt ihm sein unvollkommener Unterkörper, und nun in seiner Höhle ist er nur mit diesem beschäftigt und es fehlt wiederum der andere Teil.

Wenn wir Heilung und Heilsein wieder im ursprünglichen Wortsinne verstehen, bleibt er also unheil, ist nicht ganz, da er jeweils einen Teil abspaltet, anstatt ihn zu integrieren.

Beispiel: Chiron im ersten Haus.

Setzen wir unser Beispiel mit Chiron im ersten Haus fort. Es wäre denkbar, dass der Betreffende eine Anti-Aggressions-Therapie macht oder versucht, durch viel Sport seine gestauten Energien abzubauen oder sich Beruhigungsmittel verschreiben lässt oder zur Entspannung Yoga macht und meditiert oder bei einem Therapeuten nach Ursachen in der Kindheit sucht und vielleicht sogar Psychopharmaka nimmt oder im Horoskop nach Erklärungen und Hintergründen fragt, wieso er so unangemessen mit dem Thema Durchsetzung und Eigenwille umgeht oder er glaubt sogar, es könnte karmisch bedingt sein.

Beispiel: Chiron im zweiten Haus.

Die Person mit Chiron im zweiten Haus könnte nach Ursachen in der Kindheit suchen, wo sie in ihrem Selbstwertgefühl erniedrigt wurde oder sich erinnern wie in ihrer Familie mit dem Thema Sexualität und Sinnlichkeit umgegangen worden ist. Vielleicht fallen ihr auch Situationen ein, wo Nacktsein, oder gar Doktorspiele stark mit Scham verbunden waren. Das Thema Geld oder Besitz könnte wichtig gewesen sein, wobei dann allerdings nicht die Talente des Betreffenden wichtig waren, sondern dass er sich den Bewertungskriterien der Eltern in der Frage gebeugt hat, womit man sein Geld verdient. Die Person könnte z. B. eine Farb- und Stilberatung machen, sich coachen lassen, um ihren Selbstwert aufzubauen, zu einem Sexualtherapeuten gehen oder auch im Horoskop nach Hintergrundthemen suchen, die „schuld“ sind an ihren Problemen.

Wir können uns hier viele Methoden fantasieren und alle haben den Zweck, eine Ursache und damit eine Erklärung und entsprechende Lösungen zu finden, um das Problem loszuwerden, damit das Leiden darunter endlich aufhört. Und bei jedem neuen Versuch ist die Hoffnung groß, dass es endlich klappt und man normal mit dem Thema umgehen kann. Vielleicht helfen manche Methoden sogar eine Weile, das Suchen und der Kampf haben sich gelohnt. Man hat gesiegt. Wie groß muss dann die Enttäuschung bei einem Rückfall sein?

So ergeht es Chiron in seiner Höhle. Er sucht nach Ursachen, die er nicht finden kann, da es sie nicht gibt. Inzwischen sind die Menschen in unseren Beispielen sehr kompetent auf diesem Gebiet des ersten bzw. des zweiten Hauses geworden und können anderen, die Fragen oder Anliegen zu diesem Thema haben, ihr Wissen weitergeben. Nur für sich selber können sie bisher und auf diese Art das Problem nicht lösen.

Praktisches Vorgehen bei der Horoskop-Deutung:
Fragen: Welche Versuche zur Lösung wurden schon unternommen?
Was hat geholfen, was nicht?
Wie war das Gefühl beim Scheitern?
Konnten Sie andere an Ihren Erfahrungen und Ihrem Wissen auf diesem Gebiet teilhaben lassen?

Zweck und Sinn:
Bewusstmachen der schon gesammelten Erfahrungen als Wert und der Kompetenz auf diesem Gebiet für andere, die ein ähnliches Thema haben.

3.8 Erster Heilungsschritt: Annehmen = Neptun

Schwächen sind menschlich.

Häufig wird dieser erste Schritt missverstanden im Sinne von Loslassen, Aufgeben oder Resignation. Das ist hier aber nicht gemeint. Loslassen ist eine Pluto-Entsprechung – und was, wenn überhaupt, soll denn losgelassen werden? Aufgeben oder resignieren sind wiederum unerlöste Formen von Neptun. Schauen wir es deshalb genauer an.

Sie kennen sicher den Satz aus der Bergpredigt: »Liebet eure Feinde.« Ich glaube nicht, dass Jesus Christus damit meinte, wir sollen uns emotional und ganz persönlich mit unseren Feinden, mit denen, die uns Übles tun, verbunden fühlen. Er sprach häufig in Metaphern und ich denke, dieser Satz ist als solche und nicht wörtlich zu verstehen.

Das zwölfte Haus ist in der Übersetzung der klassischen Version der Astrologie das Haus der unbekannten Feinde und das siebte Haus ist passenderweise das der bekannten Feinde. Psychologisch gedeutet könnte man sagen, alles, was uns noch unbewusst ist, sehen wir im Außen im Spiegel, in der Projektion. Und wenn wir das, was wir sehen, negativ bewerten und dagegen ankämpfen, wird es zu einem Feind.

Chiron sah in den Kentauren diesen eigenen Anteil, den er auch an ihnen bekämpfen wollte. Und ebenso waren seine Heilungsversuche ein Kampf gegen diesen Feind, seinen schmerzenden, unvollkommenen Körper.

So verstehe ich diesen Satz aus der Bergpredigt als Aufforderung, gerade die projizierten, nicht erwünschten Anteile als auch zu uns selbst gehörend anzunehmen. Es ist viel einfacher, die Unvollkommenheit, die eigenen Fehler bei anderen zu sehen, sie dafür anzuklagen und selber seine Hände in Unschuld zu waschen. Wir werden beim Kapitel über die Jungfrau nochmals darauf eingehen.

So meint dieser erste Schritt zur wirklichen Heilung, uns selber mit all den negativ bewerteten Anteilen anzunehmen, uns mit uns selbst zu versöhnen, ja, uns sogar damit zu lieben und nicht nur die geachteten Seiten von uns. Und das entspricht dem Anliegen des Neptun-Prinzips, nämlich alles ist gleichgültig und damit auch gleich gültig, wie schon das Wort selbst aussagt, und es entspricht dem Heil-Sein in seinem Sinne.

Ich möchte dennoch nochmals auf das Aufgeben oder das Resignieren eingehen. Was soll aufgegeben werden und worin besteht die Resignation? In Märchen kommen die Helden oder Heldinnen oft in eine Krise, bzw. an einen Punkt, an dem sie aus eigener Macht ihr Schicksal nicht mehr ändern können. Sie geben es auf, dagegen anzukämpfen, sie akzeptieren es. Mir fällt dabei das Märchen »König Blaubart« ein, an dessen Ende die Heldin niederkniet und betet, eine Neptun-Entsprechung. Das Märchen hat einen plutonischen Inhalt, aber das Aufgeben und Beten entspricht an diesem Punkt Neptun. Sie akzeptiert eine höhere Macht, die göttliche, sie kann ihr Schicksal nicht mehr aus eigener Macht verändern. Erinnern wir uns auch an Herakles, der die Hydra nicht töten kann, und vor ihr niederkniet als ein Zeichen der Demut (Neptun). Ich werde im Abschnitt über die Jungfrau noch genauer auf das Thema Demut eingehen.

Es ist so, ich kann es nicht ändern.

Der erste Schritt an diesem Punkt des Mythos ist also: »Ich kann es nicht ändern, es liegt nicht in meiner Macht. Ich weiß nicht, warum ich so bin, wie ich bin und unter diesem Thema leide, es ist einfach so.« Das bedeutet annehmen, nämlich mit diesem Teil leben. Und das macht Chiron im Mythos, indem er nicht mehr durch die Suche nach einem Heilmittel dagegen ankämpft.

Sein Leiden ist allerdings dadurch nicht beendet und wir können uns vorstellen, wie groß die Versuchung ist, doch wieder in den Kampf dagegen einzutreten, wenn jemand eine Idee oder eine Hilfsmöglichkeit anbietet.

Beispiel: Chiron im ersten Haus.

Übertragen wir diesen Schritt auf unser Beispiel mit Chiron im ersten Haus. Immer, wenn es um das Thema Durchsetzung oder Eigenwille geht, dann ist diese Person aufgeladen mit auffälliger, vitaler Energie. »Ja, es ist so. Ich habe hier viel mehr als andere. Ich brenne nicht nur im übertragenen Sinn, sondern spüre es sogar in meinem Körper, kann gegen dieses Brennen nichts tun und würde es am liebsten spontan entladen.« Das wäre etwas, das diese Person sich sagen könnte. »Ich will immerzu Neues, ich will Anführer und Pionier sein. Ich habe mehr Mut, bin aber auch schneller wütend. Ich will, dass die anderen tun, was ich will. Mich fordern Widerstände heraus. Oft würde ich am liebsten alles kurz und klein schlagen. Der Gaul geht dann mit mir durch und ich werde zum Draufgänger, der alle anderen umrennt. Ich bin in solchen Situationen ohne Vorsicht, ohne Rücksicht, ohne Nachsicht und verbrenne mir oft die Finger, weil ich erst handle und dann überlege.«

Beispiel: Chiron im zweiten Haus.

Die Person mit Chiron im zweiten Haus könnte sich eingestehen, dass das Thema Geld und Sinnlichkeit und das Leben genießen wirklich eine wichtige Rolle in ihrem Leben spielt. »Ja«, könnte sie sich sagen, »ich hätte gern von allem viel, viel mehr. Ich beneide (negative Venus) die anderen um ihr schönes Leben und darum, dass sie sich was gönnen und sich etwas wert sind. Man will keine Krisen mehr und sich mit Problemen beschäftigen, sondern Geld, Sicherheit, viel, was mir gehört und nur mir, will viele schöne Dinge, ich will begehren und begehrt werden und das Leben endlich mit allen Sinnen genießen.«

Das alles sich einzugestehen, wo man es doch zuvor vehement bestritten hat, ist nicht einfach. Vor allem, weil man auf dieser Stufe noch häufig die unerlöste Form in Bezug auf das Thema lebt, denn die Andersartigkeit wird ja noch nicht als Talent angesehen und konstruktiv genutzt.

Wenn wir noch einmal auf die Spaltung von Chiron eingehen, entspricht dieser abgelehnte Teil unserer menschlichen Seite, die eben nicht vollkommen ist. Wir streben nach Vollendung, aber solange wir in einem Körper hier in der Realität sind, sind wir an das Achsenkreuz gebunden, körperlich, und sind damit Menschen. Und das Annehmen der Tatsache, ein Mensch zu sein, macht uns menschlich, schafft Vertrauen, Offenheit und Nähe. Vielleicht haben Sie es auch schon einmal erlebt, wie nah Sie jemandem kommen können, der Ihnen gegenüber seine Schwächen eingestehen kann, im Gegensatz zu jemandem, der sich fehlerlos zeigt. Im zweiten Fall können wir Bewunderung empfinden, werden uns aber gleichzeitig unserer eigenen Schwächen bewusst und schämen uns womöglich, noch nicht so »weit« zu sein. Das aber schafft nicht etwa Nähe, sondern Distanz und Hierarchie, wir fühlen uns von oben herab behandelt. Im Mythos ist das die Phase, in der Chiron die Kentauren kultivieren will und sich über sie stellt. Und im ersten Fall, wenn unser Gegenüber seine Schwächen zeigt, werden wir uns selber öffnen können, fühlen auch wir uns in unseren Schwächen angenommen und verstanden. In einer solchen Begegnung auf Augenhöhe erübrigt sich Scham, es ist vielmehr Akzeptanz auf einer sehr nahen und ehrlichen menschlichen Ebene.

Das ist der erste Schritt zur Heilung, das Annehmen unserer Menschlichkeit mit allem, was es für uns individuell bedeutet. Das heißt nun aber nicht, dass wir uns zurücklehnen sollen und alle Entwicklungsarbeit aufgeben, denn noch sind wir nicht »heil«, wie auch Chiron in seiner Höhle nicht. Es ist der erste Schritt und die folgenden, die letztendlich zur Heilung führen, benötigen ihn.

Für mein Chiron-Seminar habe ich eine Bilderreise erfunden, in der es darum geht, in der Vorstellung nach und nach alle Kleidungsstücke abzulegen, sich »nackig machen«. Das meint in diesem Zusammenhang und als Bild, sich zu zeigen, wie man ist, und das erfordert Mut und ist Stärke.

Als junger Mensch ist das nicht einfach, will man doch dazugehören, so sein wie man zu sein hat, eben normal mit all den Kleidungsstücken der Verkleidung. Mit der Rückkehr von Chiron an seinen Radixplatz zwischen dem 50. und 51. Lebensjahr ist die Zeit reif zur Wende. Darauf werden wir beim Zeichen Jungfrau und dem Märchen Aschenputtel noch genauer eingehen.

Praktisches Vorgehen bei der Horoskop-Deutung:
Da das Thema häufig sehr verdrängt und schambesetzt ist, sind es weniger konkrete Fragen als Fantasien, die angeregt werden müssten.
Dabei ist aber darauf zu achten, dass sie nicht den Saturn- oder Pluto-Themen entsprechen.
Überlegungen in Bezug auf das Häuserthema, wie z. B.: Wenn ich mal könnte, wie ich wollte, und keine Kritik befürchten müsste, würde ich…
Kenne ich Menschen, die dieses Thema selbstverständlich und mit Lust, Freude und Erfolg leben?

Zweck und Sinn:
Sich – zumindest in der Fantasie – dem Thema ohne Bewertung nähern.
Ich kann da etwas, ich habe da etwas, das andere nicht in dem hohen Maße haben oder können.

3.9 Zweiter Heilungsschritt: Reinigung der Wunde = Saturn

Hier soll nochmals das Bild der Wunde, der offenen Stelle in der schützenden Haut, mit all dem »Dreck«, der im Laufe der Zeit hineingeraten ist, aufgegriffen werden. Auch wenn es keine angenehme Vorstellung ist, möchte ich Sie bitten, sich diese Wunde ganz konkret vorzustellen. Vielleicht an Ihrem linken Unterarm?

Sie haben sich bisher bemüht, sie vor anderen aus Scham über diesen verunstalteten Arm zu verbergen, und inzwischen hat sich auch Schorf auf der Wunde gebildet. Aber darunter eitert es und es ist sehr schmerzhaft, wenn jemand diese Stelle berührt – aus Versehen, denn er weiß ja nichts von der Wunde.

Nach einer sehr starken Verletzung (der Pfeil des Herakles) können Sie sie nun nicht mehr verbergen und haben sie im ersten Heilungsschritt angenommen. Um im Bild zu bleiben, könnten wir uns vorstellen, dass der Schorf schmerzhaft weggerissen wurde und Sie sehen nun den vielen »Dreck«, der zu den Entzündungen geführt hat. So eine Wunde muss gereinigt werden. Und das ist der zweite Schritt zur Heilung, den ich mit dem Planeten Saturn verbinde. Jedes »Steinchen« dieses »Drecks« entspricht einer Erfahrung und indem wir dies aus der Wunde holen, machen wir uns diese Erfahrungen bewusst. »Ja«, könnten Sie sich sagen, »das hat damals sehr wehgetan, als .....«. Je mehr »Steinchen« Sie aus der Wunde holen, desto mehr wird sie gereinigt, und im gleichen Maße wächst auch der »Steine-Berg« der Erfahrungen.

Dieser zweite Schritt zur Heilung bedeutet auch eine Beschäftigung mit der Wunde, aber auf eine andere Art und Weise als die Ursachensuche am Anfang. Die Suche nach Ursachen beinhaltet nämlich auch eine Suche nach Schuldigen, wobei wir selbst das Opfer von bestimmten Umständen sind und das „Böse" auf die jeweiligen Täter, die uns so verletzt haben, projizieren können. Wenn wir bei dieser Einstellung und dieser Rolle verbleiben, können wir nichts ändern, denn ein Opfer in diesem Sinne ist hilflos und ohnmächtig ausgeliefert und zur Passivität verdammt. In den Beispielen habe ich aber zugleich auch das aktive Verhalten der Betroffenen geschildert: Scham in Bezug auf das eigene und andersartige Verhalten oder Sein, Flucht vor dem Thema und Verbergen der empfindsamen Stelle, Kritisieren oder Missionieren der anderen, vielleicht auch Selbstmitleid usw. Es geht allerdings nicht darum, jetzt zu sagen: »Dann bin ich eben selber schuld, denn ich habe die Verletzungen provoziert und verdiene es nicht anders!« Dabei würden wir die Schuld nur von außen nach innen verlagern und in Selbstmitleid stecken bleiben können.

Jedes Erfahrungssteinchen beinhaltet beides: die Außen- und die Innenwelt, sowohl das eigene Verhalten, als auch das der anderen. Dabei kann einem gerade bei der Beschäftigung mit dem Chiron-Thema der

Unterschied klar werden zwischen Selbst- und Fremdwahrnehmung. Und es geht nicht um Schuld, sondern um die Erkenntnis »wir sind alle Menschen und damit unvollkommen«. Das beinhaltet das Annehmen, nämlich das Verzeihen sowohl den anderen als auch sich selbst gegenüber als Voraussetzung, und das, was immer auch geschehen ist, als einen Teil des eigenen Lebens unwiderruflich als zu sich gehörend anzusehen und nicht mehr dagegen anzukämpfen.

Im ganzen Chiron-Mythos ist nie von Schuld die Rede, sondern es geht um die Erkenntnis, dass die eigene Unvollkommenheit mit den Leiderfahrungen, bedingt durch den saturnischen Vergleich, einen Sinn und Zweck, ja sogar einen Nutzen haben.

Die Erfahrungen als Wert.

Der eine Effekt bei der Reinigung der Wunde ist die Erinnerung an die persönlichen Erfahrungen mit den Verletzungen und den zugefügten Schmerzen, die uns für das Thema sehr sensibilisieren und empathisch machen und für Menschen von Wert sind, die ein ähnliches Thema haben. Zum anderen ergibt sich durch diese saturnische Arbeit auch eine tiefe Ehrlichkeit sich selbst gegenüber, wenn man sich selber als Beteiligter in den Geschehnissen sehen kann. Wie sehr hat man sich z. B. selber moralischen Urteilen gebeugt oder den Zeigefinger erhoben gegen andere? Wie hat man sich Wertungen unterworfen und selber gewertet? Wie hat man eigene Schwächen verborgen oder geleugnet, sie aber bei anderen an den Pranger gestellt, um selber besser dazustehen? Die Scham, die bei diesen Erkenntnissen einsetzen kann, soll nun aber nicht dazu führen, wieder dagegen anzukämpfen, sondern zu der Einsicht führen, dass man eben auch nicht vollkommen ist.

All diese Erfahrungen sind von Wert, machen sie uns doch menschlicher und toleranter uns selbst und anderen gegenüber.

Am Anfang des Mythos' hat sich Chiron mit den anderen verglichen und dabei durch seinen tierischen, unvollkommenen Unterkörper schlechter abgeschnitten. Das war eine saturnische Bewertung.

Umkehr des Vergleichs.

Solange wir leben, werden wir uns vergleichen und unsere unvollkommenen, weil menschlichen Anteile unterliegen einer Bewertung. An diesem Punkt, dem zweiten Schritt zur Heilung, geht es um eine Umkehr der Bewertung, nämlich darum, die eigene Andersartigkeit im Unterschied zu den anderen als etwas Besonderes, Einmaliges und Nützliches zu sehen.

Wir können immer noch auf die anderen schauen und dazulernen, uns fragen, wie diese es denn machen. Aber dann gilt es, den Blick zurück auf uns selber zu werfen, mit der Frage: »Wie würde ich es im Unterschied dazu machen?« Der Wert wird jetzt also auf die Andersartigkeit gelegt und nicht mehr auf die Norm.

Aus der Empfindlichkeit zu Anfang in Bezug auf die Chiron-Wunde kann sich nun die wertvolle Gabe der Empfindsamkeit und der Empathie entwickeln. Dadurch, und mit der Kompetenz der gelebten Erfahrung, kann bewusst werden, dass genau diese Andersartigkeit eine besondere Qualität bedeutet in Bezug auf das Chiron-Thema.

Bei unserem Beispiel mit Chiron im ersten Haus könnte es vielleicht so sein, dass der Betreffende spürt, wenn Aggression im Raum ist, oder dass er sensibel mitempfindet, wenn jemand seine eigene Wut oder seinen Durchsetzungswillen – wie er selbst früher einmal – unter Kontrolle hält und es nicht wagt, zu agieren, sondern sich stattdessen anpasst. Oder er kann nachempfinden, was möglicherweise hinter einem überzogenen aggressiven Verhalten oder einem Wutausbruch steckt. Jetzt würde unsere Beispiel-Person nicht mehr missionieren oder kritisieren, sondern wäre empathisch für das Problem des anderen.

Beispiel: Chiron im ersten Haus.

Hier würde der Betreffende spüren, wenn sich jemand in seinen Qualitäten nicht wertschätzt, ja, sie vielleicht nicht einmal kennt oder sich bei seinen Leistungen immer unter Wert verkauft. Oder er könnte bei jemandem, der mit seinem Besitz und seinen Fähigkeiten protzen muss, das Problem dahinter nachempfinden. Möglicherweise wäre er in der Lage, seismografisch erotische Schwingungen zwischen zwei Menschen wahrzunehmen. Oder er könnte ein Gefühl dafür

Beispiel: Chiron im zweiten Haus.

Zweck und Sinn:
Die Wunde wird durch die Beschäftigung mit den vergangenen Erfahrungen »gereinigt« – die »Steinchen« des Saturn.
Es wird einem bewusst, wie viele Erfahrungen man gesammelt hat und welche besondere Sensibilität auf diesem Gebiet entwickelt werden konnte.

Hier kann auch schon die Vorbereitung zum nächsten Schritt begonnen werden, nämlich den Wert dieser Erfahrungen zu betonen, um sie als Kompetenz im Unterschied zu anderen, die diese Sensibilität nicht entwickeln konnten, bewusst zu machen.

Praktisches Vorgehen bei der Horoskop-Deutung:
Hilfreich ist hier, Transite zu Chiron und/oder den in der Radix aspektierten Planeten als zeitliche Auslöser des Themas mit heranzuziehen, und zwar nicht nur die Langsamläufer, sondern auch den Herrscher des Chiron-Hauses und den Mond, wenn er Chiron, das Haus oder den Herrscher transitiert.
Neben all den konkreten Erfahrungen, die bei der Beschäftigung mit dem Thema spontan aus der Erinnerung auftauchen, sind Fragen an Eltern oder nahe Bezugspersonen hilfreich.
Zum Beispiel: Wie ging es euch mit diesem Thema?
Wann habt ihr euch für mich geschämt?
Wann war euch ein Verhalten von mir peinlich?
Auch Tagebücher, Bilder oder Träume aktivieren die Erinnerungen.

haben, welche Kleidung oder Farben zu einem Menschen passen, um die Persönlichkeit zu unterstreichen. Auch hier finden wir jetzt nicht mehr die alte Reaktion von Neid, Missgunst oder Kritik, sondern Verständnis und emotionale Anteilnahme.

3.10 Dritter Heilungsschritt: Zur-Verfügung-Stellen der Besonderheit, das Geschenk = Uranus

Aus »Schwächen« werden »Stärken«

Die Andersartigkeit soll nun nicht mehr schamhaft verborgen, sondern als Besonderheit »geschenkt« (das Opfer von Chiron) werden, denn erst dadurch werden die eigenen Erfahrungen »nützlich«. Die Voraussetzung zu diesem Schritt ist demnach die Erkenntnis, dass die Erfahrungen einen Sinn und Zweck hatten und von Wert sind für andere, die ein ähnliches Thema haben und Hilfe brauchen. Das betrifft deshalb nicht alle Menschen in unserem Umfeld, sondern eine bestimmte Gruppe, und dies ist eine Entsprechung des elften Hauses mit dem natürlichen Herrscher Uranus. Die Leid- oder Schamerfahrungen aus der Vergangenheit – besonders bei der negativen Wiederholung, beim »Siehste-Effekt« – machte man womöglich mit Menschen oder in Situationen, wo diese besondere Gabe eben nicht erwünscht oder nicht erforderlich und die Diskrepanz zwischen Selbst- und Fremdwahrnehmung besonders groß war. Und man war sich in diesen Situationen der höheren Schwingung, die gerade das Thema in anderen auslöste, nicht bewusst.

Ich kann etwas, was für andere nützlich ist.

Nun gilt es zu bedenken, wo und von wem die Erfahrungen und die besondere Empathie gebraucht werden könnten. Das ist der Schritt zum Heiler und das meint jetzt nicht mehr die Zeit Chirons in seiner Höhle, wo er als Arzt und Heilkundiger nach Mitteln suchte für sein körperliches Leiden und andere davon profitierten. Sondern die »Mittel« sind jetzt seine Empathie, die höhere Schwingungsfrequenz als Auslöser des Themas im anderen, seine ganz individuellen Erfahrungen damit und seine große Sensibilität in Bezug darauf. Und auch die Toleranz und die Menschlichkeit im Umgang mit den Betroffenen sind eine große Qualität.

Jeder ist ein Heiler im Sinne Chirons.

Deshalb ist der Begriff Heiler weiter zu fassen und darf nicht reduziert werden auf jemanden, der im Gesundheitsbereich tätig ist. Heilen im Sinne von Chiron bedeutet: »Ich kann dir helfen, Potenzial in dir zu wecken, etwas anzunehmen, was zu dir gehört, etwas zu leben, was bisher gefehlt hat, damit du ganz und heil wirst.«

Beispiel: Chiron im ersten Haus.

Verdeutlichen wir es am Beispiel von Chiron im ersten Haus: Die Erfahrung war ja bisher, dass das Thema Durchsetzung, Eigenwille, Mut, Wut und Aggression im Raum stand, wenn diese Person auftauchte. Sie lud die Atmosphäre mit der vitalen Energie auf, ohne dass sie es wusste, und machte ihre entsprechenden Erfahrungen der Ablehnung und des Kentauren-Erlebens in der Projektion damit. Nun ist ihr diese Energie, diese Gabe bewusst (»Ich habe hiervon besonders viel, bin aufgeladen damit und kann in anderen das Thema aktivieren und habe ein besonderes Gespür für dieses Thema.«) und sie kann sie zielgerichtet einsetzen. Welche Menschen brauchen es, mit marsischer Energie aufgeladen zu werden im positiven Sinne? Hier können wir uns verschiedene Menschengruppen vorstellen, wie zum Beispiel im sportlichen Bereich als Trainer, oder wenn nach einer Krankheit die körperliche Beweglichkeit eingeschränkt ist. Vorstellbar wäre auch, mit Menschen in einem Antiaggressions-Seminar zu arbeiten, um ihre Wut in konstruktiven Mut umzuwandeln. Man könnte auch Selbstverteidigungskurse geben oder Menschen helfen, die nach einer Krise oder bei Lebensübergängen Mut zu einem Neuanfang brauchen. Möglich wäre auch, Menschen dabei zu unterstützen, Klarheit zu gewinnen darüber, was sie wirklich wollen, oder dabei, Entscheidungen zu treffen oder sich mit dem, was sie wollen, durchzusetzen, und vieles mehr.

Beispiel: Chiron im zweiten Haus.

Diese Person könnte andere in ihrem Selbstwert und in ihrer Selbstliebe fördern, indem sie sie z. B. lobt für ihre besonderen Fähigkeiten oder ihnen in Seminaren hilft, ihre Talente zu entwickeln. Das besondere Gefühl für stimmige und individuelle Schönheit könnte sich auch in der Architektur, im Gartenbau, in der Kochkunst, in der Kunst allgemein oder in der Mode entfalten. Da sie nun um ihre aktivierende Energie weiß, wäre es auch denkbar, sie gezielt einzusetzen bei Menschen, die in der Sinnlichkeit oder Erotik Probleme haben, und die hier etwas selbstbewusster oder experimentierfreudiger werden wollen.

Beispiel: Chiron im dritten Haus.

Ich möchte hier noch einmal auf die anfänglichen Beispiele von Chiron im dritten Haus und Chiron im vierten Haus zurückkommen.

Mit Chiron im dritten Haus weiß der Betroffene nun, dass sein Geschenk den Merkur in anderen aktivieren kann und er kann ihnen seine Empathie und Erfahrungen zur Verfügung stellen auf allen Gebieten, die mit Lernen, Kommunikation, eigener Meinung und eigenen Ideen usw. zu tun haben.

Der Betreffende mit Chiron im vierten Haus nutzt nun sein Geschenk, um bewusst die Bedürfnisse, die Gefühle und die Seelen derer zu öffnen, die bisher damit Schwierigkeiten hatten. Er erlebt sie nun nicht mehr als »emotionale Kentauren«, die er kritisieren und strukturieren muss, sondern kann ihnen z. B. helfen, Zugang zu bekommen zu ihrem inneren Kind.

Beispiel: Chiron im vierten Haus.

Um dieses Geschenk zur Verfügung zu stellen, ist meines Erachtens über das Chiron-Thema hinaus das ganze Horoskop von Bedeutung, denn der Mensch hat Erfahrungen gesammelt auf dem speziellen von Chiron betroffenen Gebiet, aber seine Eigenart, die Erfahrungen praktisch umzusetzen, bedürfen nun auch der anderen Faktoren in seiner Radix.

Ich möchte es am Beispiel der Elementebetonung und am Beispiel von Chiron im ersten Haus verdeutlichen:

Beispiel: Elementebetonung in der Radix bei Chiron im ersten Haus.

Bleiben wir bei Chiron im ersten Haus und den oben genannten Menschengruppen, die Hilfe bei diesem Thema brauchen. Nehmen wir an, jemand mit Chiron im ersten Haus hat eine Erdbetonung in seinem Horoskop, so wird er am ehesten über die direkte Körperarbeit ansetzen, sei es zum Beispiel Massieren, um Blockaden zu lösen oder Ähnliches. Ein luftbetonter Mensch wird wohl die Sprache nutzen für seine Art der Heilung. Jemand mit viel Feuer im Horoskop setzt hingegen vielleicht kreatives Spiel oder Abenteuer und neue Herausforderungen, die aktivieren, ein. Und ein fantasievoller Wassermensch bietet möglicherweise Musik oder Bilderreisen oder Malen an.

Jeder auf seine ganz individuelle Art, der Mensch als Ganzes erfüllt die Aufgabe.

Praktisches Vorgehen bei der Horoskop-Deutung:
Begreifen der besonderen Ausstrahlung, um sie bewusst und zielgerichtet einsetzen zu können.
Bewusstmachen der besonderen Talente, die durch die Erfahrungen entwickelt werden konnten im Unterschied zu / im Vergleich mit anderen, die diese Erfahrungen nicht hatten machen können.
Wo könnten die gewonnen Erfahrungen von Nutzen sein?
Wer könnte sie benötigen?

Zweck und Sinn:
Die Verwandlung des saturnischen Vergleichs, der Bewertung.
Vorher: Der Vergleich mit anderen und das Gefühl des Versagens oder der Scham und die negative Bewertung des eigenen So-Seins.
Jetzt: Der Vergleich mit anderen und die Betonung der Unterschiedlichkeit als Wert.
Die abgelehnte Eigenart wird zu einer Besonderheit mit wert- und sinnvollen Gaben.
Suche nach dem Platz in der Welt, wo die Gaben sich in Aufgaben entfalten können.

3.11 Pflaster, Schutz der Wunde

Wir erinnern uns, dass ich zu Anfang sagte, Chiron schließt eine Tür auf, macht ein Loch in den Schutzmantel von Saturn und ermöglicht so das Eintreten der uranischen Energie. Im Bild der Wunde habe ich dieses Loch in der saturnischen Haut nochmals aufgegriffen, in das nun der »Dreck« der Umwelt in Form von Verletzungen eindringen kann.

Nach der »Reinigung« der Wunde ist es nicht sinnvoll, sie offen zur Schau zu tragen und sie allen Gefahren der erneuten Verunreinigung durch die Umwelt auszusetzen. Der natürliche Schutz durch Saturn ist hier ja nicht gegeben und so müssen wir selber dafür sorgen. Das Bild eines Pflasters, das auf die offene Stelle geklebt wird, ist hilfreich für die Vorstellung, was zu tun ist. Ein Pflaster schützt und grenzt gegen Verunreinigung von außen ab.

Was schützt vor weiteren Verletzungen?

Hier bekommt nun das Zeichen, in dem Chiron in der Radix steht, seine Bedeutung. Jeder Planet ist in einem Zeichen der Herrscher, verbindet sich in seinem Anliegen also am besten mit der Qualität, die zur Zeit des Zeichens herrscht. Zum Beispiel ist Saturn der Herrscher im Zeichen Steinbock und symbolisiert als Wesensanteil am besten die Winterzeit mit all ihrer Härte, aber auch mit dem notwendigen Schutz für die Samen in der Erde. Er ist der Herrscher über diese Zeitqualität des Zeichens

Steinbock, die wir in der Natur ablesen können. (Wie oben, so unten. Wie im Himmel, so auf Erden.) (Ausführlich nachzulesen in meinem Buch: »Mit der Sonne durch das Jahr« – astronova.)

Für das Bild des Pflasters können wir nun dieses Herrschersystem aufgreifen und sagen, auf das Zeichen Steinbock sollte man als Pflaster Saturn »kleben«, denn er verbindet sich am besten mit dieser Zeichenqualität, schließt so die gereinigte Wunde nach außen ab und schützt sie.

Der erste Schritt, um das Pflaster für die eigene Wunde zu finden, ist nun also, den Herrscherplaneten des Zeichens zu ermitteln, in dem Chiron in der Radix steht. Im weiteren Vorgehen sucht man diesen Herrscherplaneten, dieses Pflaster, im eigenen Horoskop und deutet ihn in seiner positiven Qualität.

Die Langsamläufer ab Saturn werden dabei nur in ihrer Häuserstellung gedeutet, die persönlichen Planeten in Zeichen und Haus. Jupiter deute ich nur am Rande in seinem Zeichen und lege den Schwerpunkt auf sein Häuserthema.

Die Regel heißt nun: Wenn du dich mit deinem Pflaster-Thema (Herrscher des Zeichens, in dem Chiron steht) auf deine individuelle Radix-Art beschäftigst, schützt du dich vor weiteren Verletzungen in Bezug auf das Radix-Häuser-Thema von Chiron.

Beispiel: Chiron im ersten Haus.

Greifen wir unser Beispiel von Chiron im ersten Haus nochmals auf und nehmen an, er stehe im Zeichen Zwillinge. Merkur ist also das Pflaster und wir setzen ihn, um das Vorgehen an diesem Beispiel fortzusetzen, nun in das Zeichen Löwe ins dritte Haus. Das schützende Pflaster wäre es in diesem Beispiel kreative, ehrliche und ganz persönliche Worte zu finden, um sein Verhalten beim Thema Durchsetzung usw. zu erklären. Vielleicht ist es auch eine humorvolle und spielerische Art, sodass der Situation die Schärfe genommen ist. Für den Betreffenden selber wäre es wichtig, sich vor dem Handeln über sein ganz eigenes Anliegen, seine Ideen und das, was ihm am Herzen liegt, klar zu werden – auch mit dem Risiko, dass es scheitern kann. Ihm würde auch sicher helfen, alles nicht so ernst zu nehmen und mit Freude und Spaß an die Angelegenheiten heranzugehen, auch in dem Bewusstsein, dass er nun mal immer wieder etwas Neues braucht, um sich vital und lebendig zu fühlen.

3.12 Heilung im Sinne von Chiron: Überwindung der Spaltung. Die »Wunde« wird zu einer sensiblen »Narbe«

Diejenigen Deuter, die meinen, die Chiron-Wunde könne nicht heilen, haben nur insofern recht, als sie nicht weggeht im Sinne von ›sie verschwindet‹, denn Heilung bei Chiron bedeutet das ja eben gerade nicht, sondern heil meint hier, dieser besondere und einmalige Teil gehört ab jetzt zum Leben der Person dazu.

Dazu möchte ich Ihnen wieder ein Bild anbieten: Die Wunde wurde gereinigt und mit einem Pflaster geschützt, sodass sie heilen konnte. Es wird aber eine Narbe zurückbleiben, eine sehr sensible Stelle in Bezug auf das Thema. Diese Empfindsamkeit ist sinnvoll und soll zukünftig genutzt und nicht mehr schamhaft versteckt werden. Allerdings schützen das Pflaster und die durch die Narbe geschlossene Wunde auch vor weiteren Verletzungen, wir haben unsere Lektion gelernt und brauchen keine weiteren schmerzhaften Erfahrungen. Um im Bild des Pflasters zu bleiben, schützen wir uns damit in Situationen, in denen es unangebracht ist, unsere sensible Stelle, unsere Narbe, zu zeigen. Dann hingegen, wenn unser Gegenüber genau die Besonderheit unserer Erfahrung benötigt, öffnen wir quasi das Pflaster und zeigen damit unser Verständnis, unsere Empathie und Kompetenz auf diesem Gebiet.

Die sensible Stelle bleibt.

Diese neue Art des Umgangs mit der Chiron-Wunde bzw. Narbe bringt häufig große Veränderungen mit sich und ist ein Wendepunkt im wahrsten Sinne des Wortes: Man braucht nicht mehr nach hinten in die Vergangenheit zu schauen (die Reinigung mithilfe von Saturn war bereits die nötige Bearbeitung der Vergangenheit), sondern man kann sich jetzt nach vorn wenden und mit den Erfahrungen die Zukunft neu gestalten. Ein Zitat von Hermann Hesse beschreibt die Verwandlung von der Wunde zur Narbe (aus: »Notizblätter um Ostern 1954«, Frankfurt am Main, 1986, Seite 199).

»Was dann vom alten Schmerz noch übrig bleibt ist nichts anderes als das Zucken in einer Narbe, die einst eine Wunde gewesen war.«

Hermann Hesse

Die neuen Erfahrungen, die man mit seiner Eigenart auf dem Chiron-Lebensgebiet jetzt machen kann, sind von ganz anderer Art als zu Anfang. Man nutzt die eigene Andersartigkeit nun bewusst und zielgerichtet und setzt sie nur noch dort ein, wo sie gebraucht und erwünscht ist und damit geschätzt wird. So kann ein Gefühl entstehen von: »Es ist gut und nützlich, was ich da habe und kann. Es ist ein Wert und ein Talent, das geschätzt und gebraucht wird. Es soll ab jetzt zu mir gehören!« Man wendet sich im wahrsten Sinne sich selber zu und das kann zu einer Lebenswende führen. Beim Thema der Jungfrau und des sechsten Hauses auf diesen Wendepunkt werden wir darauf zurückkommen.

Chiron als Wendepunkt.

Um diese besondere Aufgabe hier in der Welt zu erfüllen, brauchen wir unseren unvollkommenen Körper, denn gerade weil er unvollkommen ist, ist er zu alldem fähig, was nötig ist, um diese speziellen Erfahrungen zu sammeln: leiden, fühlen, verzweifeln, hoffen, glücklich und unglücklich sein, mitempfinden und auch hassen usw. Das macht uns aus als Menschen und zu Menschen, wir sind nun einmal nicht göttlich und vollkommen, auch wenn wir den göttlichen Funken in uns tragen.

Den eigenen Abdruck hinterlassen.

Jeder Mensch und damit auch jedes Horoskop ist einmalig und individuell. Solange wir der Norm, den Gesetzen der Welt um uns herum folgen wollen und uns in diesem Sinne vergleichen, besteht die Gefahr, diese Unterschiedlichkeit und gemeinte Unvollkommenheit abzulehnen, sich für sie zu schämen und sie abzuspalten. Aber jeder ist eine göttliche Idee, wie Christus ein Kind Gottes, mit besonderen Gaben, die sich in der Welt in Aufgaben verwirklichen wollen. Und die einzige Pflicht – unser saturnisches Achsenkreuz, an das wir gebunden sind, solange wir leben – besteht darin, die Person zu verkörpern, als die wir gedacht sind. Wir sollen genau diese einmaligen Spuren hinterlassen und nicht in den Fußabdrücken anderer gehen. Es ist bezeichnend, dass sogar eineiige Zwillinge unterschiedliche Fingerabdrücke haben und auch unsere Füße weisen ganz individuelle Linien auf.

Das ist Demut wie Neptun sie meint, nämlich sich nicht den Erwartungen, Regeln und Vorschriften der Welt um uns herum zu beugen, sondern das annehmen und leben, was der Idee Gottes, oder weniger religiös, unserer geistigen Idee entspricht. Und auch die Unvollkommenheit der eigenen menschlichen Natur annehmen

Demut.

und gerade mit und nicht ohne sie die empfangenen Gaben in einer Aufgabe verwirklichen. Dann sind Geist (die Idee), Seele (die die Idee empfangen hat) und Körper (der die empfangene Idee realisieren soll) eins. Und das meint heil sein und Gesundheit im Sinne von Chiron und Neptun am Ende des Fische-Zeitalters. Wir werden im Abschnitt über die Jungfrau noch genauer darauf eingehen.

Ich möchte diesen Teil über die Deutung von Chiron anhand des Mythos mit den Worten des christlichen Mystikers Eckhart von Hochheim schließen, besser bekannt als Meister Eckhart, ein christlicher Mystiker aus der Zeit um 1300:

»Der Vater spricht das Wort in die Seele und wenn der Sohn geboren wird, wird jede Seele Maria. Maria ist nicht gesegnet, weil sie Christus leiblich trug, sondern weil sie ihn geistig gebar. Und darin vermag jeder ihr gleich zu werden.«

Meister Eckhart

4. Jungfrau und das sechste Haus mit dem Herrscher Chiron – eine neue Dimension der Deutung

Da Chiron meiner Ansicht nach der neue Herrscher des Zeichens Jungfrau ist, ist es wichtig, dieses Zeichen und das entsprechende sechste Haus in die Deutung von Chiron mit einzubeziehen

4.1 Die Zahl sechs

Das sechste Zeichen

Sechs, eine besondere Zahl.

Laut unseres christlichen Entstehungsmythos' schuf Gott am sechsten Tag die Tiere auf der Erde und als Abschluss den Menschen und mit ihm war seine Schöpfung vollendet. Dieses Wort ›vollendet‹ kann zweierlei bedeuten, nämlich zum einen abgeschlossen, zum anderen vollkommen.

Ähnlich wie das sechste Zeichen Jungfrau wird auch die Zahl sechs in ihrer besonderen Bedeutung oft unterschätzt. Ich möchte hier nur einige ihrer Besonderheiten aufzählen:

Sie ist die kleinste vollkommene Zahl, d. h. sie ist die Summe aller ihrer Teiler, wobei bei ihr noch als einziger Zahl hinzukommt, dass sie auch das Produkt ihrer Teiler ist: 1+2+3=6; 1x2x3=6.

Es lassen sich in einen Kreis sechs gleich große Kreise mit dem halben Radius einzeichnen und der siebte in der Mitte.

Sie steht zwischen der Zahl fünf (Quintessenz oder auch Christuszahl genannt und der Schnittpunkt des Achsenkreuzes, an dem der Mensch steht) und der Zahl sieben als heiliger Zahl des Göttlichen, die beispielsweise wiederzufinden ist im siebenarmigen Leuchter, sieben alten Planeten, in den Wochentagen, in der Summe aus drei (Geist) und vier (Realität) und in der Schöpfungsgeschichte (am siebten Tag ruhte Gott).

Wenn wir die Mondknotenachse als dritte Achse in einem Horoskop dazu nehmen, ergeben sich sechs Schnittpunkte mit dem Tierkreis und der siebte in der Mitte am Achsenkreuz, dem Symbol der Aufhebung der Polaritäten (siehe in meinem Buch „Die Spirale der Mondknoten", astronova).

Es gibt sechs Achsenpaare der Zeichen, sowohl in ihrer zeitlichen als auch räumlichen Gegensätzlichkeit (Widder – Stier = zeitlich nacheinander; Widder – Waage = räumliche Polarität, aber gleichzeitig).

Legt man zwei Dreiecke (die Symbole für Yin und Yang) übereinander, ergibt dies den Davidstern als Symbol der Vereinigung von Yin und Yang mit den sechs Sextilen, den drei Oppositionen und den drei Trigonen als Aspekte. Dies ergibt sich ebenso aus der Teilung des Kreises durch sechs: 360 Grad : 6 = 60 Grad. Dane Rudhyar nennt die Sechs »die schöpferische Zahl des Kosmos«.

Wir werden uns bei der Deutung noch auf ihre besondere Stellung zwischen der fünf und der sieben beziehen.

4.2 Das Element: labile, bewegliche, veränderliche Erde

Jedes Element ist unterteilt in die Qualitäten kardinal, der Anfangsimpuls, fix, die Sicherung und beweglich, das Öffnen und Weitergeben. Es ist bemerkenswert, dass die ersten beiden Qualitäten jeweils nur einen Begriff haben, die dritte jedoch drei, nämlich beweglich, labil und veränderlich. Das kennzeichnet schon ihre Eigenschaft, nämlich dass sie verschiedene Entfaltungsmöglichkeiten enthält.

Das Treibsandgefühl.

Erde ist das stabilste Element und wir verbinden damit in der Regel Festigkeit und Halt. Das Zeichen Jungfrau ist nun aber labile oder bewegliche oder veränderliche Erde und beschreibt damit eine ganz andere Eigenschaft als Stabilität und Standfestigkeit.

Sind sie schon einmal auf sehr weichem Sand oder gar auf Treibsand gestanden? Das kann sich sehr unangenehm anfühlen, hat man doch hier nicht den gewohnten Halt der Erde unter den Füßen. Alles rutscht, ist in Bewegung und unsicher (labil, beweglich), man muss besonders Acht geben und darf sich nur sehr vorsichtig bewegen, wenn überhaupt, denn hat man einmal einen Halt, einen sicheren Stand gefunden, darf man nichts mehr verändern, und es gilt, die Umgebung genau zu beobachten, ob nicht irgendwo und irgendwas wieder ins Rutschen gerät (veränderlich).

Diesem Gefühl von Treibsand entspricht als Bild die Erde der Jungfrau. Wie der unendliche Ozean des Gegenzeichens Fische, das bewegliche Wasser, auch bedrohlich wirken und die Angst vor dem Ertrinken auslösen kann, so ist es ebenfalls hier in der Jungfrau, denn wir können im Treibsand der Realität ebenso untergehen.

Wenn wir die Welt um uns herum oder auch unseren Körper, der ja dem Element der Erde entspricht, auf diese Art wahrnehmen, können wir nachvollziehen, wie verunsichernd das alles wirken kann und wie groß das Bedürfnis ist, hier Sicherheit und Stabilität zu erreichen. Denn alles ist ja in ständiger Veränderung, nichts bleibt, der Sand kann einem ebenso durch die Finger rinnen wie das Wasser.

Dieses Bild half mir, jungfrau-betonte Menschen in ihrem Bemühen zu verstehen, alles unter Kontrolle haben zu müssen, Abläufe zu routinieren, das eigene Umfeld, den Körper und die Nahrungsaufnahme kritisch und aufmerksam zu beobachten, damit einem ja nichts entgeht, man alles weiß, und damit möglichst auch alles gleich bleibt. Denn Neues und Unbekanntes wirkt zunächst verunsichernd, man hat wieder Treibsand unter den Füßen. Sind dann im Laufe der Zeit gewisse Kriterien entwickelt worden, die Halt und Sicherheit versprechen, darf man sie nicht mehr verändern und greift ängstlich und schnell auf sie zurück, sowie Irritation entsteht.

Das saturnische Gerüst.

Diese Kriterien sind wie ein Gerüst, an dem man im sich bewegenden Treibsand Halt findet, und sie beruhen auf Erziehung, sozio-kulturellem Umfeld und den gemachten Erfahrungen mit den damit verbundenen Bewertungen.

Stellen Sie sich einmal so ein Gerüst vor: rechts und links zwei dicke Stützen, tief verankert, und direkt über dem Kopf ein stabiler Balken in Reichweite, damit man ihn jederzeit ergreifen kann.

Dies ist ein Bild für Saturn, für die stabile und Halt gebende Erde, die man ja im Zeichen Jungfrau vermisst. Und das sind nun Regeln und Normen, die man tief verinnerlicht hat, die rechts und links und oben über einem stehen und Halt und Orientierung in dieser unsicheren Welt geben. Wenn man sich daran hält, ist alles in Ordnung, man hat die Angst, den Boden unter den Füßen zu verlieren, im Griff.

Je nach Erziehung und sozio-kulturellem Umfeld unterscheiden sich diese haltgebenden Gerüste natürlich. Solche verinnerlichten Strategien, Prinzipien oder Routinehandlungen, die immer gleich ablaufen, sind aber auch wichtig. Kindern gibt das abendliche Zubettgeh-Ritual Sicherheit und das Gefühl von Geborgenheit. Auch das Rosenkranzbeten aus unserem christlichen Kulturkreis ist ein solches Ritual, wobei die Seele sich durch die ständigen Wiederholungen sicher fühlt und sich öffnen kann. Oder beim Autofahren können wir nicht jedes Mal nachdenken, ob wir Bremse, Gas oder Kupplung bedienen sollen, der Vorgang ist automatisiert und darin sinnvoll.

Anders ist es, wenn wir Abläufe zwanghaft wiederholen müssen, auch wenn sie nicht mehr unbedingt angebracht oder notwendig sind. Eine Bekannte von mir hatte, als sie nach der Kinderpause wieder zu arbeiten begann, den Freitag als ihren freien Tag zum Putzen genutzt. Das war damals zweckmäßig, um nicht im Chaos der vielen Aufgaben und Anforderungen unterzugehen, brauchte sie Struktur und Abläufe mit Regelmäßigkeit. Heute allerdings, sie ist inzwischen in Rente und kann ihre Tage frei einteilen, muss sie es immer noch auf diese Art machen und jedes noch so reizvolle Vorhaben an einem Freitag wird abgesagt. Sie sagt, dass sie ein unterbrochener oder veränderter Ablauf derartig nervös und unsicher machen würde, dass sie es nicht genießen könnte. Denn eine völlig irrationale Angst würde dann in ihr aufsteigen, dass sie nämlich ihr Pensum nicht schaffen und ihr Haushalt verwahrlosen würde.

Vielleicht können Sie jetzt nachvollziehen, wieso mancher jungfraubetonte Mensch routinierte Abläufe im Leben braucht und für Außenstehende völlig überreagiert, wenn ihm das vertraute Gerüst, sein Halt, genommen wird.

Das alltägliche Chaos.

Aber nicht alle jungfraubetonten Menschen haben ihren Alltag im Griff, bei manchen erscheint es sogar so, als ob sie im Chaos der vielen Alltäglichkeiten versinken würden. Sie leiden häufig sehr darunter, schämen sich womöglich auch, dass sie es nicht so hinbekommen wie die anderen, sind sehr selbstkritisch und können es nicht gelassen nehmen. Auf die Bereiche allerdings, die ihnen wichtig sind, verwenden sie viel Zeit und Sorgfalt, damit sie ihren Kriterien und Prinzipien entsprechen.

Für eine andere Bekannte von mir war Autofahren wegen der Umweltverschmutzung aus Prinzip schädlich. So fuhr sie sommers wie winters zu ihrem etwa zwanzig Kilometer entfernt liegenden Arbeitsplatz mit dem Rad. Sie investierte viel Zeit und nahm persönliche Nachteile in Kauf, schaffte es aber nie, ihren Haushalt oder ihre beruflichen Vorbereitungen, sie ist Lehrerin, zu ihrer Zufriedenheit zu erledigen.

Die Betrachtung des Elements war für mich der erste Schritt, das Zeichen besser zu verstehen. In meinen Beratungen geht es mir ja darum, Menschen, die eine bestimmte Thematik eher auf der für sie problematischen Seite leben, dazu zu verhelfen, die Qualitäten zu entdecken und zu entwickeln.

Das Zeichen Jungfrau war aber auch in der erlösten Form nicht sehr motivierend, sodass ich den Eindruck hatte, hier fehlt uns Deutern noch das rechte Verständnis. Indem ich nun aber das Gefühl der Unsicherheit und Instabilität nachempfinden konnte, verstand ich auch das Bemühen dieser Menschen nach Analyse der Gegebenheiten und dem möglicherweise überzogenen Ordnungs- und Kontrollzwang.

Ich entdeckte sehr viel Sensibilität und Empfindsamkeit und eine große Angst vor negativer Bewertung, die mit dem bisherigen Herrscher Merkur nicht zu erklären war.

Auch das häufige Kritisieren, das sofort bei vermeintlichen Fehlern und dem Abweichen von den Regeln einsetzt, beruht eher auf Unsicherheit und Angst denn auf Besserwisserei.

Je mehr man sich bemüht, stellen Sie es sich als Strampeln im Treibsand vor, desto mehr wird man sich bewusst, dass man nichts tun kann gegen die sich ständig verändernde Realität, man geht in der alltäglichen Arbeit unter. Hat man doch gerade alles sauber gemacht und an seinen Platz geräumt und sich gründlich die Hände gewaschen, bildet sich schon wieder Staub oder man muss mit der Hand eine Türklinke berühren, auf der es nur so von Bazillen wimmelt. Da wird man nie fertig! Und so muss man quasi zwangsläufig sehr fleißig sein, denn irgendwo ist immer irgendwas noch nicht getan.

Oder der Körper! Wenn es mal im Bauch zwickt oder man muss gar husten, könnte ja etwas in Unordnung sein und man könnte krank werden. Und die Unsicherheit und Ängstlichkeit in der Seele oder des Bauchgefühls wirkt sich auch tatsächlich häufig im Körper aus, er reagiert psychosomatisch sehr empfindlich und sensibel auf Umwelteinflüsse und Reize.

Auf diesem unsicheren Boden konnte sich verständlicherweise kein Vertrauen entwickeln. Was kann man auf Treibsand noch tun, um nicht unterzugehen – außer sich am Haltegerüst festzuklammern? Es ist im Grunde ähnlich wie im Wasser: Wenn man Angst hat unterzugehen und strampelt, kann man tatsächlich ertrinken. Was hilft, ist, sich ruhig auf den Rücken zu legen und sich, ohne selber etwas zu tun, tragen zu lassen, »toter Mann spielen«. Diese Technik funktioniert auch bei Treibsand. Und gerade das ist für jungfraubetonte Menschen nicht ganz einfach, aber eine hilfreiche Übung im Hinblick auf Vertrauen und Sich-tragen-lassen-Können. Im alltäglichen Leben wären das zum Beispiel die Pausen, in denen man sich hinsetzt oder gar hinlegt, die Augen schließt und die Arbeit für eine Weile Arbeit sein lässt. Vielleicht bringt ein interessantes Buch einen auf andere Gedanken oder schöne Musik hilft bei der Entspannung.

Kontrolle oder Vertauen.

Fragen an sich selbst:
Wann und in welchen Situationen fühlen Sie sich unsicher wie auf Treibsand?
Welche Mechanismen (Haltegerüste) helfen Ihnen in solchen Situationen?
Wie oder von wem haben Sie sie erlernt?
Können Sie Pausen machen und was entspannt Sie?

4.3 Der Zykluspunkt im Jahreslauf

Die Zeit der Ernte.

Schauen wir uns jetzt den Zykluspunkt des Zeichens Jungfrau im Jahreslauf an. Es ist die Zeit der Ernte. Nun können alle Früchte eingebracht werden, die seit dem Beginn im Zeichen Widder gewachsen sind, um das Überleben in der kalten Winterzeit zu sichern.

Auch das ist ein Bild für die bewegliche Erde dieses Zeichens, denn Mutter Erde gibt nun das nach außen her oder ab, was in ihr und aus ihr heraus gewachsen ist. Es ist eine Zeit der harten Arbeit, die Sommerferien im Zeichen Löwe sind vorbei.

Und jetzt zeigt es sich auch, wie sorgfältig man gearbeitet hat, an dem, wie viel man ernten kann. Zum Überleben benötigt man verschiedene Nahrungsmittel, um die Gesundheit erhalten zu können und so erweist es sich jetzt, ob der Mensch die Gesetze der Natur kennt und sie eingehalten hat, damit jede Frucht wachsen konnte.

Auch bei der Einlagerung der Ernte oder deren Verarbeitung gilt es, sich an Regeln zu halten, damit die Vorräte sicher sind bis zum nächsten Frühjahr. Da dürfen Kartoffeln und Äpfel nicht im gleichen Kellerraum gelagert werden und alles Unnütze oder gar Schädliche muss aussortiert werden, die Spreu wird vom Weizen getrennt, denn ein fauler Apfel kann die ganze Ernte verderben. Man muss also sehr sorgfältig und genau sein, um keinen Fehler zu machen und damit Schaden für alle anzurichten.

Da es zu dieser Zeit viel Arbeit gibt, ist auch Fleiß angesagt und Effektivität. Die Abläufe der Ernte folgen auf dem Hintergrund jahrelanger Erfahrungen gewissen Regeln, die sich als nützlich erwiesen haben. Und hierin zeigt sich auch das Positive der beweglichen Erde, nämlich die Anpassung an die Natur und die Wetterbedingungen. Tiere und Pflanzen passen sich zum Überleben an die Umwelt an, der Mensch versucht hingegen häufig, die Natur an sich anzupassen. Aber nur der kann überleben, der sich auf die sich verändernden Bedingungen der Umwelt einstellen kann. Mir fällt dazu das Beispiel der Fischreiher ein, die ihre Nahrung umstellen mussten, da es in den Gewässern nicht mehr genügend Fische gab, und jetzt sieht man sie auf den Wiesen und Feldern bei der Jagd nach Mäusen.

Auch Reinheit ist geboten und so durften früher Frauen, die gerade ihre Monatsblutung hatten, das Obst und Gemüse nicht in Gläser einkochen, weil diese durch die Unreinheit (angeblich) wieder aufgehen würden.

Die Sauberkeit ist also ein wichtiger Garant fürs Überleben, und so ist es nicht verwunderlich, dass Menschen mit einer Jungfraubetonung sehr auf Reinheit bedacht sind. Häufiges Waschen schädigt allerdings auch die Haut, unser Schutzorgan nach außen, und sie wird sensibler, empfindlicher und durchlässiger. Händewaschen und Reinigen kann zudem auch im übertragenen Sinne als Reinheit gesehen werden. Deshalb kann man den Satz »sich die Hände in Unschuld waschen« der

Jungfrau zuordnen, denn es bedeutet, dass man keine Fehler gemacht hat, was ebenfalls wichtig ist für dieses Zeichen.

Wir finden in der Beschreibung der Erntezeit viele Deutungskriterien für das Zeichen Jungfrau wieder.

Uns ist diese Zeit im Jahreszyklus zum großen Teil entfremdet, denn wir kaufen unsere Nahrungsmittel im Supermarkt und dort finden wir auch im Winter alles, was wir brauchen. Und viele Landwirte haben heutzutage nicht mehr eine Fülle von verschiedenen Früchten, sondern häufig Monokulturen von nur einer Sorte.

Diese Entfremdung in Bezug auf unsere Nahrung (essen wir nicht häufig auch monokulturell?) zeigt sich im Darm, der Körperregion, die der Jungfrau zugeordnet wird. Hier wird auch die Spreu vom Weizen getrennt, das verwertet, was gut für uns ist und unser Leben und unsere Gesundheit erhält und getrennt von dem, was unnütz oder schädlich ist. Der Darm hat Millionen von Darmschleimhautzellen, die die nützliche, inzwischen verarbeitete Nahrung aufnehmen und sie an Blut und Lymphe weitergeben. Er ist – bildlich gesprochen – also „dünnhäutig" und nach außen offen. Dieses Organ ist auch sehr sensibel und empfindsam und reagiert bei Störungen mit körperlichen Abwehr – und Überreaktionen wie zum Beispiel Allergien. Viele Mediziner meinen, die sich häufenden Allergien heutzutage sind in erster Linie auf unsere Art der Nahrung, wozu auch das, was wir seelisch in uns auf- und hineinnehmen gehört (auch seelisch z. B. bei Stress nähren wir uns nicht gut), und auf die damit verbundenen Irritationen im Darm zurückzuführen.

Der Darm ist die Körperregion, die der Jungfrau zugeordnet ist.

In dem oben schon erwähnten Bericht auf Arte, »Der Bauch, unser zweites Gehirn«, wurde nachgewiesen, dass die Millionen Darmbakterien sogar unsere Befindlichkeit beeinflussen und vor unserem Kopf entscheiden. Auf den Bauch zu hören können wir also wörtlich nehmen. Was erzählt er uns, womit fühlen wir uns wohl und womit nicht, was nährt mich, was nützt mir, was schadet mir – und das sollte man nicht nur auf die materielle Nahrungsaufnahme beziehen, sondern ebenso auf die seelische.

Auch die Wissenschaft gibt nach den neuesten Forschungen dem Darm eine viel größere und zentralere Bedeutung als nur die des Verwertungs- und Verdauungsorgans für unsere Nahrung.

Das sollten wir als Astrologen auch tun.

(In meinem persönlichen Bericht vom Anfang habe ich Ihnen von meiner etwas ausgefallenen Allergie in Bezug auf Säugetierfleisch erzählt, die begann, als Chiron meinen AC transitierte.)

Fragen an sich selbst:
Haben Sie manchmal Darmprobleme?
Hören Sie auf Ihren Bauch?
Leiden Sie unter Allergien?
Wie ist Ihr Reinigungsverhalten?
Wie leicht bzw. schwer fällt es Ihnen, sich an veränderte Bedingen anzupassen?

4.4 Der Zykluspunkt im Tierkreis

Das Zeichen Jungfrau ist ein Übergangszeichen, wie auch das gegenüberliegende Zeichen Fische. Wenn wir den natürlichen Tierkreis in zwei Hälften teilen, wird es noch deutlicher. Im unteren Halbkreis, unter der Horizontlinie, dem Innenbereich, geht es um die persönliche Entwicklung, und so finden wir hier auch die persönlichen Planeten als Herrscher der Zeichen beziehungsweise der zugeordneten Häuser in der Analogie, z. B. erstes Zeichen Widder, Herrscher Mars, erstes Haus Herrscher Mars. Im oberen Halbkreis, dem Außen, finden wir die gesellschaftlichen und die überpersönlichen Planeten, außer im Zeichen Waage und im siebten Haus, dem noch die Venus als Herrscherin zugeordnet ist.

Zwischen: Ich und Du.

Jungfrau steht an der Schwelle zwischen der persönlichen Entwicklung und dem Eintritt in die Gesellschaft, das Zeichen Fische ist der Übergang vom Überpersönlich-Geistigen in die Verkörperung.

Stellen wir uns diesen Kreis als Samen vor, in der die Idee einer Pflanze, zum Beispiel eines Apfelbaumes, enthalten ist. Der Apfelkern ist in den Boden gekommen, die Bedingungen sind günstig und er kann zu einem Baum werden. Zuerst ist er nur mit sich und dem eigenen

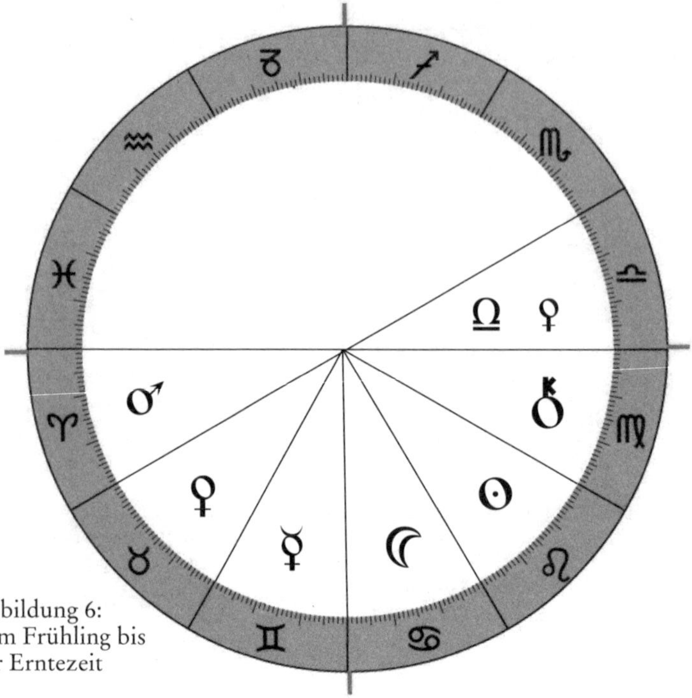

Abbildung 6:
Vom Frühling bis
zur Erntezeit

Wachstum beschäftigt und bringt noch keine Früchte hervor. Auch die Umweltbedingungen wirken auf ihn und seine Entwicklung ein: Bodenbeschaffenheit, Wasser, Licht. Vielleicht wird er vom Besitzer auch in seinem freien Wachstum beschnitten, damit mehr seiner Kraft in die Früchte anstatt in die Äste geht. Aber dann ist es so weit, er ist reif, Früchte hervorzubringen.

Im Frühjahr zur Zeit des Widders und des Mars treibt er seine Triebe, seine Blätter, dann zeigen sich zur Venus-Zeit im Zeichen Stier seine Blüten und die Bienen kommen zur Bestäubung, im Zwilling pustet der leichte Merkur-Wind die Blütenblätter fort und im Krebs mit dem Herrscher Mond hängen die ersten Kinderchen des Apfelbaumes am Baum, um im Zeichen Löwe und mit der Sonne noch zu reifen und rote Bäckchen zu bekommen. Und dann kann zur Zeit der Jungfrau geerntet werden. Im folgenden Zeichen, der Waage, bekommt nun der Besitzer des Baumes nützliche Früchte, die er für die Winterzeit braucht. Ich beschreibe das siebte Zeichen und das siebte Haus in diesem Zusammenhang auch gerne als Marktplatz, auf dem die Früchte im Außen angeboten werden.

Nach ein paar Jahren sagt der Besitzer des Baumes zu diesem: »Du hast jetzt jahrelang Äpfel produziert, ich möchte dieses Jahr Birnen von dir.« Das vermag der Apfelbaum aber nicht zu leisten, denn seine Früchte entsprechen seiner Anlageidee, er kann nicht gegen seine Natur.

Das kann als einziges Lebewesen auf Erden nur der Mensch. Er kann – bildlich gesprochen und auf die Radix bezogen – vom unteren Halbkreis seiner individuellen Persönlichkeit, von Mars bis Sonne, in die obere Horoskophälfte schauen zu Haus sieben, wo die anderen in der Gesellschaft zu finden sind und fragen: »Wie wollt ihr mich denn, welche Früchte wollt ihr denn von mir ernten, mit was und wie bin ich für euch nützlich?« Und jetzt findet er die Bewertungskriterien des gesellschaftlichen Umfeldes, in das er hineingeboren worden ist, die ihm sowohl Halt und Orientierung geben können, als auch Regeln und Normen liefern dafür, wie er zu sein hat, wann er in Ordnung ist. Und er kann seine Idee verleugnen, sich an die Erwartungen anpassen und somit gegen seine Natur leben. Das kann auf Dauer nicht gesund sein, ein Thema des sechsten Hauses, der Jungfrau und Chirons!

In diesem Kreis wird deutlich, dass mit Löwe, Sonne und dem fünften Haus die persönliche Entwicklung abgeschlossen ist: »Das bin ich!« Auf dem Übergangszeichen zur gesellschaftlichen Hälfte und der Waage stehen wir aber nun auf dem Treibsand, auf der beweglichen Erde der Jungfrau, die keinen stabilen Halt bietet. Wenn sich durch die Erziehung usw. kein gesundes und sicheres Ich (Sonne, fünftes Haus) bilden konnte, keines, das Halt in sich findet und das, was es als Gaben in sich hat, auch für wertvoll für die anderen hält, lässt sich leicht nachvollziehen, wie hier ein Schwanken einsetzen kann, hin und her zwischen dem Ich, Sonne, Haus fünf, Löwe und dem Du in der Außenwelt, dem Zeichen Waage, der Venus und dem siebten Haus (die Zahl sechs zwischen fünf und sieben). Und letztendlich siegen die anderen im Außen mit ihren Erwartungen und Bewertungen und die betreffende Person gibt sich mit ihren Gaben und ihrer persönlichen Idee auf und lässt sich die Aufgaben vorschreiben, die sie zu erfüllen hat, produziert die Früchte, die die anderen wollen. Und diese Anpassung an die Erwartungen gibt die erwünschte Sicherheit und erzeugt das Gefühl »Ich bin in Ordnung, ich bin normal.«

Diese helfenden und sichernden Regeln (beim Treibsandgefühl) sind aus dem gesellschaftlichen und kulturellen Bereich heraus entstanden, in den wir hineingeboren worden sind, und unterscheiden sich je nach Umfeld. In diesem Kontext haben wir klare Bewertungen erfahren, was gut und erwünscht ist und was nicht. So ist es nicht verwunderlich, dass Unsicherheit einsetzt, wenn wir in ein uns fremdes Umfeld geraten und der Wunsch nach diesen klaren Bewertungskriterien wächst, mit allen denkbaren Verhaltensformen. Wenn wir z. B. in einer sehr religiös bestimmten Familie aufgewachsen sind, haben wir diese weltanschaulichen Gesetze verinnerlicht und wir fühlen uns sicher und in Ordnung, wenn wir uns nach ihnen richten. Oder war der Wert einer Person über die intellektuellen Fähigkeiten definiert, so helfen beim »Schwanken« Wissen und verbale Fähigkeiten, oder kam es auf Geld, Besitz oder eine hervorgehobene Stellung in der Gesellschaft an, so greift man in unsicheren Situationen darauf zurück, um wieder Halt zu gewinnen.

Deshalb stelle ich in diesem Zusammenhang gerne die Frage: »Welchem Herrn (welchen Bewertungskriterien) dienst du?«

Die persönlichen Planeten in ihrer individuellen Stellung in unserer Radix machen uns als Persönlichkeit aus, sie unterscheiden uns von allen anderen und sind letztlich die handelnden Akteure. Auch wenn wir gesellschaftlich oder geistig tätig sind, brauchen wir dazu unsere persönlichen Planeten. Deshalb können sich auch die überpersönlichen Themen, symbolisiert durch die Planeten von Jupiter bis Pluto, nur über unsere Persönlichkeit ausdrücken. So zeigt sich z. B. ein Aspekt zwischen Jupiter und Mars in einem großzügigen und weltoffenen Handeln, oder Pluto in einem Aspekt zum Mond gibt unserem individuellen Radix-Mond Tiefgang. Bei der Deutung ist es also wichtig, die persönlichen Planeten in Zeichen, Haus und im Aspektmuster zu erfassen, denn sie machen uns aus in unserer Eigenart.

Hierzu ein kleines Gedankenspiel: Stellen Sie sich vor, Ihre Eltern halten Kartoffeln für sehr nützliche Früchte und wollen nun durch ihre Erziehung so eine nützliche Frucht aus Ihnen machen. Aber Sie sind von Ihrer Anlageidee her als stachelige, saftige, schillernde Frucht

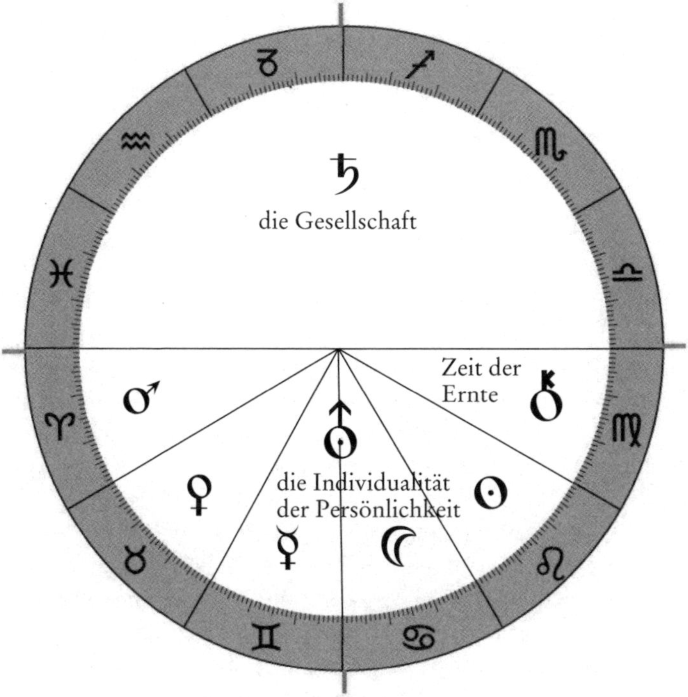

Abbildung 7: Chiron als Verbindung zwischen der Persönlichkeit und der Gesellschaft

Welche »Frucht« bin ich?

gedacht, und die wird nun abgewertet, ja, die Eltern schämen sich sogar dafür (Chiron), wenn so ein Anteil von Ihnen nach außen sichtbar wird. Sie selbst spalten diese Teile ab (wir erinnern uns an das Vorgehen von Chiron) und bemühen sich sehr, eine ordentliche Kartoffel zu werden. Jetzt müssen Sie sich aber sehr unter Kontrolle haben, dass ja kein Stachel sichtbar wird oder gar der rote innere Saft tropft. Und das Fatalste ist: Sie werden nie eine gute Kartoffel, so sehr Sie sich auch anstrengen! Denn es entspricht ja nicht Ihrer Natur. So ist Kritik und Selbstkritik vorprogrammiert.

Denn wenn Sie sich nun als nicht vollkommene Kartoffel auf dem Marktplatz im Außen (im siebten Haus) anbieten, kann es sein, dass

Sie kritisiert werden, da die Menschen, die zu Ihnen kommen, meinen, hier gäbe es Kartoffeln und die wollen sie ja auch von Ihnen. Und Sie selber sind auch sehr streng mit sich und bei jedem Abweichen von einer perfekten Kartoffel kritisieren Sie sich und bemühen sich noch mehr, denn Sie wären doch so gerne eine vollendete Kartoffel.

Wenn wir jetzt den Sprung im Mythos zu dem ersten Heilungsschritt, Neptun, machen, geben Sie – hoffentlich – auf und fangen an, keine Kartoffel mehr sein zu wollen, sondern wenden den Blick vom siebten Haus zurück im Tierkreis zu den ersten, zu den persönlichen Planeten von Mars bis Sonne und halten es jetzt eher mit Matthäus (7,16), der sagte: »An ihren Früchten sollt ihr sie erkennen.«

Der Wendepunkt Chiron.

Hier wird deutlich, was der weiter oben schon erwähnte Wendepunkt bei Chiron meint, nicht mehr auf die anderen und ihre Erwartungen schauen, sondern sich umzuwenden zu sich selber, zu den persönlichen Planeten und damit zur eigenen individuellen Persönlichkeit.

»Als welche Frucht bin ich wirklich gedacht?«, könnten Sie sich fragen und sich im Laufe der Zeit mit Ihrer eigenen Anlageidee anfreunden, die gemachten Erfahrungen als Wert ansehen und das Ergebnis, die neue Frucht, dann wieder nach außen anbieten. Nun kommen allerdings nicht mehr die Leute zu Ihnen an den Stand, die Kartoffeln wollen, sondern ganz andere und die könnten sagen: »Solche Früchte gab es hier ja noch nie, die habe ich schon immer gesucht.«

Nun wären Sie als Frucht nützlich, nicht mehr für alle, sondern nur für die, die Ihren Wert schätzen, und könnten die Aufgaben erfüllen, die Ihnen und Ihrer Natur entsprechen.

Dies wäre die zweite Wende, nämlich nach der saturnischen Arbeit der Reinigung der Wunde usw. (beschrieben beim zweiten Heilungsschritt) sich abwenden von der ewigen Wiederholung der Erfahrungen in der Vergangenheit (Saturn) hin zu einer neuen Zukunft mit der eigenen Individualität (Uranus), wobei mittels Chiron beide Seiten miteinander verbunden werden können.

Meiner Natur entsprechend.

Im Wort ›Aufgaben‹ ist sowohl ›sich aufgeben‹ als auch ›Gaben geben‹ enthalten und so ist eine wichtige Übersetzung für das Zeichen Jungfrau und besonders für den Lebensbereich Haus sechs: Wo ist der Platz in der Welt, an dem ich die Aufgaben finde, die zu meinen Gaben passen?

gemeint anzusehen. Aber dieses Frauenbild der Jungfrau Maria war jahrhundertelang bestimmend, sowohl für Frauen als auch für Männer. Und wieder finden wir die Abwertung des Körperlichen, hier besonders für Frauen, der körperlichen Liebe und Lust. Unbefleckt, unschuldig und rein hatte frau in die Ehe zu gehen, um anschließend nur diesem, ihrem Herrn zu Diensten zu sein.

Aber wie war das bei Maria? Welchem Herrn diente sie? Als die Engel ihr verkündeten, dass sie ein Kind bekommen würde, war sie einverstanden. Sie sagte: »Dein Wille geschehe«, und damit war nicht Josef gemeint, sondern Gott. Sie folgte also dem Willen Gottes, er war ihr Herr, und gebar dieses Gottesgeschenk.

Ich möchte jetzt einmal meinen Merkur, Logik und Verstand, und meinen Neptun, Fantasie, bemühen, um das, was uns da als Fakt oder wirkliches Geschehen erzählt wird, zu verstehen:

Logisch betrachtet braucht es Mann und Frau zur Zeugung eines Kindes – übrigens von Gott, oder wie immer Sie ihn nennen wollten, konzipiert. Deshalb zweifelt mein Merkur an den Fakten dieses Berichts.

Falls die Fakten also nicht stimmen, setzt jetzt die Fantasie meines Neptuns ein: Josef war alt, bedeutend älter als Maria, und vielleicht nicht mehr zeugungsfähig. Was also tun, um den Kinderwunsch zu erfüllen? Heute hätten wir für diese Notsituation die Samenbank, damals gab es vielleicht einen netten Nachbarn, der aushalf. Aber natürlich durfte das niemand wissen, nicht mal Josef. Und schon war die Idee der göttlichen Empfängnis geboren.

Nun gut, weder Merkur noch Neptun sind mit dieser Variante zufrieden, deshalb bin ich mit Karl Rahner, einem bedeutenden Theologen, der die Jungfrauengeburt als Bild ansah, einer Meinung.

Was erzählt uns nun das Geschehen, wenn wir es als Bild betrachten?

Maria empfängt eine göttliche Idee und gebiert sie in die Welt. Und Meister Eckhard sagt: »Darin vermag jeder ihr gleich zu werden.« Wir haben schon an verschiedenen anderen Stellen gesehen, dass jedes Horoskop als Idee einmalig ist, eine geistige Idee, die sich in der Welt realisieren will. Und damit, mit unserer ganz individuellen Anlageidee sollen wir nun einverstanden sein wie Maria. (Das betrifft alle Lebewesen auf der Erde, nur sind Tiere und Pflanzen im »Paradies« verblieben und folgen der empfangenen Idee.)

Und wenn wir nun das Zeichen Fische als das Zeichen der göttlichen Einheit ansehen, kommt die Idee von hier und dringt in den Körper, Jungfrau, ein.

Diese Idee sollen wir in die Welt gebären und nur diesem Herrn dienen und nicht etwa den Erwartungen unserer Eltern oder der sonstigen Umgebung.

Das meint das Wort »rein« als Bild verstanden, denn sie ist rein von Egowillen, folgt nur der Idee und sie ist »unschuldig«, das bedeutet in diesem Zusammenhang, sie ist in der Einheit des Paradieses, hat sich nicht schuldig gemacht, sich nicht versündigt und gegen Gottes Gebot gehandelt, sondern gebiert die empfangene Idee. Und so ist sie nicht abgesondert aus der Einheit und das zeigt sich auch in ihrem Beinamen »die Heilige Jungfrau Maria«, sie ist heil.

Und dieses Verhalten von ihr, dieses Einverstandensein mit Gottes Willen, drückt das Wort Demut aus. Es meint nicht, unterwirf dich irgendwelchen Erwartungen und Regeln, vielleicht denen der Kirche, der Eltern, des Partners, der Gesellschaft, oder zieh dich aus der Welt zurück und geh womöglich sogar ins Kloster, trag dein Schicksal ohne Klagen und sei bescheiden, sondern Demut meint, folge dieser, deiner Idee und verwirkliche sie. Dann nämlich folgst du dem Willen Gottes und nimmst nur die Idee, die er mit dir hatte, demütig im Sinne von bereitwillig, an, da er dein »Herr« ist.

Und das ist nicht leicht. Wir erinnern uns an das Annehmen von Chiron in seiner Höhle, dem sehr viel Verweigerung vorausgegangen ist. Wir leben in einer Gesellschaft mit bestimmten Normen, Regeln und Bewertungskriterien und wollen dazugehören, ein wertvolles Mitglied sein. Wir sind Menschen und noch nicht heil oder »heilig« wie die Jungfrau Maria.

In unserem Geburtshoroskop ist die Idee abgebildet, so wie die Idee einer Pflanze im Samen enthalten ist, so auch in einem Menschen. Und wie beim Pflanzensamen sind nun Boden und Umweltbedingungen wichtig für die Entfaltung der Idee. Bekommt die Pflanze, um im Bild zu bleiben, genug Sonne, Wasser, Nährstoffe, damit sie wachsen und sich entfalten kann, oder nicht, und kümmert stattdessen vor sich hin?

Und so hängt es auch bei einem Menschen davon ab, was von den Eltern und dem sozio-kulturellen Umfeld positiv bewertet und damit gedüngt und gegossen wird, weil es erwünscht ist, und was nicht. Letzteres wird vernachlässigt.

Das Einverstandensein und die Demut und das Annehmen der Jungfrau Maria und Chirons beim ersten Heilungsschritt meint nun: »Du hast eine Idee Gottes empfangen, gebäre sie in die Welt, damit sie sich verkörpert und sichtbar wird.«

Deshalb, weil dies wichtig ist, möchte ich nochmals erwähnen, dass das »Dienen« bei dem Zeichen Jungfrau auch nicht so gemeint ist, dass sie allen möglichen »Herren« und ihren Erwartungen dient, sondern der Satz heißt:

»Diene mit dem, als was du gedacht bist.«

Und diese Verbindung von Körper und Geist ist das Anliegen und die Funktion von Chiron. Das meint »heil« und im übertragenen Sinne gesund, wobei es nun nicht mehr um die körperliche Unversehrtheit geht, sondern um eine kosmische Gesundheit im Sinne von Einklang von Körper, Seele und Geist.

5. Was bringt Chiron Neues?

5.1 Unterschied zwischen Merkur, dem alten Herrscher der Jungfrau, und Chiron

Hermes/Merkur ist in der Mythologie der klassische Vermittler. Sein Vater Zeus machte ihn wegen seiner schnellen Auffassungsgabe, seinen verbalen Fähigkeiten und seines praktischen Geschicks zu seinem Götterboten. Wie bereits kurz angesprochen, war er mit seinem Hermes-Stab, dem Zeichen des Herolds, der Immunität genießt, unterwegs in den drei Welten, Unterwelt, Himmel und Erde, und er brachte die Informationen von einem Bereich in den nächsten. Er war auch der Gott der Wege und der Händler, und der Caduceus, der Hermes-Stab, ist noch heute das Symbol für Wirtschaft und Handel. Als Psychopompos ist er derjenige, der die Gestorbenen in die Unterwelt geleitet.

Seine hervorstechendsten Eigenschaften sind das Sammeln und Weitergeben von Informationen und seine Neutralität. Wie ein Schmetterling von Blüte zu Blüte flattert (die Zeitqualität zur Zeit der Zwillinge), ist er mit seinen geflügelten Schuhen und den Flügeln am Helm schnell unterwegs von Detail zu Detail. Er verweilt nie lange, ihn treibt das Wissen nach mehr und die Neugier, die Gier auf Neues, an.

Als alter Herrscher in der Jungfrau, dem Zeichen, in dem es um Gesundheit, Krankheit und Heilung geht, vermittelt er auf diese Weise Kenntnisse aus den verschiedensten Bereichen: Wissen aus dem tiefen Bereich der Seele (die Unterwelt), die konkrete Gegebenheit des Körperlichen (die Erde, er wird auch der Gott der Oberfläche genannt) und der Himmel, der Bereich des Jupiters, steht hier symbolisch für das Erkennen von Zusammenhängen. Allerdings ist er persönlich von keiner der vielen Informationen betroffen, er bleibt neutral, lässt sich weder emotional noch durch Mitempfinden beeinflussen oder beeindrucken. Er verbindet die Welten ausschließlich durch das Vermitteln von Informationen.

Mit diesen Eigenschaften ist er meines Erachtens der passende Herrscher im Luftzeichen Zwillinge. Die Jungfrau gehört aber zum Element Erde und ich kann mir Merkur beim besten Willen nicht mit Gummistiefeln und in Arbeitskleidung auf dem Acker beim Ernten vorstellen. Aber in Ermangelung eines besser geeigneten Planeten, wurden seine Eigenschaften der Detailwahrnehmung und der Wissensvermittlung zwischen den drei Bereichen Körper, Seele und Geist Merkur zugeordnet und er selbst somit auch der Medizin, dem Bereich der Gesundheit, und der Arbeit mit ihrer Organisation.

Abbildung 8:
Hermes-Stab

Abbildung 9:
Äsculap-Stab

Der Äskulap-Stab, das Symbol für die Mediziner, ähnelt dem Hermes-Stab.

Äskulap oder Asklepios war ein Sohn Apolls und wurde von Chiron in der Heilkunst unterrichtet, allerdings bevor der sich um seinen eigenen leidenden Körper kümmern musste und die von ihm gelehrten Methoden vergeblich anwandte. Um diesen Äskulap-Stab windet sich nur eine Schlange, Symbol für Häutung (Wandlung), Weisheit und heilende Kräfte, übrigens auch für Weiblichkeit (die Schlange im Paradies, und so nennt man auch manche Frauen).

Wenn wir nun Hermes/Merkur als zusätzlich zuständig für die Heilkunst ansehen, finden wir in seinem Stab eine umfassendere Symbolik: Es sind zwei Schlangen, die sich um den Stab mit zwei Flügeln und dem Kreis an der Spitze winden. Den Stab kennen wir als Phallus-Symbol aus dem Tarot, das zeugende, männliche Feuerelement, die zwei Schlangen als weibliches Erd-Element (die Welt der Gegensätze) und die zwei Flügel (auch Hermes/Merkur hat sie, sowohl am Helm als auch an den Füßen) als Symbol für die Luft (nur durch Gegensätze ist Erkennen möglich), die sich alle im Kreis vereinen. Die Verbindung der beiden Gegenpole männlich und weiblich finden wir auch im Äskulap-Stab. Nur das Element Wasser fehlt in der Darstellung des Caduceus, des Hermes-Stabes. Und genau dieses Element des Ein- und Mitfühlens fehlt Merkur.

Das kommt nun durch Chiron in die Heilkunst hinzu. Er vermittelt nicht nur Wissen über die verschiedenen Bereiche und will sie erkenntnismäßig verbinden, sondern er hat auf dem Hintergrund seiner eigenen Leiderfahrungen zusätzlich die Kompetenz der Empathie und Mitmenschlichkeit erworben. Er würde als Arzt nun nicht wie ein merkurischer Kollege seinen Patienten neutral gegenübersitzen und sein Wissen aus der Analyse und der Diagnostik mitteilen, sondern er würde die Seele des Betreffenden, seine Empfindungen und Leiderfahrungen mit einbeziehen. Er stünde auch nicht als Wissender, Belehrender oder Missionierender (Halbgott in Weiß) über dem Patienten, sondern könnte durch seine Empathie eine offenere und menschlichere Atmosphäre schaffen. Er würde sicher auch nicht nur auf den Computer schauen und sich mit den gewonnenen Fakten beschäftigen, sondern den Patienten als ganzen Menschen ansehen und ihn womöglich fragen, was ihm fehlt, anstatt zu analysieren, was er hat.

Durch diese Fähigkeiten, die nun durch den neuen Herrscher der Jungfrau, Chiron, hinzukommen, erfährt das Thema Gesundheit und Heilung eine zusätzliche Dimension und ist auch auf viele andere Lebensbereiche übertragbar und nicht auf die Medizin reduziert.

Dieses, nennen wir es hier mal »Chiron-Prinzip«, ist auch der Ansatz in Selbsthilfegruppen, in denen sich die Teilnehmer gerade dadurch gegenseitig helfen und unterstützen können, dass sie vom selben Thema betroffen sind. Man fühlt sich nicht mehr allein mit seinem Problem, kann sich in diesem geschützten Rahmen vertrauensvoll öffnen, erfährt mitmenschliches Verständnis und braucht sich nicht zu schämen.

Es wird inzwischen auch viel geforscht, wie man die Selbstheilungskräfte im Innern eines Kranken aktivieren kann, die Seele als Heilungspotenzial, z. B. beim sogenannten Placebo-Effekt.

Wir kennen es aber auch aus unserem täglichen Erleben. Stellen Sie sich vor, Sie haben sich den rechten Arm gebrochen und fühlen sich jetzt in vielen Alltäglichkeiten eingeschränkt und behindert. Wie wohltuend ist es, jemandem sein Leid zu klagen, der es selber schon einmal erlebt hat und weiß, wovon Sie reden. Oder schwangere Frauen, die liebend gerne über alle Phasen der Schwangerschaft und die Entwicklung ihres Kindes reden und anderen, die das Thema nicht haben, damit ganz schön auf die Nerven gehen können. Wie angenehm ist da der Austausch unter werdenden Müttern! Oder stellen Sie sich einen Chef vor, der auf diese Chiron-Art mit seinen Angestellten umgeht, nämlich indem er sie als ganze Menschen mit ihren individuellen Geschenken und Gaben in die Arbeitsabläufe usw. mit einbezieht, einen Politiker, der zum Wohle seines Volkes regieren will, eine Lehrerin, die im Unterricht viele verschiedene Kinder vor sich hat, eine Verkäuferin in einem Bekleidungsgeschäft oder eine Mutter mit Kindern, die sich in völlig unterschiedliche Richtungen entwickeln.

5.2 Die unterschiedlichen Vorgehensweisen bei Saturn, Pluto und Chiron

Einen neuen Planeten ins Horoskop und die Deutung zu integrieren, macht nur dann Sinn, wenn er etwas an Erkenntnis bringt, das es davor noch nicht gab.

Wir haben in der Beschreibung der möglichen Erfahrungen gesehen, dass sich Chiron-Themen ähnlich anfühlen können wie die von Saturn oder Pluto. Saturn hat etwas mit der Anpassung an Regeln und Normen der Gesellschaft zu tun und Pluto mit Verdrängung von scheinbar Lebensunwertem. Beide Vorgehensweisen haben wir auch bei Chiron erlebt, so ist es kein Wunder, dass die Unterscheidung schwerfällt. So ist die Frage: Was bringt Chiron zusätzlich?

Es ist die Akzeptanz des Menschlichen mit all den Schwächen und Mängeln, die das Menschsein ausmacht. Das Streben nach Vollkommenheit im Sinne von keine Fehler machen zu dürfen, immer perfekt sein zu müssen, widerspricht der Unvollkommenheit des Menschen. Wir sind nicht Gott, auch wenn wir den göttlichen Funken in uns tragen. Gerade durch unser Menschsein machen wir hier auf der Erde in der Welt der Polarität, die eben nicht eins ist, Erfahrungen, die uns zu unserer eigenen Ganzheit verhelfen und womit wir, wie Chiron, auch anderen dazu verhelfen können. Und gerade diese Akzeptanz ist es, was Chiron auszeichnet und was vielleicht für uns Menschen vonnöten ist. Das Streben nach Vollkommenheit zeigt sich dann anders, nämlich darin, dass das Menschsein in einer unvollkommenen Körperlichkeit dazu da ist, den Funken der eigenen spirituellen Idee in die Welt zu bringen und damit beide in einer Einheit zu verbinden. Und dazu brauchen wir unseren Körper, denn ohne ihn wäre die Idee nicht realisierbar. Und unsere Menschlichkeit in all ihrer Schwäche und mit ihren Erfahrungen der Fehlerhaftigkeit ist die Empathie für andere in ähnlichen Situationen.

»Wir glauben, Erfahrungen zu machen,
aber die Erfahrungen machen uns.«

Eugene Ionesco

Schauen wir uns die drei Planetenprinzipien an in ihren unterschiedlichen Vorgehensweisen, um zu verstehen, was Chiron uns Neues bieten kann. Die drei Planeten Saturn, Pluto und Chiron werden oft als die »Übeltäter« angesehen, verursachen sie doch anscheinend durch ihre Horoskopstellung Probleme. Ich bin allerdings der Meinung, dass die Planeten zum einen nichts »machen«, sondern unser Umgang mit dem jeweiligen archetypischen Wesenanteil in uns sich so oder so im Erleben zeigen kann. Zum anderen bin ich absolut der Ansicht, dass uns der Kosmos – oder wer auch immer – keine einseitig negativen Anteile schickt, die wir eben nur auszuhalten haben. Und nach Schuld für ein leidvolles Erleben im Karma zu suchen, halte ich für äußerst fragwürdig.

Wenn wir wieder den allopathischen Ansatz der Ursachensuche zur Problemlösung heranziehen, könnte man auf die Idee kommen, es gibt doch ein Gegenmittel in unserem Horoskop, nämlich gegen die Belastungen, die Schwere, die Sorgen und die Angst bei Saturn-Themen hilft der Optimismus von Jupiter oder die Befreiungsenergie des Uranus. Oder bei Pluto, wenn er sich in seiner unerlösten Seite zeigt, wie zum Beispiel in Panik, Macht- und Ohnmachtthemen oder dem Zwang zur Kontrolle usw., hilft das vertrauensvolle Fließen-Lassen des Neptuns.

Im ausführlichen Teil über Chiron wurde allerdings schon dargelegt, dass ich der Überzeugung bin, dass das Erleben einen Sinn und Zweck hat und keine Ursache, sondern dass der Wesensanteil in uns ein Anliegen hat. So auch bei Saturn und Pluto, auf die ich mich hier konzentrieren möchte.

Wenn die Erfahrungen nun einen Sinn haben sollen, ist es sehr wichtig, die Planeten in ihren Anliegen zu verstehen und zu unterscheiden. Denn es gilt auch hier der homöopathische Ansatz, dass bei Saturn-Problemen nur Saturn und bei Pluto-Problemen nur Pluto hilft.

In meinem Vortrag »Das Schokoladenmädchen« habe ich versucht darzustellen, wie sich die Planeten unerlöst als »Meckerer« melden, wenn sie im Leben des Betreffenden nicht eine Rolle, die ihrer Art und Funktion entspricht, leben dürfen. Durch das »Meckern«, das Probleme bereitet, wollen sie auf sich aufmerksam machen, damit sich der Mensch mit ihnen beschäftigt. Der Ansatz im Vortrag war, mit ihnen als Teilpersönlichkeiten ins Gespräch zu kommen und sie zu fragen, was sie eigentlich brauchen, um ihnen in der Folge dann den Raum und die Aufgaben zu geben, die die ihren sind, um ihren Sinn und Zweck im Leben dieses Menschen zu erfüllen.

Wie sieht der Sinn und Zweck nun bei Saturn aus, wenn er uns herausfordert durch Probleme, und wie bei Pluto?

Ich möchte es am Beispiel des zweiten Hauses aufzeigen, in dem es um Werte allgemein geht, um den eigenen Selbstwert und die Talente, darum, das Leben mit allen Sinnen zu genießen, um den eigenen Geschmack und Besitz und um Substanz und Sicherheit.

Um eine Planeten-Wesenskraft zu verstehen, ist es hilfreich, mit dem jeweiligen Mythos zu arbeiten. Von Saturn wird erzählt, dass er zu Anfang die Pflichten und Erwartungen der Mutter erfüllt und alles Chaos ordnet und regelt. Er muss alles unter Kontrolle und im Griff haben, damit nichts

Das Anliegen von Saturn.

Unvorhergesehenes geschehen kann, und so verschluckt er auch seine Kinder, damit durch sie ja nichts Neues in die Welt kommen kann. Wenn wir das auf das zweite Haus übertragen und psychologisch übersetzen, könnte es für das Kind mit Saturn hier bedeuten, dass in Bezug auf die oben genannten Themen die Regeln der Eltern eingehalten werden müssen. Das Kind hat sicher das Gefühl, es kann alles noch nicht so gut, weiß zu wenig, hat zu wenig Erfahrungen, und die elterlichen Normen schränken es auch ein bei den Versuchen, hier Eigenes auszuprobieren. Möglicherweise wird es auch mit Rüge oder gar Strafe belegt, wenn das Kind z. B. nicht das mag, was auf den Tisch kommt oder nicht das anziehen will, was es soll, weil es nicht seinem Geschmack entspricht. Auch in den körperlichen und sinnlichen Erfahrungen gilt eine strenge Moral. Das Leben zu genießen steht schon gar nicht auf dem Programm, sondern eher, sich zu bescheiden und auf das Notwendige zu reduzieren. Die eigenen Talente und der Selbstwert werden nicht gefördert, sondern man hat sich auch in der Berufswahl an das zu halten, was die Eltern erwarten. In der Folge geht man als Erwachsener möglicherweise weiterhin mit sich und diesen Themen so um, verkauft sich unter Wert, gönnt sich nichts, lebt womöglich noch in den Möbeln vom Großvater, ist in der Sexualität und im Lebensgenuss gehemmt und lässt sich alles vorschreiben.

Es ist ein ähnliches Gefühl wie bei Chiron im zweiten Haus, man kann hier etwas nicht so gut, vergleicht sich mit anderen und lässt sich von ihnen bewerten.

Es ist ziemlich sinnlos, hier die Frage nach dem Warum zu stellen und es ist zu hoffen, dass der betreffende Mensch irgendwann genug hat von den Problemen, die ihm Saturn hier bereitet und dass er das ständige »Meckern« (Schokoladen-Mädchen) des unerlösten Saturns zum An-lass nimmt, etwas zu verändern.

Das Wozu des Erlebten entschlüsselt sich, wenn wir den Mythos weiter betrachten. Jupiter taucht auf, der Sohn, der versteckt aufwachsen konnte, und setzt den Vater ab, damit wieder neues Leben entstehen kann. Als neuer Herrscher, der jedem das Recht auf die eigene Art gibt und der um die Fähigkeiten des Vaters weiß, Verantwortung zu übernehmen, gibt er diesem nun ein Stück Land mit dem Auftrag, es urbar zu machen. Und das kann Saturn, denn er hat ja die Gesetze der Natur gemacht! Mit Geduld und Ausdauer, mit

Konzentration und den gesammelten Erfahrungen schafft er es, einen Garten Eden zu schaffen, in dem alles vorzüglich wächst und gedeiht, was er angepflanzt hat.

Wenn wir das psychologisch deuteten, hieße es, übernimm nicht für alles Verantwortung, sondern konzentriere dich auf den Lebensbereich, den du zu einem Garten Eden machen sollst, und das ist das Haus, in dem Saturn in der Radix steht, in unserem Beispiel das zweite Haus. Hieran sollen wir arbeiten, und zwar nach dem Gesetz, wonach wir angetreten (siehe Orphische Urworte Seite 36), hier sollen wir uns auf das uns Wesentliche konzentrieren, um es zum Blühen zu bringen.

Ich mache mit meinen Klienten in diesem Zusammenhang, wenn es um Saturn-Themen geht, die Übung des »Rucksack-Mistens«. Dabei geht es darum, zuerst einmal am eigenen Verhalten wahrzunehmen, welche Regeln, Gebote und Verbote man so in seinem Rucksack mitschleppt: »das tut man nicht, das darfst du nicht, das musst du«, usw. Und dann, nun als Erwachsener, werden diese Regeln dahingehend überprüft, ob sie von Wert sind für den Betreffenden selber und Bestand haben sollen, oder nicht mehr weiter im Rucksack mitgeschleppt werden. Jetzt entscheidet man eigenverantwortlich, wie das Thema des Hauses gelebt werden soll. »An welchen Talenten möchte ich arbeiten, damit sie zum Blühen kommen?« oder »Was entspricht meinem eigenen Geschmack, sei es in der Kleidung, im Wohnen oder auch in der Sinnlichkeit?« oder »Was bedeutet für mich Genuss?« oder »Was möchte ich besitzen?« oder »Was ist mir etwas wert und was bin ich mir wert?« – das sind nur einige der Fragen.

Saturn fordert uns auf, aus den gemachten Erfahrungen zu lernen und die eigenen Maßstäbe zu finden.

Ich möchte Ihnen dazu auch noch ein Bild anbieten: Dort, wo Saturn in der Radix steht, sind wir zuerst ein Lehrling, der von anderen lernen kann und soll. Das ist nicht immer angenehm, muss man doch vieles wiederholen, es noch einmal machen, weil es nicht den Anforderungen entspricht, man kann nicht die eigenen Vorstellungen einbringen, sondern muss sich an die Vorgaben halten. Irgendwann und endlich kommt die Gesellenprüfung, aber der Weg ist noch nicht beendet, denn es lockt der Meistertitel.

Und so geht es beim Thema von Saturn darum, sich vom Lehrling auf diesem Radix-Gebiet durch Ausdauer und Geduld zum Meister zu entwickeln.

Können Sie sich das zweite Haus meisterlich gelebt vorstellen? Was ist nun das Anliegen von Pluto, wenn er im zweiten Haus steht und ähnliches Erleben bringt wie zuvor bei Saturn beschrieben und was ist mit Chiron in dieser Stellung vergleichbar?

Das Anliegen von Pluto.

Ich möchte es in seinem Beispiel am Zykluspunkt vom Zeichen Skorpion verdeutlichen, wieder durch eine Geschichte.

Geschichte vom Apfelkern

Es ist ein schöner Spätsommerabend und der Großvater sitzt mit seinem Enkel auf der Bank vor der Tür.

Der Großvater macht Apfelschnitze und ganz vorsichtig löst er die Kerne aus dem Fruchtfleisch und legt sie in Reihen auf einen Teller.

»Was machst du da, Großvater?«, fragt der Enkel. »Das ist eine ganze Apfelbaumplantage«, antwortet der Großvater und nimmt dann vorsichtig einen Kern in die Hand.

»Jeder Kern kann ein neuer Baum werden. Und jeder hat in sich das ganze Erleben unseres großen Apfelbaumes, von dem wir den Apfel gepflückt haben. Und nicht nur diesen Sommer hat er in sich, sondern von Anfang an, von da an, wo es Apfelbäume gibt. Jeder Baum gibt sein Erleben an seine Kinder, seine Früchte weiter. Und so ist es auch bei dir.« »Ich habe auch alles in mir, was Mama und Papa erlebt haben?«

»Ja, und ich und deine Großmutter und unsere Eltern und Großeltern und immer so weiter.«

»Aber ich weiß das alles doch gar nicht«, antwortet der Enkel.

»Nein, wir wissen es nicht mehr, genau wie unser Apfelkern. Das Einzige, was er weiß und will, ist, selber auch so ein großer Apfelbaum zu werden. Ein ganz neuer, einer, den es bisher noch nicht gab. Der Same weiß, was er werden will.«

»Weiß mein Same das auch?«, fragt der Junge.

»Ja, so ist es auch bei dir. Deine Seele ist auch wie ein Apfelkern. Du hast alles aus der Vergangenheit in dir und gleichzeitig deine ganz *eigene Art und deine besondere Zukunft. Du bist ein Mensch wie deine*

Vorfahren auch, und gleichzeitig ganz neu und einmalig. Und auch du wirst einmal deine Früchte hervorbringen, die anderen nützen, wie unser Apfel uns auch nützt. Und mit deinen Früchten gibst du deine Erfahrungen weiter, aus denen die nächste Generation wieder etwas Eigenes macht. Und deshalb ist es ganz wichtig, darauf zu achten, wie du lebst, damit es ein besonderer Kern wird, den du weitergibst.«

Der Großvater nimmt einen Topf mit Erde, legt ganz vorsichtig den Apfelkern hinein und der Junge gießt etwas Wasser darauf. Und dann suchen sie einen guten Platz für den Topf, damit er Sonne bekommt.

Eva Stangenberg

Mit dem Zeichen Jungfrau ist der Wachstumszyklus beendet. Im Zeichen Waage feiern wir noch Erntedank und dann beginnt die dunkle Zeit, in der sich, in der Natur gut beobachtbar, alles nach innen zurückzieht oder abstirbt. Ein Apfel wird geerntet und gegessen, ist somit nützlich, oder er fällt vom Baum und verfault. Aber dem Kern gelingt es, in die Erde zu versinken. In ihm ist alles enthalten, was der Mutterbaum im vergangenen Jahr erlebt hat, war es trocken oder feucht, gab es genügend Sonne zum Wachsen und Reifen oder gab es gar Ungeziefer, das die Früchte bedrohte. Alles ist im Kern gespeichert und aus diesem Kern will nun ein neuer Baum wachsen, denn er hat auch diese Informationen in sich, seine Idee. Und dazu muss der Kern sich spalten (Zeichen Skorpion) und all die große Energie freisetzen, die dazu vonnöten ist.

Im folgenden Zeichen Schütze will nun die Idee für einen neuen, zukünftigen Baum entstehen, allerdings ist sie noch nicht konkretisiert, sondern erst als Zukunftsvision vorhanden. Im Steinbock verbindet sie sich mit der Erde, füllt sich im Wassermann mit seiner individuellen Art auf, bis sich in den Fischen der Schutzkern auflöst und im Widder der neuen Wachstumszyklus beginnt.

Lassen Sie mich das Bild übertragen auf Menschen. Sie entwickeln sich vom Säugling zum Erwachsenen und im Zeichen Waage verlieben und verbinden sich zwei Menschen und zeugen im Skorpion im sexuellen Akt ein Kind. Dieses Kind hat die Informationen von beiden Elternteilen in sich. Auf der biologischen Ebene ist es uns als das Erbmaterial, das in den Genen enthalten ist, vertraut. Aber auch auf der psychisch-seelischen Ebene bekommen wir die Erfahrungen und emotionalen Erlebnisse unserer Ahnen mit vererbt. Wir wissen es in der Regel nur nicht. Und so wirken diese, womöglich von Generationen vor uns gebildeten emotionalen Muster unbewusst weiter und beeinflussen uns in unserem Fühlen und Handeln. Lassen Sie mich das als das alte Fruchtfleisch, das um den Kern herum gewachsen ist, fantasieren, und mit dem sollte man sich nicht mehr beschäftigen, das ist inzwischen faul, unwert, schlecht und stinkt sogar.

Die Aufgabe im Zeichen Skorpion und seines Herrscherplaneten Pluto ist es also, dieses nun überflüssige »verfaulte« Fruchtfleisch zu entfernen, da es kein neues Leben mehr hervorbringt, also wertlos ist, um zum Kern vorzudringen und ihn spalten zu können, damit die Energie für einen neuen, eigenen Wachstumszyklus freigesetzt werden kann. Worum, um welches Thema geht es im Kern?

Wir haben das Beispiel zweites Haus gewählt mit seinen Themen. Darum geht es also im Kern. Das alte Fruchtfleisch sind die von den Eltern und Vorfahren mitgegebenen Erfahrungen, die es bewusst zu machen gilt, um sie anschließend entfernen zu können. So haben sie also das Thema gelebt, das haben sie, meistens selber unbewusst, weitergegeben. Zu ihrer Zeit war es tabu, über Sexualität zu reden, um das Leben zu genießen, gab es weder die Möglichkeiten noch die Zeit oder das Geld. Auch konnten sie wohl kaum einen Beruf erwählen, der ihren Talenten entsprach, sondern mussten sich in vorgegebene Rollen fügen. Darüber wurde nicht einmal gesprochen, sondern die Botschaften wurden emotional-subtil vermittelt und verschwanden mit den Themen in der Unterwelt Plutos, im Schattenreich.

Wenn die Zeit reif ist, die Tabus aufzudecken (wie bei Kore im Mythos, als sie das Tabu der Mutter brach), geht es mit Pluto im zweiten Haus also darum, sich mit dem »alten Fruchtfleisch« zu beschäftigen, um zum Kern vorzudringen und ihn zu spalten.

Bei allen drei Planeten haben wir also das Gefühl, wir können hier etwas nicht so oder nicht so gut wie unsere Umwelt, lassen uns bewerten und bemühen uns, es so zu leben, wie die Umwelt es erwartet und leiden in Bezug auf die Themen des Hauses. Ich habe es das »Mangel-Gefühl« genannt, was sich bei allen dreien ähnlich anfühlen kann, aber die Herangehensweise ist bei jedem individuell. Und so ist es wichtig, sie jeweils mit ihrem Anliegen und ihren Lösungsansätzen zu unterscheiden.

Machen wir anhand eines Beispiels noch einen Vergleich im Vorgehen der drei Planeten: Nehmen wir an, unser linker Arm ist nicht so wie bei anderen, er ist verletzt, nicht so beweglich und nicht so leistungsfähig, wie haben hier einen Mangel.

Saturn würde sagen: »Trainiere den Arm und bleibe geduldig dran, dann wird er leistungsfähiger und du damit zum Meister.«

Pluto würde sagen: »Geh den Dingen auf den Grund. Forsche nach, ob es einen Gendefekt gibt in deiner Familie. Suche nach Ursachen in der Vergangenheit und eliminiere sie.«

Chiron würde sagen: »Nimm es an, du bist hier anders als andere, und suche Menschen, die einen ähnlichen Mangel haben und denen du mit deiner Empathie und speziellen Erfahrung helfen kannst.«

Das Gefühl des Mangels als innerer Antrieb zur Lösung

Saturn sagt:
Miste deinen Rucksack von fremden Regeln und lebe nach dem Gesetz, wonach du angetreten bist, um durch Geduld und Training vom Gefühl des Versagens zum Meister zu werden.

Pluto sagt:
Wenn du reif bist, öffne die Tür zu den verborgenen Geheimnissen deiner Vorfahren, reduziere alles Alte bis auf den Kern und nutze die großen Energien für einen neuen und eigenen Wachstumszyklus, um dadurch vom Gefühl des Unwerten zum Schöpfer zu werden.

Chiron sagt:
Akzeptiere deine Unvollkommenheit und werde zu der Frucht, als die du gedacht bist und mache etwas mit ihr, biete sie auf dem Marktplatz an, damit deine Andersartigkeit mit all deinen Erfahrungen nützlich und du zum Heiler werden kannst.

5.3 Die Bedeutung von Chiron in unserer Zeit: Die Verbindung unserer beiden Hirnhälften

Chiron in unserem Horoskop hat die Aufgabe, die beiden getrennten Welten der Realität, Saturn, und die des Geistes, Uranus, zu einer Einheit zu verbinden, wie wir schon ganz zu Anfang an den astronomischen Bedingungen am Himmel gesehen haben und wie es auch der Mythos erzählt. Dies kann man nun noch zusätzlich auf unsere beiden Hirnhälften übertragen. Eine vereinfachte Darstellung findet sich in Abbildung 10.

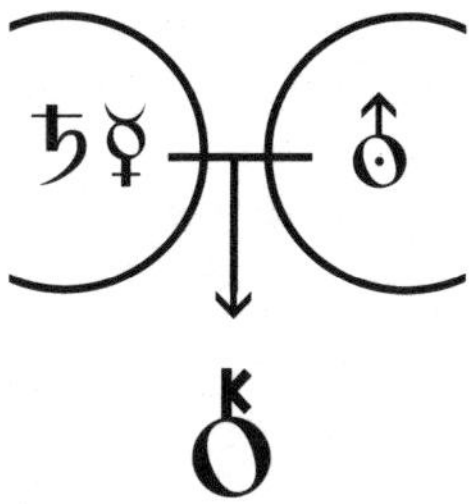

Abbildung 10: Die beiden Hirnhälften und die zugeordneten Planeten symbolisch dargestellt. Es entsteht das Zeichen für die Fische.

Das Denken des Merkur.

Unser Denken mittels der linken Hirnhälfte entspricht dem Merkur, der wie auf der Festplatte eines Computers alles Gelernte in Form von inneren Bildern abspeichert. Kommen wir nun in eine Situation und unsere Sinne, besonders unsere Augen und Ohren, nehmen etwas wahr (wie es in jedem einzelnen Moment unseres Wachzustandes geschieht), dann wird es in unserem Kopf mit den bisher gemachten Erfahrungen durch die Synapsen verknüpft, es entsteht ein inneres Bild, und dieses Bild projizieren wir nach außen und »sehen« es als Realität. Dies ist die merkurische Verknüpfung des Wenn-Dann-Denkens, die lineare, sogenannte männliche Logik, die auf die vergangenen Erfahrungen als gespeicherte Informationen zurückgreift und sie auf Gegenwart und Zukunft projiziert. Die Neurobiologen behaupten nun, dass wir auf diese Weise 87 % unserer Außenwahrnehmung im Kopf selber produzieren, uns unsere Realität zu diesem großen Prozentsatz demnach selber erschaffen.

Mit Merkur lernen wir die Welt der Realität und ihrer Gesetzmäßigkeiten kennen. »Wenn du das siehst, dann ›er-innerst‹ (so getrennt geschrieben wird deutlich, dass es um etwas geht, was im Innern ist) du dich, das ist ein Tisch.« Merkur wird auch der Herr der Oberfläche genannt, der auf der Welt alles bis ins kleinste Detail kennenlernen und »be-greifen« will (so getrennt geschrieben verdeutlicht »begreifen«, dass es nicht nur um ein intellektuelles Begreifen geht, sondern auch um ein tatsächliches Greifen, in die Hand nehmen, eine Merkur-Entsprechung). Wir haben diese Art des Denkens und der Wissensanreicherung schon beim Ansatz und dem Vorgehen der allopathischen Medizin gesehen.

Ich möchte hier diese realitätsbezogene Art des Denkens mit dem Symbol von Saturn ergänzen, und so können wir auf die linke Seite unseres Gehirns zu Merkur den Saturn hinzufügen.

Am meisten und am wirksamsten und nachhaltigsten lernen wir, so sagen die Hirnforscher (z. B. Gerald Hüther in seinem Buch: »Die Macht der inneren Bilder«, 2014, 2004), wenn wir am Geschehen emotional beteiligt sind. Das weiß sicher jeder aus eigener Erfahrung: Wenn uns etwas interessiert, wir begeistert sind und gefühlsmäßig Anteil nehmen, lernen wir es am besten. Wohingegen das, was wir lernen müssen, zum Beispiel in der Schule, oft nur im Kurzzeitgedächtnis bleibt und bald wieder verschwunden ist.

Das, was Chiron zu Beginn des Mythos gelernt hat, auf dem Hintergrund der Erfahrungen, die er machte, hat ihn emotional sehr betroffen und sich tief in ihm verankert als innere Bilder. Das war der beschriebene »Siehste-Effekt«, die Wiederholung und Bestätigung der gemachten Erfahrungen in der Vergangenheit.

Der Ausbruch aus diesen Mustern, Uranus, bedeutete nur eine kurzfristige und scheinbare Befreiung, denn die inneren Bilder, der Boykotteur und die Erwartungen (der Bestätigungsfehler) sind stärker und bestätigen nur die alten Erfahrungen.

Das Denken des Uranus.

Schauen wir uns deshalb die rechte Hirnhälfte mit Uranus genauer an. Dieses Denken ist anders als das von Merkur, denn Uranus hat keine Raum-Zeit-Bindung, er ist frei davon, es bezieht sich also nicht auf schon Erlerntes oder auf gemachte Erfahrungen, sondern er »denkt« in Inspirationen, die nicht aus der Welt der Realität kommen. Bei ihm gibt es keine Logik im Sinne von »Wenn .... Dann«. Ich hatte dieses Denken weiter oben das weiblich-kreative unlogische Denken genannt.

Das wird inzwischen als emotionale Intelligenz gemessen, und die Neurobiologen meinen nun, um neue innere Bilder und damit neue Realitäten zu erzeugen, brauchen wir die Emotionen in Form von Fantasie und Vorstellungskraft von etwas ganz Neuem.

»Fantasie ist wichtiger als Wissen,
denn Wissen ist begrenzt,
Fantasie aber umfasst die ganze Welt«.

Albert Einstein

Wenn wir das auf den oben beschriebenen »Siehste-Effekt« beziehen, helfen gegen den inneren Boykotteur des negativen Wiederholungszwangs neue, mit starken, freudigen Emotionen besetzte Fantasien der rechten Hirnhälfte, um neue Bilder zu erzeugen, die dann auf die Außenwelt projiziert ganz andere Erfahrungen ermöglichen.

Weiterentwicklung, die Evolution, benötigt beide Hirnhälften, sowohl bewährte Erfahrungen als auch neue Visionen, um sich an veränderte Umstände anzupassen. Zum Glück muss nicht jede Generation das Rad neu erfinden, wir können auf das Wissen unserer Vorfahren zurückgreifen (Merkur und Saturn), sind aber herausgefordert, Neues, noch nie Dagewesenes, was aber unsere Zeit braucht, mittels Fantasie und Inspiration (Neptun und Uranus) zu ermöglichen.

Hierzu ein kurzer Exkurs in eine begriffliche Unklarheit in der Literatur: Manche nennen die plötzlichen Ideen, Einfälle, Erfindungen und Visionen von Uranus Intuition. Ich bevorzuge das Wort Inspiration, was den Spirit, der dabei wirksam wird und in Aktion tritt, betont. Intuition ist eher das fließende, ungreifbare Ahnen und Spüren von Neptun. Dabei gelingt es aber häufig nicht, klar abzugrenzen, ob eine neue Idee aus der Fantasie oder aus der Inspiration entspringt, aber beide entstammen einer anderen Welt als der der Realität.

Die Verbindung beider Hirnhälften, die Brücke zwischen den beiden Bereichen, der sogenannte Balken, entspricht wieder Chiron. Und Sie

Chiron als Brücke.

sehen, dass durch diese Verbindungslinie das Symbol für das Zeichen Fische entsteht. Es geht also nicht darum, eine Seite zu betonen und die andere abzuwerten, nicht um ein Entweder/Oder, sondern um ein Sowohl/Alsauch.

Seit der Aufklärung wurde in unserer Gesellschaft die Merkur/Saturn-Fähigkeit in unserem Gehirn betont, alles Numinose und Irrationale wurde abgewertet. Inzwischen gibt es aber auch eine Gegenbewegung, für die Rationalisten sind das die »Verrückten« (die von der Norm Abgerückten), die die immaterielle Welt des Geistes für ebenso real halten. Und viele Untersuchungen und Forschungen bestätigen heute die »Existenz« eines von der Materie, der konkreten Welt und der rationalen Erklärungen unabhängigen geistigen Energieflusses. (Denken Sie in diesem Zusammenhang z. B. auch an die Heilkraft von homöopathischen Mitteln, die nachweislich keine materiellen Substanzen mehr enthalten.)

Sie kennen vielleicht die Geschichte vom hundertsten Affen, angeblich ein Mythos und keine wissenschaftlich belegte Tatsache (wobei wir wieder beim Thema Merkur/Uranus wären) von Lyall Watson, Botaniker und New-Age-Autor. Sie erzählt, dass Forscher auf einer japanischen Insel den Affen Süßkartoffeln gaben, einer von ihnen begann sie zu waschen, und als es hundert Affen taten, machten es alle, sogar die auf den umliegenden Inseln, die keinen Kontakt zur Herde auf der ursprünglichen Insel hatten.

Auch bei neuen Erfindungen kann man dieses Phänomen beobachten, dass nämlich an weit entfernten Orten auf der Welt Forscher fast zeitgleich und ohne dass sie in direktem Kontakt standen, Entdeckungen machten.

Dies ist die uranische Inspiration, die eben keine Raum-Zeit-Bindung hat, nicht logisch-linear von der Vergangenheit in die Zukunft oder zwischen zwei Objekten verläuft, sondern aus dem Moment der Zeit- und Körperlosigkeit des reinen Geistes (Geistesblitze) kreativ und schöpferisch wirkt.

Ich möchte hier in diesem Zusammenhang nochmals auf die Entstehungsmythen eingehen, besonders auf den griechischen, da in dieser Version Uranus vorkommt, um den es hier ja geht. Er zeugte alle seine Visionen, und zwar, wie wir jetzt wissen, ins Wasser auf Gaia, und daraus entstanden die Grundbausteine allen Lebens, die Aminosäuren.

Im Meer finden wir die größte Artenvielfalt (Neptuns Reich), viele sind darin geblieben und haben sich an die Bedingungen dort angepasst, andere haben im Laufe der Evolution den Weg und das Überleben an Land geschafft. Sie sind ein Beispiel für die Verbindung der beiden Hirnhälften, und ich möchte es deshalb gerne als Bild übertragen.

Welches Motiv auch immer hinter so einer drastischen Veränderung des Lebensraums stand, vielleicht Nahrungsmittelknappheit (wie bei den Fischreihern) oder Bedrohung durch andere Arten, diese Meeresbewohner wagten es, einer Utopie zu folgen, für die es keine Erfahrungen gab. Sie begaben sich auf völliges Neuland und nur die konnten überleben, deren Körper sich an die neuen Bedingungen anpassten.

Wenn wir dies auf unser Gehirn und unser Denken übertragen, heißt das, im Reich der Fantasie (bei Neptun im Meer des Unbewussten) ist alles da, ist alles schon gezeugt (Uranus), und unsere Vision holt es an die Oberfläche, an Land (Saturn).

Manchmal ist so ein Quantensprung in völliges Neuland erforderlich, weil die Bedingungen sich verändert haben und neue Visionen nötig sind. Aber das Überleben dieser Vision hat nur Erfolg, wenn sie mit den realen Bedingungen verbunden wird.

Es wird nur das bewahrt, was sich bewährt hat und von praktischem Nutzen ist (Saturn/Merkur) und verbunden mit den Inspirationen und neuen Ideen (Uranus) ergeben sich völlig andere, noch nie da gewesene Möglichkeiten.

Und diese Verbindung, diese Brücke zwischen den beiden Hirnhälften, symbolisiert Chiron auch auf dieser Ebene.

Wenn wir nun einen Kreis um die beiden Hirnhälften ziehen, sehen wir unseren runden Kopf und haben symbolisch wieder den Kreis von Neptun, der alles verbindet.

Herausforderungen zur Zeitenwende.

In der heutigen Zeitenwende ist diese Brücke zu neuen Visionen besonders notwendig, denn die alten Erfahrungs-Modelle, die auf einer ganz anderen Realität beruhen und aus einer anderen Zeit stammen, funktionieren für diese neuen globalen Herausforderungen nicht mehr. Das sehen wir mundan im großen Weltgeschehen, wo alles mit allem vernetzt ist, aber auch im Kleinen, Alltäglichen, zum Beispiel an den Kindern mit dem sogenannten ADHS-Syndrom (Aufmerksamkeits-Defizit-Hyperaktivitäts-Störung). Sie kommen in unserem traditionellen Schulsystem nicht mehr zurecht, sie »ticken« anders, auf einer viel höheren geistigen Schwingungsfrequenz. Es fällt ihnen schwer, sich saturnisch in der Zeit zu konzentrieren, sie haben häufig einen unkontrollierten Bewegungsdrang, dafür aber eine erhöhte Kreativität und bekommen am Rande liegende Details besser mit als ihre Altersgenossen. Das Medikament Ritalin, was bei ADHS verschrieben wird, hat eine stimulierende Wirkung und wird als Partydroge zum Aufputschen benutzt. Hier finden wir das homöopathische Prinzip wieder.

Bei der Diagnostik wird auch ein eventueller Magnesiummangel untersucht, der zum Beispiel unter anderem für Wadenkrämpfe besonders in der Nacht ursächlich ist. In der astrologischen Analogie sind die Waden und krampfartige Entladungen dem Uranus zugeordnet.

Ich erinnere mich in diesem Zusammenhang an einen Jungen aus einem Improvisationstheater-Schulprojekt, das ich 2012 für Schüler aus einer fünften Klasse angeboten hatte. Er stand so unter »Strom« nach dem saturnischen Vormittagsunterricht, dass er, bis auf wenige Ausnahmen, nämlich wenn ich ihm »Spielraum« ließ, weder folgen noch sich konstruktiv beteiligen konnte. Dabei hätte diese Art des Schauspiels ihm aufgrund seines Einfallsreichtums und seiner kreativen Ideen bestimmt gelegen. Nach der vierten Störstunde fragte ich ihn nach seinem Geburtstag, es war der 15.2.2003: Sonne 26 Grad Wassermann, Uranus 28 Grad Wassermann, Merkur 2 Grad Wassermann, Venus in Konjunktion zu Chiron Anfang Steinbock. Seine Talente wurden bestimmt nicht gefördert und er schämte sich auch für sein Verhalten, da er mir ja eigentlich keine Schwierigkeiten machen wollte, aber er war direkt nach dem Unterricht nicht mehr in der Lage, den erhöhten Energiepegel zu koordinieren.

Meiner Meinung nach ist das Problem dieser Kinder die jeweilige Einseitigkeit: In der Schule wird die linke Hirnhälfte (Merkur/Saturn) benötigt und Saturn bemüht sich lange, die Tür vor Uranus verschlossen zu halten, bis der dann vehement durchbricht und das Kind keine Kontrollmöglichkeit für den vielen »Strom« mehr hat und die rechte Hirnhälfte (Uranus) in der unerlösten Form die Regie übernimmt. Es ist ähnlich wie bei einem elektrischen Gerät, bei zu viel Strom und ohne Erdung brennt die Sicherung durch.

Astrologen, die gerne forschen, hätten hier ein lohnendes Betätigungsfeld.

Für diese Kinder passt unser Schulsystem nicht, denn es geht nicht mehr darum, ihre Köpfe vollzustopfen mit faktischem, abfragbarem Wissen, das reproduziert wird, sondern unsere Zeit braucht besonders solche jungen Menschen, die für die heute anstehenden Probleme neue und kreative Lösungen finden und sie mit den realen Gegebenheiten verbinden können.

Deshalb denke ich, dass Kenntnisse über Chiron auch auf dieser Ebene und für diesen Bereich wichtig sind. Hierzu ist ein Zitat von Albert Einstein, ist er doch ein bedeutender Vordenker und Wegbereiter für die neue Zeit.

»Die Intuition ist ein göttliches Geschenk,
der denkende Verstand ein treuer Diener.
Es ist paradox, dass wir heutzutage angefangen haben,
den Diener zu verehren und die göttliche Gabe zu entweihen.«

Albert Einstein

Der Archetyp Chiron, sein Urbild, das sich im konkreten Leben in den verschiedensten Arten konfiguriert, ist das der Verbindung von Gegensätzen, und er wurde gerade jetzt zur Zeitenwende entdeckt. Dabei geht Chiron, im Gegensatz zu Merkur oder Jupiter, über die Grenzen des Konkreten hinaus, was eine andere Qualität der Verbindungsfähigkeit beschreibt als die logische Erkenntnis von Zusammenhängen, nämlich die der Inspiration und der Intuition. Zusätzlich konnte sich bei ihm auf dem Hintergrund der eigenen Erfahrungen Empathie entwickeln, was kein Talent unseres Vermittlers Merkur und dem reinen Geist des Uranus völlig fremd ist.

So brauchen wir diesen Archetyp Chiron heute dringend, denn es nützt uns gar nichts, dass wir beispielsweise um die Fakten und Zusammenhänge des Ersten oder Zweiten Weltkrieges wissen, sondern wir müssen auf dem Hintergrund der empathisch nachempfundenen Leiderfahrungen der damaligen Menschen neue und kreative Lösungen für Konflikte finden.

Wir brauchen heute auch Politiker, die auf Herausforderungen nicht mit dem alten Modell »Wenn du...dann ich...« reagieren, sondern die den Hintergrund von Problemen und Reaktionen der Betroffenen mit in ihre Lösungen einbeziehen. Wir erleben es gerade hautnah in der Ukraine-Krise, worin sich möglicherweise das aktuelle Quadrat zwischen Pluto, den alten Machtstrukturen und Verhaltensmustern, und Uranus zeigt.

6. Die Erkenntnisse in einem Märchen zusammengefügt: Aschenputtel oder wie die Heilung gelingen kann

Wir haben uns anhand des Mythos' von Chiron die Entwicklung von der leidvollen Spaltung bis zur Heilung angeschaut und die darin enthaltenen Bilder für uns übersetzt und auf menschliches Leben zu übertragen versucht.

Die Weisheit in einem Mythos finden wir auch in Märchen, die ja keinesfalls nur erfundene Geschichten für Kinder sind, sondern Entwicklungswege des Menschen in bildhafter und fantasievoller Form erzählen. Und sie enden nach Herausforderungen, Prüfungen und Krisen märchenhaft gut, allerdings sind die Helden dann immer verwandelt.

Für mich ist das Märchen »Aschenputtel« das Jungfrauen-Märchen schlechthin und ich habe es oft in Beratungen erlebt, wie Menschen, die eine Chiron-Betonung in der Radix haben, berührt sind, wenn ich ihnen das Märchen erzählte. Und oft höre ich auch, dass es das Lieblingsmärchen aus ihrer Kindheit ist.

Es gibt verschiedene Herangehensweisen, um ein Märchen zu deuten, und da wir im vorigen Abschnitt gesehen haben, dass die Zeichen Jungfrau und Fische viel mit unserem Christentum zu tun haben, ist es nicht verwunderlich, dass es neben psychologischen Deutungen auch die von kirchlicher oder religiöser Seite her gibt.

Ich möchte das Märchen hier astrologisch übersetzen und deuten, denn in der Entwicklung des Mädchens Aschenputtel finden wir den ganzen Tierkreis und alle Planeten wieder. Und es beschreibt in einer wunderbaren Weise, wie Aschenputtel es schafft, von der „Dienstmagd" zur Königin zu werden. Wir haben zuvor von den Wendepunkten in Bezug auf die Chiron-Themen gesprochen und in diesem Märchen wird erzählt, wie die Wende in einzelnen Schritten ablaufen und gelingen kann.

Wenn wir dieses Märchen als Kind gehört haben, bleibt oft der Eindruck zurück, Aschenputtel bekommt den Prinzen, weil sie so gut war. Und auch viele Erwachsene, besonders Frauen, glauben noch, dass das Märchen diese Moral vermitteln will: Bleib gut und fromm und nimm dein Schicksal in Demut an, dann wirst du dafür belohnt, spätestens im Himmel. Aber dann, so sage ich jetzt zu meinen Klientinnen, würden wir Frauen immer noch in der Asche sitzen, es sei denn, wir nehmen unser Schicksal selber in die Hand. Denn das tut Aschenputtel! Ich habe das Märchen zum Teil mit meinen Worten wiedergegeben, um die wichtigen Punkte hervorzuheben, auf die ich astrologisch eingehen möchte.

Das Märchen ist in der weiblichen Form gehalten, aber an jedem Punkt übertragbar auf Männer, wobei der Name schwerlich zu vermännlichen ist, der »Knecht« allerdings meint das Gleiche wie »Dienstmagd« und er wird dann zum König. Deshalb bleibe ich weitgehend bei der weiblichen Form, und wenn Sie als Mann diesen Text lesen, dürfte es nicht allzu schwer für Sie sein, ihn auf Ihr Leben zu übertragen.

6.1 Das Märchen Aschenputtel

Es war einmal ein Mann, dessen Frau war krank. Die Tochter kümmerte sich um die Mutter und pflegte sie. Dann nahte das Ende und die Mutter rief ihre Tochter zu sich ans Sterbebett. »Liebes Kind«, sprach sie, »bleib gut und fromm, so wird der liebe Gott dich lieben und schützen und auch ich will vom Himmel auf dich herabblicken und dich lieben.« Dann verschied sie.

Nach einem Jahr nahm der Vater eine neue Frau, die zwei Töchter mit in die Ehe brachte. Sie hatten eine weiße Haut, aber ein schwarzes Herz und waren sehr garstig zu dem Mädchen. Es musste seine Kleider ausziehen und bekam nur einen alten schmutzigen Kittel, musste alle Arbeit im Haus erledigen, die Schwestern bedienen und des Nachts in der Asche am Herd schlafen. So bekam es seinen Namen »Aschenputtel«. Aschenputtel bemühte sich sehr, alle Wünsche der Schwestern und der Stiefmutter zu erfüllen, wollte sie doch dem Wunsch der Mutter nachkommen und gut und fromm, hilfsbereit und bescheiden sein, um geliebt zu werden. Eines Tages trat der

Vater eine Reise an und fragte seine Töchter nach ihren Wünschen für ein Geschenk, was er ihnen mitbringen wollte. Die eine Schwester wünschte sich schöne Kleider, die andere Schmuck und Edelsteine. Aschenputtel hingegen bat den Vater, ihr den Zweig mitzubringen, an den sein Kopf stoßen würde. Der Vater besorgte die Geschenke für die zwei Töchter und auf dem Heimweg stieß sein Hut an einen Haselzweig, so brachte er diesen seiner Tochter Aschenputtel. Sie pflanze ihn auf das Grab ihrer Mutter und goss ihn mit ihren Tränen, sodass er anwuchs und ein schöner Busch wurde.

So verging die Zeit, bis eines Tages ein Bote des Königs kam mit einer Einladung für die Töchter des Hauses zu einem Ball, den der König für seinen Sohn veranstalten wollte, damit der eine Braut finde. Aschenputtel half den Stiefschwestern, sich schön herauszuputzen, sie bürstete ihre Haare, bis sie glänzten, legte ihnen Schnallen und Bänder an und wienerte ihre Schuhe. Als sie so bei der Arbeit war, kam ihr ein Gedanke. Sie ging zur Stiefmutter und sagte: »Darf ich auch mit auf den Ball?« Aber sie und die Schwestern lachten sie aus, wie sie auf eine solche Idee kommen könne, sie solle sich doch mal anschauen, wie sie aussehe. Aber Aschenputtel bettelte weiter und so sagte die Stiefmutter: »Wenn du alle Arbeit getan hast, dann darfst du mit.« Und Aschenputtel beeilte und bemühte sich sehr, aber als sie fertig war, sagte die Stiefmutter: »Du glaubst doch nicht, dass wir dich mitnehmen, so wie du aussiehst in deinen schmutzigen Kleidern. Wir müssten uns ja für dich schämen.« Und dann schüttete sie eine große Schüssel Linsen in die Asche mit den Worten: »Lies die Linsen aus, das ist deine Arbeit und da ist dein Platz«, und ging mit ihren beiden Töchtern auf das Fest.

Traurig und allein saß Aschenputtel in der Asche. Da kamen die Tauben, die immer auf dem Haselnussstrauch am Grab ihrer Mutter saßen und halfen ihr. »Die guten ins Töpfchen, die schlechten ins Kröpfchen«, gurrten sie und ganz schnell war die Arbeit erledigt. Nun ging sie ans Grab der Mutter, schüttelte an dem Haselbaum und sagte: »Bäumchen rüttel dich und schüttel dich, wirf Gold und Silber über mich.« Und im Nu hing ein wunderschönes, purpurrotes Kleid am Baum mit den passenden Schuhen dazu. Schnell wusch sie sich die Asche ab, zog das Kleid und die Schuhe an und konnte nun auch auf den Ball gehen.

Als sie den Tanzsaal betrat, erkannte sie niemand, auch nicht die Schwestern und die Stiefmutter. Da sah sie der Prinz und wollte von nun an nur mit ihr, der wunderschönen fremden Prinzessin, tanzen. Um Mitternacht schlich sich Aschenputtel jedoch heimlich fort, brachte das schöne Kleid wieder zum Baum und legte sich in ihrem schmutzigen Gewand zu Hause in die Asche.

Am nächsten Abend ging sie wieder zum Grab der Mutter und dem Haselnussbaum und es hing ein noch schöneres, ein silbernes Kleid mit passenden Schuhen am Geäst. Der Prinz hatte schon auf sie gewartet und tanzte wieder nur mit ihr, bis sie um Mitternacht heimlich und schnell verschwand.

Am dritten Abend hing das allerschönste Kleid im Baum, schillernd vor lauter Gold, und den ganzen Abend tanzte sie strahlend mit dem Prinzen. Der wollte sie um Mitternacht nicht gehen lassen, aber es gelang ihr, sich davonzustehlen. Als sie schnell die Treppe vom Schloss hinunterlief, verlor sie einen Schuh, denn der Prinz hatte die Treppe mit Pech bestrichen. So fand der Prinz den goldenen Schuh und hatte nun einen Anhaltspunkt, um die schöne Prinzessin zu suchen und zu finden. Denn nur die sollte seine Frau werden, der dieser Schuh passte.

Bei der Suche kam er auch an das Haus, in dem Aschenputtel mit ihrer Familie wohnte und fragte den Vater nach seinen Töchtern. Er gab ihm den Schuh, damit die Tochter ihn anziehen solle und er sehen könnte, ob er passte. Die eine Tochter probierte den Schuh, aber der große Zeh passte nicht hinein. Das sagte die Stiefmutter zu ihr: »Schneid ihn dir ab. Wenn du Königin bist, brauchst du nicht mehr zu Fuß zu gehen.« So schnitt ihn die Tochter ab und zwängte ihren Fuß in den Schuh. Draußen wartete der Prinz und als er sah, dass sie den Schuh anhatte, nahm er sie auf sein Pferd und wollte mit ihr ins Schloss reiten. Dabei kam er aber am Grab von Aschenputtels Mutter vorbei, wo die Tauben auf dem Haselnussbaum saßen und riefen: »Ruckedigu, ruckedigu, Blut ist im Schuh, der Schuh ist zu klein, die rechte Braut ist noch daheim.« Da sah auch der Prinz, dass Blut aus dem Schuh lief und brachte die falsche Braut zurück zum Vater. Nun probierte die zweite Tochter den Schuh, aber bei ihr passte die Ferse nicht mit hinein. So schnitt sie sich diesen Teil ihres Fußes auf Anraten ihrer Mutter ab, da sie ja als Königin nicht mehr zu Fuß würde gehen müssen. Der Prinz nahm die zweite Tochter auf sein Pferd, in der Meinung, nun die rechte

Braut gefunden zu haben, aber am Grab auf dem Haselnussbaum riefen die Tauben wieder: »Ruckedigu, ruckedigu, Blut ist im Schuh, der Schuh ist zu klein, die rechte Braut ist noch daheim.« Der Prinz bemerkte seinen Irrtum und brachte auch diese falsche Braut zurück zum Vater. Auf seine Frage, ob er noch eine Tochter habe, antwortete der Vater: »Ja, schon, das Aschenputtel. Aber die kann auf keinen Fall die Gesuchte sein. Sie ist so unscheinbar und schmutzig.« Aber der Prinz bestand darauf, dass auch sie den Schuh anziehen sollte, da er ja gesehen hatte, dass die schöne Prinzessin vom Ball immer in der Nähe dieses Hauses verschwunden war. Man brachte Aschenputtel den Schuh und er passte! Es war der goldene Schuh, den sie bei ihrem eiligen Aufbruch aus dem Schloss verloren hatte. Der Prinz nahm nun sie auf sein Pferd und als sie am Haselnussbaum vorbei ritten, riefen die Tauben: »Ruckedigu, ruckedigu, kein Blut ist im Schuh, der Schuh ist nicht zu klein, die rechte Braut, die führt er heim.« Und der Prinz führte seine junge Braut heim in sein Königreich, sie heirateten und lebten glücklich bis an ihr Lebensende.

6.2 Deutung der Bilder anhand der astrologischen Symbole

Können Sie sich an dieses Märchen aus Ihrer Kindheit erinnern und vielleicht auch an die Gefühle, die Sie hatten, als es Ihnen erzählt wurde? Gehörte es womöglich zu Ihren Lieblingsmärchen? Hat es für Sie als Kind eine gewisse Moral oder Ethik transportiert? Glaubten Sie damals in ihrem kindlichen Gerechtigkeitsempfinden, dass die Guten belohnt und die Bösen bestraft werden? Haben Sie sich möglicherweise nach dem Hören des Märchens einige Tage bemüht, ein »gutes« Kind zu sein? Wie sehen Sie es heute? Hat sich Aschenputtel den Prinzen durch ihr Verhalten verdient oder wodurch bekommt sie ihn am Schluss?

Die Ausgangssituation.

Bevor wir uns der Deutung der Bilder und Symbole im Märchen zuwenden, werfen wir einen Blick auf den Tierkreis, speziell auf die obere Seite von Waage bis Fische (Abb. 11). Wir hatten ja schon gesehen, dass das Problem bei Chiron, Jungfrau oder dem sechsten Haus der Blick nach oben auf die anderen war und die eigenen persönlichen Anteile von Widder bis Löwe, von Mars bis Sonne, abgespalten und verdrängt wurden.

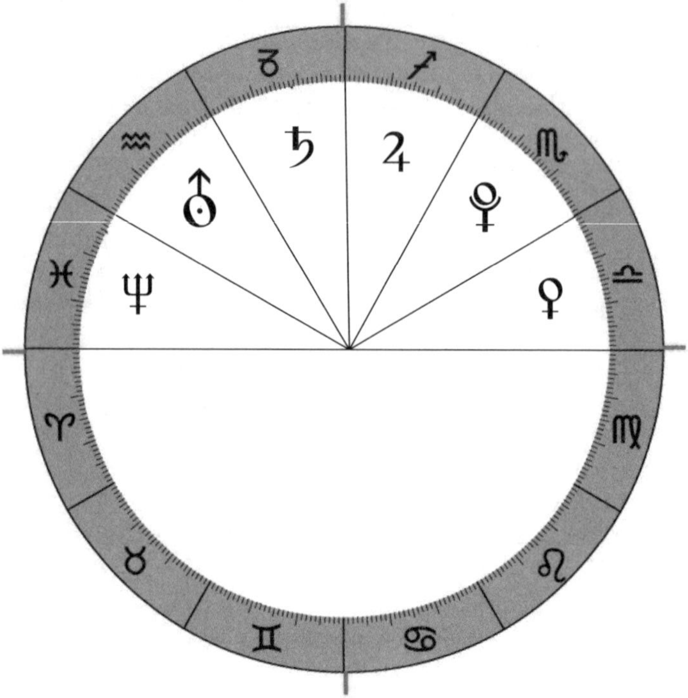

Abbildung 11: Die obere Hälfte des Tierkreises

Zu Beginn des Märchens wird dieser Blick auf die anderen geschildert und ich möchte die Herrscher der sechs oberen Zeichen hier in ihrer unerlösten Form beschreiben. Sie werden im Märchen nicht explizit genannt, wir können sie aber in ihren symbolischen Entsprechungen wiederfinden.

Ich zähle sie hier in ihrer Reihenfolge mit einigen unerlösten Übersetzungen auf, bezogen auf Aschenputtels Erleben zu Anfang des Märchens:

Das Zeichen Waage, die Herrscherin Venus und das siebte Haus: Sie will sich Liebe, Zuwendung und Dazugehörigkeit verdienen, indem sie sich anpasst.

Das Zeichen Skorpion, der Herrscher Pluto und das achte Haus: Sie gibt anderen die Macht, über sich zu bestimmen und verdrängt scheinbar Unwertes.

Das Zeichen Schütze, der Herrscher Jupiter und das neunte Haus: Sie folgt der Weltanschauung der Mutter, gibt ihr das Recht zu bestimmen, was sich entwickeln darf und was nicht.

Das Zeichen Steinbock, der Herrscher Saturn und das zehnte Haus: Sie übernimmt die bewertenden Regeln, Normen, Gebote und Verbote der Eltern / der Mutter / der Gesellschaft und packt sie in ihren Rucksack. (Wird oft als das Haus der Mutter übersetzt.)

Das Zeichen Wassermann, der Herrscher Uranus und das elfte Haus: Sie hat keine Individualität und rebelliert nicht.

Das Zeichen Fische, der Herrscher Neptun und das zwölfte Haus: Sie opfert sich für andere, will ein »Gutmensch« sein und sich den Himmel verdienen, ist einsam und allein.

Übertragen wir es auf das Märchen und wie es dort erzählt wird:

Das Märchen erzählt zu Anfang, dass Aschenputtels Mutter krank ist und das Kind sich um die Mutter kümmert.

Vater und Mutter sind als Bezugspersonen hier austauschbar, es ist sogar denkbar, dass ein Mann mit dem Aschenputtel-Thema all das, was im Märchen von der Mutter erzählt wird, am Vater erlebt hat. Ich benutze aber das Wort Mutter, da es so im Märchen erzählt wird.

Und es muss im Erleben nicht unbedingt so sein, dass dieser Elternteil wirklich krank ist, ich habe es allerdings oft von Klienten oder Studenten gehört, dass ein Elternteil tatsächlich in irgendeiner Hinsicht nicht sehr stabil war und deshalb zumindest große Rücksicht geboten war.

Wenn wir es nicht konkret, sondern als Bild verstehen, bedeutet es, dass nicht die Mutter sich um die Bedürfnisse des Kindes kümmert, es in seiner Eigenart fördert und unterstützt, sondern umgekehrt, das Kind nimmt sich selber zurück und versucht so weit wie möglich die Erwartungen zu erfüllen, um keine Belastung zu sein.

Und dann stirbt die Mutter, jetzt ist also niemand mehr da, an den sich das Kind wenden kann, denn der Vater kommt im Märchen nur als Randfigur vor.

Auch mit diesem Bild ist kein reales Erleben gemeint, sondern es beschreibt, wie allein Aschenputtel ist, niemand ist da, der das Kind in seiner Entwicklung fördert, es liebt, es beachtet oder wichtig nimmt.

Und auf dem Totenbett gibt die Mutter Aschenputtel noch Lebensregeln mit, sie sagt: »Bleib gut und fromm, dann wird der liebe

Gott dich lieben und auch ich werde vom Himmel herabschauen und dich lieben.«

»Bleib gut und fromm« sind nun die Lebensregeln, die Aschenputtel in ihren Rucksack packt und nach denen sie leben will, um geliebt zu werden. Es sind Bedingungen, sie wird nicht einfach geliebt, weil sie sie selbst ist, sondern nur, wenn sie gut und fromm ist. Im Märchen sind das Eigenschaften wie hilfsbereit, bescheiden, gutmütig usw. Und darin sind indirekt natürlich auch Botschaften enthalten, wie sie nicht sein darf, denn dann wird sie nicht geliebt. Die könnten heißen: »Sei nicht egoistisch, sei nicht eitel und faul usw.« Wir werden diese Eigenschaften später an den Stiefschwestern wiederfinden.

Nun ist Aschenputtel also allein und auf sich gestellt und da sie geliebt werden will, hält sie sich an die Regeln der Mutter. Das ist das Haltegerüst des Saturns, das ich beim Treibsand beschrieben habe, welches sie braucht, da sie kein stabiles Ich und kein Selbstwertgefühl aufbauen konnte. Und es sind die Bewertungskriterien, die bestimmen, was gut ist und was nicht, wie wir es im Mythos von Chiron gesehen haben.

Jeder mit einem Aschenputtel-Thema hat spezifische Regeln aus der familiären Situation in seinem Rucksack, Wenn-Dann-Bedingungen, für die er geliebt und wertgeschätzt wird, mit denen er in Ordnung ist oder eben auch nicht.

Beispiel: Chiron im 5. Haus.

Schon im Namen Aschenputtel klingt das Thema fünftes Haus und Sonne an, denn Asche ist der Rest eines Feuers, eines das nicht mehr brennen kann.

Wenn wir das Märchen bis hierher auf das Thema Chiron im fünften Haus übertragen, können wir sagen, dass es die Person des Mädchens bisher nicht gibt, in ihr brennt keine Sonne einer Identität. Sie hat sich aufgegeben, ist ein Häufchen Asche, und orientiert sich in ihrem So-Sein ausschließlich an den Bewertungen anderer. Es hat das Gefühl, es muss sich seine Daseinsberechtigung verdienen, denn es spürt möglicherweise: »So wie ich bin, bin ich nicht in Ordnung. Wenn ich mich mal zeige, mich wichtig nehme, ist es ihnen peinlich. Sie haben sich in Wirklichkeit ein anderes Kind gewünscht.« Das Kind merkt, dass es nur dann eine Rolle spielt, wichtig ist, wenn es so ist, wie die Eltern sich ihr Kind wünschen und vorstellen und es nicht um es selbst und seine eigentliche Persönlichkeit geht.

Möglicherweise, wir erinnern uns an das Durchbrechen des Uranus, ist es so, dass das Kind, wenn es mal die Gelegenheit hat, völlig überzogen und wie unter Strom sich in den Mittelpunkt der Aufmerksamkeit manövriert. Oder die Eltern zeigen ihr Kind vor, indem es vielleicht etwas vortragen oder auf einem Instrument vorspielen muss, was zu allgemeinem Gelächter führt und bei diesem Versagen die Scham der Eltern bewirkt.

Manchmal geht es auch einher mit dem Glauben, man wäre ein sogenanntes Kuckuckskind, also vertauscht und hätte eigentlich andere Eltern, oder zumindest einen berühmten und erfolgreichen Vater (fünftes Haus, Sonne, Vater) und irgendwann würde er kommen, einen erkennen und heimholen zu sich in sein wunderbares Reich. Dabei identifiziert man sich sehr mit dem Aschenputtelsyndrom und kann später diesen Wunsch, diese Hoffnung auch auf einen Partner übertragen, der einen endlich errettet.

Flucht ins Gegenhaus.

Nach einem Jahr Trauerzeit heiratet der Vater wieder, Aschenputtel bekommt eine Stiefmutter und zwei Stiefschwestern. Der Vater nimmt bei der Wahl der neuen Frau keine Rücksicht auf die Interessen seiner Tochter, zumindest erzählt das Märchen nichts davon. Sie ist ihm wohl wirklich nicht wichtig (Thema fünftes Haus, Sonne, Vater).

Im damaligen Weltbild der Gebrüder Grimm war die Gestalt, das Bild einer Mutter immer eine gute Mutter. Und so greift das Märchen zu dem Trick, die gute Mutter sterben zu lassen, um auch die dunklen Seiten, jetzt verkörpert durch die Stiefmutter, beschreiben zu können. Und diese Stiefmutter interessiert sich nun wirklich und offensichtlich nicht für Aschenputtel, sie nutzt sie aus und behandelt sie schlecht. Und die Stiefschwestern haben ein schwarzes Herz und werden immer garstiger, so sehr Aschenputtel sich auch anstrengt, ihre Liebe und Zuwendung zu verdienen.

Übertragen auf unsere astrologisch-psychologische Deutung mit Chiron im fünften Haus, befindet sich Aschenputtel jetzt im elften Haus bei den sogenannten Wahlverwandten. In der eigenen Familie hat sie im Märchen nicht die Beachtung und Anerkennung bekommen, die sie wollte, weder von der Mutter noch vom Vater. Nun, so können wir uns vorstellen, sucht sie die Beachtung ihrer Person bei Freunden, in Gruppen oder Vereinen. Sie möchte wichtig sein und da sie das

Gefühl hat, sie selber ist es nicht, kann sie sich durch Identifikation mit wichtigen Leuten, wichtigen Aufgaben und wichtigen Ideen einer Gemeinschaft selber bedeutend fühlen. Ohne sie und ihr Wirken im Hintergrund geht nichts! Sie gibt sich auf, um endlich eine Bedeutung zu bekommen, Ziele (Sonne, fünftes Haus) in ihrem Leben zu haben. Allerdings sind es an diesem Punkt nicht die eigenen, die ihr am Herzen liegen, sondern die anderer. Manchmal findet man bei dieser Thematik auch die sogenannten Groupies, die Fans oder Mitläufer von berühmten Leuten, Parteien oder weltanschaulichen Organisationen, die sich ganz mit ihrem Star oder der Idee identifizieren, alles dafür tun und sich sogar selber und persönlich bedroht fühlen, wenn ihr Idol oder die Idee der Gruppe angegriffen werden.

Im Märchen übernehmen die Stiefmutter und die beiden Schwestern die Verkörperung des Themas fünftes Haus und Sonne und so verstehe ich diesen Teil als Beschreibung einer Projektion – die Kentauren im Außen. Aschenputtel hat in sich das verdrängt, das abgespalten, was negativ bewertet und nicht liebenswert war und nun sieht sie in den Stiefschwestern die Bestätigung, so egoistisch, so böse, so faul, so selbstgefällig, so rücksichtslos, so habgierig und eitel darf man wirklich nicht sein. Die Mutter hatte recht! Und sie bemüht sich stattdessen noch mehr, gut und fromm zu sein, wie ihre Mutter es ihr gesagt hat, in der Hoffnung, irgendwann werde dieses Gut-Sein belohnt werden.

Die Projektion der Kentauren.

Das, was sie im Außen an den Stiefschwestern sieht, ist, wie so oft bei der Projektion eines schönen inneren Bildes auf die Umwelt, die verzerrte Form. Der Dia-Projektor ist kaputt und zeigt nicht das schöne Bild der inneren Anlage, sondern das furchteinflößende, sodass man es erst recht als schlecht und nicht zu einem gehörend ansieht.

Aschenputtel bemüht sich weiter, sie putzt, kocht, macht alle Drecksarbeit und ist dabei noch freundlich, hilfsbereit und bescheiden. Sie ist das gute Mädchen im Gegensatz zu den bösen Stiefschwestern und entspricht damit dem Frauenbild, dem es nachzueifern gilt. Wir erinnern uns dabei an das Jungfrau/Fische-Thema aus unserer christlichen Mythologie, worin es ja auch um Selbstaufgabe und den Dienst am Nächsten als edles und gottgefälliges Werk ging.

Bitte denken Sie als Mann dabei; dies alles auch auf eine männliche Rolle zu übertragen, z. B. bei der Frage: »Wie muss ich sein, um ein richtiger Mann zu sein?« Das können sowohl Erwartungen der Mutter als auch des Vaters sein, die man versucht zu erfüllen, während man dabei das Eigene zurück stellt.

Der Haselzweig.

Der Vater begibt sich auf eine Reise und will den drei Mädchen Geschenke mitbringen. Aschenputtel möchte weder schöne Kleider noch Schmuck, sondern einen Zweig, an den der Kopf des Vaters stößt. Zum einen zeigt sich hier wieder die Bescheidenheit, sie will sich nicht schmücken, um ihre Weiblichkeit zu betonen, sondern bleibt lieber die unscheinbare und schmutzige Dienstmagd. Zum anderen hat der Haselbusch, an den der Kopf des Vaters im Märchen nicht zufällig, im Sinne von absichtslos, stößt, auch eine symbolische Bedeutung, verspricht er doch, wenn man ihn in die Nähe des Hauses pflanzt (was in der damaligen Zeit in der Regel gemacht wurde), einen glückhaften Beginn, Fruchtbarkeit und Liebesglück, Wunscherfüllung, ja sogar Unsterblichkeit, und er wehrt Hexen und Schlangen ab. Und diesen bedeutungsvollen Zweig bekommt nun Aschenputtel und pflanzt ihn auf das Grab der Mutter. Aber die Zeit des Haselbaumes zum Wünsche-Erfüllen ist noch nicht gekommen.

Der Wendepunkt: Wie die Heilung gelingen kann.

In einem Märchen kommt für die Helden nach einer Zeit der Schwere und der Prüfungen eine Krise, eine Herausforderung, die die Wende bringen soll. Für Aschenputtel ist es der Ball, den der König für seinen Sohn veranstalten will, damit der eine Frau findet und zu dem alle Jungfrauen eingeladen sind, und damit auch sie.

Das klingt nicht sehr nach Herausforderung und Krise, wie wir sie üblicherweise verstehen. Und doch ist es das für sie, hat sie sich doch bisher, wenn wir uns den Tierkreis anschauen, über die Bewertungen der oberen Horoskophälfte, der anderen, des Außen definiert. Sie hatte ihren Blick dahin gewendet und die untere Hälfte mit ihrer Persönlichkeit aufgegeben.

Und nun kommt die Krise durch die Einladung, sie wird herausgefordert, sich um- ja sogar davon abzuwenden und auf sich selbst zu beziehen. Die Einladung zwingt sie, sich der unteren Horoskophälfte zu stellen.

Zu Anfang hilft sie noch den Schwestern, sich schön zu machen für den Ball und dann hat sie ihren ersten eigenen Gedanken! Bisher ist ihr Leben nach den Vorstellungen der anderen verlaufen, wie sie zu sein hat und wie ihr Leben aussehen soll, und sie hat sich womöglich gar keine eigenen Gedanken darüber gemacht, wie es auch noch sein könnte.

In ihrem Kopf (hier ist die linke Hirnhälfte gemeint, auf der alles, was sie bisher gelernt hat, gespeichert ist) und damit in ihrer Wahrnehmung, wie die Welt ist und sie selber, bestand das Leben bisher aus Arbeit und Pflichten. Freude, Spaß oder gar eigene Lebensziele (fünftes Haus) gab es nicht. Sie betritt demnach mit der Äußerung ihres Wunsches, mit auf den Ball zu wollen, völliges Neuland, es ist wie ein uranischer Geistesblitz (rechte Hirnhälfte), der nichts mit ihren bisherigen Erfahrungen zu tun hat.

Die Wende beginnt also damit, eigene Vorstellungen zu entwickeln, umzudenken und die Welt damit mit neuen Augen und neuen Möglichkeiten zu sehen (den nach außen projizierten inneren Bildern). Die Entsprechung dafür findet sich auf der unteren Hälfte des Tierkreises mit den persönlichen Planeten der Merkur.

Wir erinnern uns an die Symbolik der beiden Hirnhälften: All das, was wir gelernt haben, ist als inneres Bild in unserer linken Hirnhälfte gespeichert und bestimmt zu 87 % unsere Realität (so sagen es zumindest die Hirnforscher). Deshalb nehme ich das Wort Vorstellungen wörtlich, also »Vor-Stellungen«, sprich, das, was wir denken und als innere Bilder der Erfahrungen gespeichert haben, steht davor, vor uns im Außen, und wir sehen es. Die Herausforderung für Aschenputtel ist an diesem Punkt des Märchens also, sich ganz eigene »Vor-Stellungen« zu machen, eigene Ideen, Wünsche und Zukunftsvisionen zu entwickeln, etwas, was sie bisher nie getan hat. Sie betritt damit Neuland, will ihre Weltanschauung verändern und nun selber gestalten.

Sie gibt sich das Recht (Jupiter und neuntes Haus) auf Glück und darauf, ihr Leben in der Zukunft nach den eigenen Vor-Stellungen und »eigen-sinnig«, dem eigenen Daseinssinn entsprechend, zu gestalten. Mit dem Blick auf die untere Horoskophälfte verändern sich nämlich auch die gegenüberliegenden überpersönlichen Planeten in der oberen Hälfte, die ich anfangs in ihrer unerlösten Form beschrieben habe, und entfalten nun ihr Potenzial.

Die Schwestern und die Stiefmutter lachen sie aus. Welch absurde Idee!

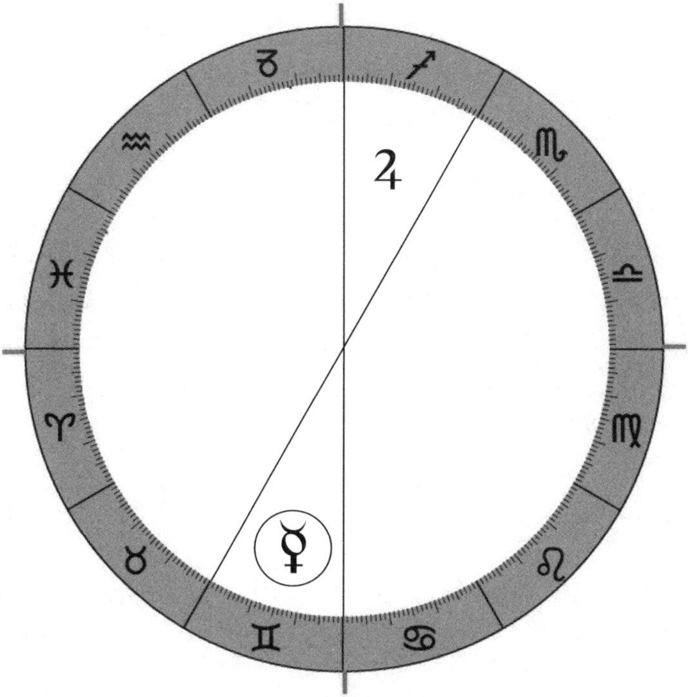

Abbildung 12: Der erste Schritt der Wandlung

Der erste Schritt zur Wende ist Merkur, eigene Vorstellungen entwickeln.

Auf einem Ball ist man schön gekleidet, man kann lachen und tanzen, sich amüsieren, wird vielleicht sogar bewundert oder verliebt sich. Eine total neue Vorstellung von Leben. Dieser Gedanke ist nicht auf einem Erfahrungshintergrund entstanden (Merkur/Saturn der linken Hirnhälfte), sondern ist wie ein Quantensprung auf die rechte Hirnhälfte in den Bereich der Visionen und der Fantasie. Es entsteht ein ganz neues Bild in ihr, wie Leben auch sein kann, nämlich wie ein Ball, glücklich und voll Freude, der Tanz des Lebens.

Für uns bedeutet dieser erste Schritt, unsere bisherigen Vorstellungen von uns selbst und der Welt um uns herum und von unserem Leben zu überprüfen und zu hinterfragen. Es geht um die Bilder der linken

Hirnhälfte, die sich im Laufe unseres Lebens entwickelt und die wir auf die Welt um uns herum projiziert haben.

An diesem Punkt ist das saturnische »Rucksackmisten« angesagt:

Fragen an sich selbst:
Nach welchen Bewertungskriterien habe ich mich gerichtet? Stimmen sie noch mit meinen eigenen überein oder sollte ich umdenken?
Welcher inneren Überzeugung, welchem Leitsatz folge ich? Glaube ich, dass die Welt nun mal so ist und ich nichts ändern kann?
Welche Wenn-Dann-Denkmuster bestimmen mich?
Welche Erfahrungen habe ich mit diesen inneren Bildern gemacht?
Sind »Siehste-Effekte» als Bestätigung eingetreten?

Und anschließend begeben wir uns wie Aschenputtel in die rechte Hirnhälfte und entwickeln eigene Vor-Stellungen und Zukunftsvisionen von einem Leben, das uns entspricht und geben uns das Recht dazu. Hier passt der Satz von Pipi Langstrumpf:

»Ich schaffe mir die Welt wie sie mir gefällt!«

Astrid Lindgren

Fragen an sich selbst:
Neue eigene Ideen und Vor-Stellungen entwickeln mit viel positiver emotionaler Energie und Vorfreude und der inneren Überzeugung auf das Recht einer eigensinnigen Lebensgestaltung.

Aber der Prozess der Wende ist noch nicht abgeschlossen, denn Aschenputtel formuliert die neue Vorstellung als Frage, als Bitte an die Stiefmutter, gibt ihr also noch die Macht der Entscheidung. Und die antwortet wieder mit einer Bedingung: »Wenn du alle Arbeit getan hast, dann darfst du mit«. Dieses »Wenn...dann« kennt Aschenputtel seit ihrer Kindheit, und vielen jungfraubetonten Menschen dürfte es auch sehr vertraut sein: erst wenn alles getan oder erledigt ist, dann...!

Und so bemüht sich Aschenputtel sehr, alles schnell zu erledigen, damit sich ihr Wunsch, ihre Bitte erfüllen möge. Das könnte uns an die Hoffnung von Chiron in seiner Höhle erinnern, endlich ein Heilmittel gefunden zu haben. Aber auch Aschenputtels Anstrengungen sind vergeblich, denn die Stiefmutter sagt mit Hinweis auf ihre schmutzigen Kleider: »Wir müssten uns ja für dich schämen.« Und dann schüttet sie ihr Linsen in die Asche und weist ihr ihren Platz zu: »Da gehörst du hin.«

Die Bescheidenheit, in ihrem bisherigen Leben eine Tugend, gerät ihr nun zum Nachteil, denn sie passt nicht mehr zu ihren eigenen Lebensvorstellungen, und wie zuvor die Mutter hat nun die Stiefmutter die Macht, über Aschenputtels Leben und ihren Platz darin zu bestimmen.

Aber, wenn im Märchen die Helden sich der Herausforderung der Wende stellen, gibt es kein Zurück mehr. Der Prozess der Entwicklung hat eingesetzt und ist nicht mehr umkehrbar. Hinter einen Erkenntnisschritt kann man nicht mehr zurück.

Die Tauben helfen.

Nun kommen im Märchen die Tiere, hier die Tauben. Wenn in einem Märchen Tiere auftauchen, sind sie häufig Helfer und können wie der innerpsychische, instinkthafte eigene Anteil gesehen werden. Tauben sind der Venus zugeordnet, wir kennen es als Turteltauben oder Friedenstauben. Also nicht von außen erhält Aschenputtel die erhoffte Hilfe bei ihrer neuen Lebensgestaltung, sondern ihr helfen ihre eigenen inneren Anteile, die bisher zu kurz gekommen waren.

Wenn wir es auf ein Horoskop übertragen, hatte sich Aschenputtel bisher bemüht, sich Liebe zu verdienen, indem sie ins siebte Haus zu den anderen und zu der hier herrschenden Waage-Venus geschaut hat. Nun bei der Kehrtwende zu ihren eigenen Anteilen in der unteren Horoskophälfte schaut sie ins zweite Haus mit seinen Entsprechungen und zu der hier herrschenden Stier-Venus.

Der zweite Schritt der Wende ist die Stier-Venus, Selbstliebe.

Hier im zweiten Haus und mit der Stier-Venus als Herrscherin geht es um den Selbstwert und um die Selbstliebe, darum, das Leben mit allen Sinnen zu genießen, sich etwas zu gönnen und eigene Werte und Talente zu entwickeln.

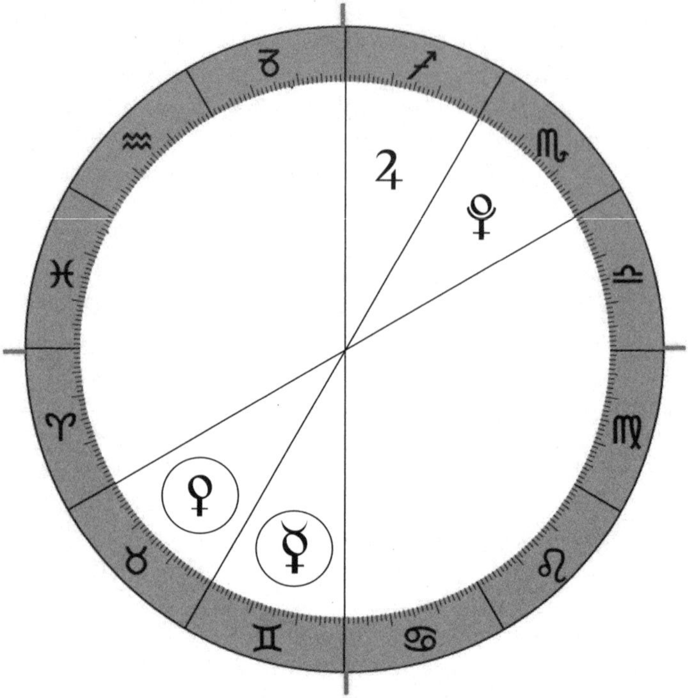

Abbildung 13: Der zweite Schritt der Wandlung

Die neue Herausforderung für Aschenputtel ist also, sich selber zu lieben und wertzuschätzen in ihrer Eigenart und sich der Förderung ihrer Talente, Gaben und Werte selber zu widmen, anstatt sie von außen und von den anderen zu erwarten.

Am Anfang des Märchens haben wir gehört, dass nicht die Mutter sich um das kleine Mädchen gekümmert und sie gefördert hat, sondern dass die Liebe und Zuwendung an eine Bedingung geknüpft waren, nämlich: Wenn du gut und fromm bist, dann liebe ich dich. Nun muss Aschenputtel sich zuerst einmal selber kennenlernen, was mag und schätzt sie selber, welche Talente und Fähigkeiten hat sie, was mag oder kann sie nicht, was will sie haben und was genießt sie, wie ist sie als Frau usw.? Und in allem kann sie sich selber wie eine gute Mutter unterstützen und es sich erlauben, das Leben und sich zu genießen. Sie ist liebenswert, wie sie ist und muss es sich nicht zuerst verdienen!

Das ist häufig für Menschen mit einem Aschenputtel-Syndrom nicht so einfach, denn es stellt ja das bisherige Wertesystem, das Halt und Sicherheit versprochen hatte, infrage. Nicht mehr perfekt sein und alles richtig machen zu müssen, sondern sich auch in seinen Schwächen und Mängeln anzunehmen und gar zu lieben, ist keine leichte Aufgabe.

Aber, so erzählt das Märchen, es lohnt sich, und die Tauben, die Stier-Venus, helfen.

Fragen an sich selbst:
Was ist mir etwas wert?
Was bin ich mir wert?
Was mag und schätze ich und was nicht?
Was ist für mich Genuss?
Welche Gaben und Talente habe ich und welche nicht?
Wie kann ich mich selber fördern und unterstützen?

Das Grab der Mutter, das achte Haus.

Nun geht sie im Märchen an das Grab der Mutter, im Tierkreis entspricht dem das gegenüberliegende achte Haus mit dem Herrscher Pluto. Hier geht es um Stirb-und-Werde- und um Wandlungsprozesse, um Loslassen von übernommenen Mustern, dem »Familien-Erbe«, und um Tabubrüche.

Wenn wir das Grab der Mutter als Bild nehmen, schüttet hier Aschenputtel all die Regeln, die sie aus ihrem Rucksack ausgemistet hat, hinein. Sie sollen »sterben« und sie so nicht mehr beeinflussen oder an ihrem neuen Leben hindern. Wir erinnern uns an die Projektion auf die Stiefschwestern und die Stiefmutter, die all das in der verzerrten Form lebten, was sie in sich verdrängt, was sie tabuisiert hatte. Dazu gehörte ja auch, egoistisch zu sein, oder positiv formuliert, sich selber wichtig zu nehmen. Bei der Eitelkeit wäre die erlöste Form, sich schön zu machen und das Leben zu genießen; Aggressivität wäre in der erlösten Form Durchsetzungsfreude und Eigenwille usw.

Sie, Aschenputtel, bricht die Tabus so wie Kore das Tabu der Mutter brach. Kore, das kleine brave Mädchen, das bis dahin immer der Mutter folgte, stirbt im Hades und verwandelt sich in die mächtige Göttin

Persephone. Wenn wir es genau betrachten, stirbt hier eigentlich die Person, die bisher das Aschenputtel war, und macht sich bereit zur Wandlung.

Die Stier-Venus, die Selbstliebe, hat Aschenputtel geholfen, viele Tabus zu brechen, und nun ist sie bereit, zur selbstbestimmten Frau zu werden, die niemandem mehr das Recht einräumt oder die Macht gibt, über ihr Leben zu bestimmen.

Fragen an sich selbst:
Von wem oder was haben Sie sich in Ihrem Selbstwert bestimmen lassen?
Was war für Sie bisher tabu?
Was war böse und schlecht und Sie wollten nie so sein oder so etwas tun?
Welche Fähigkeit könnte hinter der Zerrform stecken? (Z. B. verbirgt sich hinter Egoismus die Fähigkeit, sich selber ebenso wichtig zu nehmen wie die anderen.)
Was wollen Sie sich ab jetzt erlauben?

Die Zahl drei als Symbol der Wandlung.

Aber Wandlungen sind Prozesse und brauchen Zeit, im Märchen sind es drei Nächte, an denen sie auf den Ball geht. Drei ist unter anderem, wie schon erwähnt, eine dem Pluto zugeordnete Zahl der Wandlung.

In manchen Versionen des Märchens bringen die Tauben die benötigten Kleider, ich habe hier die Variante gewählt, in der Aschenputtel den Baum selber schüttelt, damit die benötigten Kleider an ihm hängen.

Die Kleider sind auch Ausdruck der in ihr steckenden Persönlichkeit, die sich so nach außen zeigt. Bisher war sie das Aschenputtel, und die bescheidenen, einfachen und sogar schmutzigen Kleider entsprachen ihrem Selbstbild. Das waren ihre Vor-Stellungen von sich selbst und ihrem Leben. Nun aber wollte sie schöne Kleider, ja sogar Gold und Silber sollte der Baum über sie werfen.

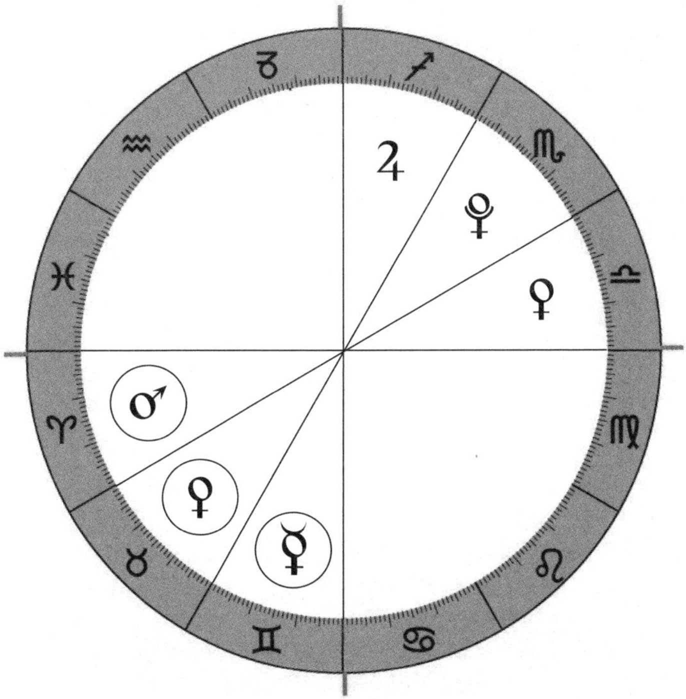

Abbildung 14: Der dritte Schritt der Wandlung

Der dritte Schritt zur Wandlung ist Mars. Der Mut zur eigenen Geburt.

Nehmen wir die Farben der Kleider in ihrer symbolischen Bedeutung, so beginnt der Prozess der Wandlung mit der Farbe rot, die dem Mars zugeordnet ist.

Mars und das erste Haus entsprechen in der Astrologie der Geburt, der Abnabelung von der Verbindung mit der Mutter und dem Beginn des eigenen Lebens. Weiterhin symbolisieren sie den Mut zur Selbstdarstellung, sich nach außen zu zeigen, Durchsetzung, Wille und Tatkraft. Aschenputtel, oder wie immer wir dieses neugeborene Mädchen jetzt nennen sollen, zeigt also, indem sie mit diesem Kleid auf den Ball geht, den Mut, sich in ihrer Eigenart den anderen zu zeigen. Und das Märchen erzählt auch, dass niemand sie erkannte, denn sie war ja nicht mehr das Aschenputtel. Ich bleibe der Einfachheit halber aber bei diesem Namen. Sie selber können sich allerdings, wenn Sie gerade in diesem Verwandlungsprozess sind, einen neuen Namen geben, denn Nomen est Omen.

Im siebten Haus, dem ersten über dem Horizont, begegnen wir den anderen. Bisher hatte sich Aschenputtel an die Erwartungen angepasst, um geliebt zu werden, jetzt hat sie den Mut, zu sich zu stehen, sich in ihrer Eigenart zu zeigen, und hält sich nach dem Stier-Venus-Prozess für liebenswert, gerade weil sie ist, wie sie ist. Und nur so, mit all ihren Anteilen, will sie geliebt und geschätzt werden, denn nur dann kann sie sicher sein, dass derjenige, der ihr Liebe, Achtung oder Wertschätzung entgegenbringt, auch wirklich sie meint und nicht eine »Dienstmagd« sucht für die Erfüllung seiner Wünsche. (Denken Sie an die Früchte, die wir auf dem Marktplatz anbieten.) Wenn wir diesen Teil des Märchens auf uns übertragen, stellen sich folgende Fragen:

Fragen an sich selbst:
Welcher Name passt nun am besten zu mir und meinem Selbstverständnis?
In welchen »Kleidern« will ich mich jetzt nach außen zeigen?
Wie kennen mich die anderen bisher in Begegnungen, was wird neu sein für sie?
Welche Begegnungen schätze ich, von welchen Kontakten trenne ich mich?
Welche Menschen schätzen meine Verwandlung und akzeptieren sie?
Wann sage ich Ja, weil ich es will, wann Nein, weil ich es nicht will?

Und der Prinz tanzt nur mit ihr. Eine Frau, die sich nach außen als Aschenputtel kleidet und darstellt, hätte er sicher nicht gewählt, denn er will keine »Dienstmagd«, sondern eine Frau, die sich als Königin eignet.

Der Verwandlungsprozess ist noch nicht abgeschlossen und so muss Aschenputtel um Mitternacht zurück und noch mal in ihre alte Rolle schlüpfen.

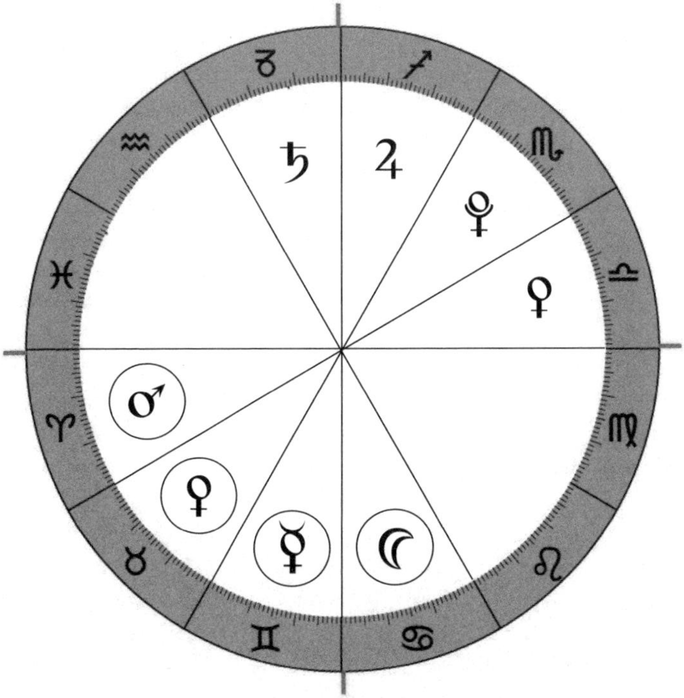

Abbildung 15: Der vierte Schritt der Wandlung

Aber am Abend geht sie wieder zum Grab mit dem Baum und jetzt hängt ein noch schöneres Kleid ganz in Silber mit den passenden Schuhen dort. Und wieder kennt sie niemand und der Prinz tanzt nur mit ihr.

Silber ist die Farbe bzw. das Metall des Mondes und dieser symbolisiert in der Astrologie den Innenbereich, die Gefühle und Bedürfnisse, was einen Menschen nährt und was er braucht, um sich wohlzufühlen. Das ist der Mond auf der persönlichen Ebene, darüber hinaus entspricht er in der spirituellen Deutung der Seele, die eine Idee empfangen hat und sie nach außen abstrahlt, wie der Mond am Himmel kein eigenes Licht hat, sondern nur den Teil widerspiegelt, den die Sonne bestrahlt.

Der vierte Schritt zur Wandlung ist der Mond. Meine Gefühle und Bedürfnisse, was habe ich in meiner Seele empfangen?

So zeigt Aschenputtel, als sie mit diesem Kleid auf den Ball geht, das, was in ihr steckt, sowohl ihre Gefühle und Bedürfnisse, als auch das, was sie in ihrer Seele empfangen hat, was sie abstrahlen kann. Der Saturn im Haus gegenüber, dem zehnten Haus, das der Gesellschaft entspricht, gibt dem Seelen- und Wasserbereich der Gefühle eine Form. Diese Häuserachse symbolisiert auch, dass Aschenputtel nun kein Kind, kein bedürftiger Mond mehr ist, sondern dass sie erwachsen ist und eigenverantwortlich selber für sich und ihr Wohlergehen sorgen kann. Sie ist von niemandem mehr abhängig, der ihr gibt, was sie braucht, weder von Mutter noch von Stiefmutter, sie ist sich selbst eine gute Mutter und ein guter Vater, und sie ist vielleicht auch reif, selber Mutter zu werden, die Verantwortung für ein Kind zu übernehmen.

Sie zeigt dem Prinzen, der wieder nur mit ihr tanzt, nun also, wie es in ihr aussieht, wie und was sie fühlt, was sie braucht und auch was sie geben kann.

Um sich so einem anderen Menschen zu öffnen und sein Inneres preiszugeben, ist Vertrauen eine wichtige Voraussetzung und deshalb ist dies nicht bei allen Menschen und in jeder Situation angebracht. Da hilft nun auch der dem Mond gegenüberstehende Saturn, der Grenzen ziehen kann und Schutz bietet. Und Aschenputtel ist an diesem Punkt in der Lage, genau zu fühlen, was ihr in der jeweiligen Situation guttut und was nicht, sich sowohl zu öffnen als auch sich zu schützen.

Fragen an sich selbst:
Weiß ich, was mir guttut und was ich brauche?
Wann oder bei welchen Menschen fühle ich mich wohl?
Wem kann ich mich öffnen und meine Gefühle zeigen?
In welchen Situationen ist Schutz besser?
Was kann ich anderen geben (abstrahlen)?

Und wieder muss Aschenputtel kurz vor Mitternacht heimlich den Ball verlassen, denn noch ist sie nicht vollständig verwandelt. Und nun greift auch der Prinz ein, denn die Zeit ist reif, es naht der dritte Abend. Er

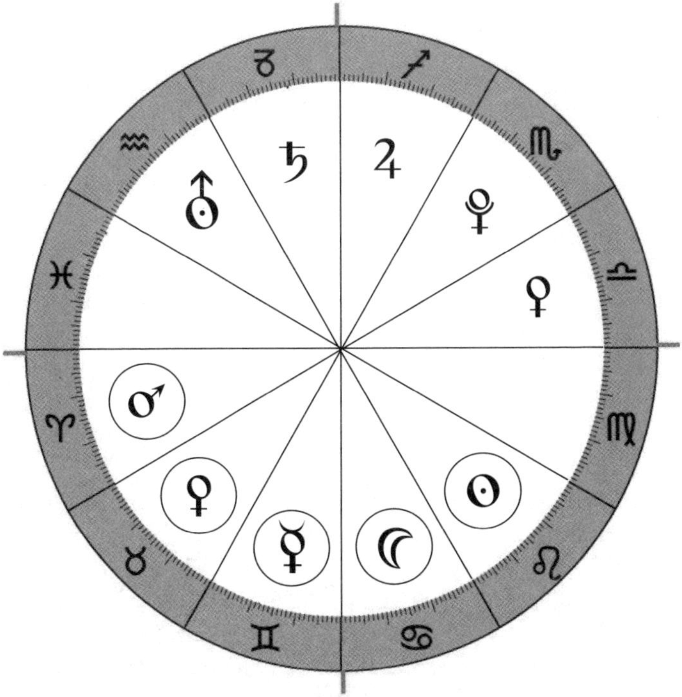

Abbildung 16: Der fünfte Schritt der Wandlung

bestreicht die Treppe, auf der seine Auserwählte bisher immer geflohen ist, mit Pech – in der Hoffnung, dass irgendein Erkennungsmerkmal daran hängen bleiben würde.

Am dritten Abend hängt ein noch schöneres Kleid am Baum, ganz aus glänzendem Gold, und auch die Schuhe sind ganz aus Gold, und diese Farbe bzw. dieses Metall entspricht in der astrologischen Symbolik der Sonne.

Der 5. Schritt zur Wandlung ist die Sonne. Das bin ich in meiner Persönlichkeit.

»Seht her«, könnte nun das ehemalige Aschenputtel sagen, »das bin ich in meiner Persönlichkeit, in meiner Einmaligkeit und Individualität«. Das ist das Symbol der Sonne, das Ich, und im gegenüberliegenden Haus, dem elften Haus, finden wir den Uranus, der für unsere spirituelle Idee steht. Wenn wir noch einmal das Bild der »Frucht« heranziehen, die in der Jungfrau bzw. im sechsten Haus geerntet und dann den anderen auf dem »Marktplatz« der Gesellschaft im siebten Haus angeboten werden kann, entspricht nun dieses Ich in seiner Persönlichkeit genau der »Frucht«, als die sie gedacht ist. Die Verwandlung ist vollendet!

Eine weitere Übersetzung für die Sonne in der Astrologie ist der König / die Königin. Es ist ein Archetypus und meint das positive Bild eines Königs, eines Herrschers, der für sein Volk da ist aus vollem Herzen und das nach außen abstrahlt, was in ihm ist, und die anderen daran teilhaben lässt. Geht es dem König gut, geht es dem Volk gut. Dieses Königs- bzw. Königinnenbild lässt sich auch übertragen auf das autarke, in sich ruhende, selbstbestimmte Ich einer Person, die selber Herrscher/Herrscherin im eigenen Leben ist und niemanden mehr über sich hat, der befiehlt.

Das Symbol der Sonne ist ein Kreis mit einem Punkt in der Mitte, wobei der Kreis die Einheit symbolisiert und der Punkt das Zentrum der kreativen und schöpferischen Energie. Neben dem Ich ist sie auch das Symbol für das Selbst, das alles integriert hat in den Punkt der eigenen Mitte. Auch unser Horoskop ist so ein Kreis mit dem Schnittpunkt der Achsen in der Mitte, an dem der Mensch steht. Ein Punkt hat laut Definition keine Raum-Zeit-Ausdehnung, symbolisiert also so die Einheit und die Überwindung der Polarität.

Uranus ist auch als Kreis mit Punkt in der Mitte dargestellt und hat zusätzlich noch einen Pfeil, der nach oben gerichtet ist. So zeigt dieses Symbol damit an, dass die spirituelle Idee eines Menschen sich nach außen verströmen will und nicht im Zentrum und auf sich bezogen verbleiben soll. Uranus wird mit Individualität übersetzt und das heißt in der Übersetzung Ungeteiltheit, sodass wir auch hier die Einheit symbolisch wiederfinden. Zusätzlich hat Individualität die Bedeutung von einzeln und von allen anderen unterschieden.

Ich nenne diese Häuserachse mit den Herrschern Sonne und Uranus gerne: »Ich als besonderes, einmaliges Geschenk für andere«.

Egoismus, Egozentrik war vordem die negative Entsprechung, die Aschenputtel an den Stiefschwestern erlebt hatte als den Schatten ihres Selbst, das sie verdrängt hatte. Und der Gedanke, dass sie einmalig ist, war ihr zu der Zeit nie in den Sinn gekommen, im Gegenteil, sie folgte der Norm wie »man/frau« zu sein hatte. Hierzu passt ein Spruch:

*»Jeder wird als ein Original geboren,
aber die meisten enden als Kopie.«*

Pablo Picasso zugeschrieben

Nun, so könnte man sagen, zeigt sie die positive Seite von Sonne und Uranus, nämlich, sie ruht in sich und ihrem Zentrum und strahlt nach außen die Energie ab, die ihr in ihrer Individualität entspricht.

Wir werden wohl kaum verhindern können, dass wir uns mit anderen vergleichen. Im ersten Teil des Märchens versuchte Aschenputtel bei diesem Vergleichen, den Normen und Regeln zu folgen, um dem als gut Bewerteten zu gleichen.

Jetzt, an diesem Punkt im Märchen geht es beim Vergleichen darum, den Unterschied herauszuarbeiten. Dabei geht es aber nicht darum, sich zwanghaft zu unterscheiden, immer anders sein zu müssen, denn das wäre die unerlöste Seite von Sonne und Uranus, sondern sich der individuellen Eigen-Art bewusst zu werden, bei aller Ähnlichkeit mit anderen, die wie wir zur Gattung Mensch gehören.

Fragen an sich selbst:
Was unterscheidet mich von anderen?
Was ist meine Besonderheit im Unterschied?
Was könnte mein Geschenk an eine bestimmte Gruppe sein?
Worin bin ich ähnlich, ein Mensch?
Worin besteht meine Eigen-Art?

Der 6. Schritt der Wandlung ist Chiron. Der individuelle Fußabdruck.

Nun ist die Verwandlung also vollendet und der Prinz kann seine zukünftige Königin finden. Im Tierkreis fehlt nur noch die Achse Jungfrau/Fische mit den Häusern sechs und zwölf und auch die finden wir im Märchen.

Der Prinz hatte die Treppe mit Pech bestrichen und daran war einer der beiden goldenen Schuhe hängen geblieben, ein Erkennungsmerkmal, um seine Braut zu finden, denn nur die sollte es werden, der dieser Schuh passt. Das drückt ein Spruch aus:

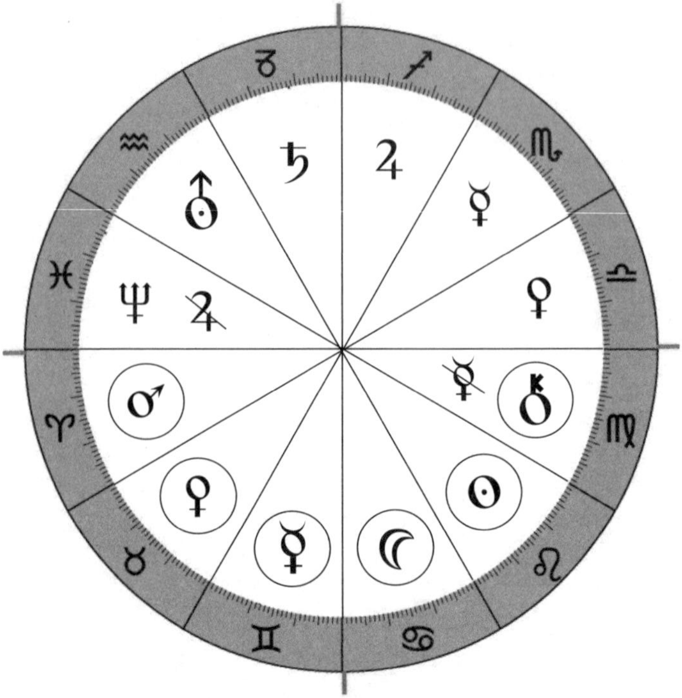

Abbildung 17: Der sechste Schritt der Wandlung

»Wer in den Fußspuren anderer tritt,
hinterlässt keine eigenen Spuren.«

Wilhelm Busch

Unsere Spuren hinterlassen wir mit unseren Füßen, und die Füße sind dem Tierkreiszeichen Fische und dem Herrscher Neptun zugeordnet. Und den Schuh, der nur an einen bestimmten Fuß passt, hält der Prinz als Unterscheidungsmerkmal in den Händen.

Der Körper mit seinen Abdrücken auf der Erde zeigt also die Unterschiedlichkeit jedes Individuums, denn die Fußlinien sind ebenso einmalig wie die Fingerabdrücke.

Mit unseren Händen und Fingern hinterlassen wir auch Spuren, sie sind dem Merkur zugeordnet, dem bisherigen Herrscher der Jungfrau. Wir begreifen mit ihnen die Welt, nehmen etwas in die Hand und gestalten. Deshalb war der Merkur zu Recht diesem Zeichen zugeordnet, weil wir mit unseren Händen und Fingern etwas Individuelles ausdrücken, unseren Fingerabdruck hinterlassen.

Nun kommt aber mit den Fußabdrücken noch etwas Zusätzliches dazu, eine Dimension, die Merkur bisher nicht erfüllen konnte: die Ganzheit der Seele, die empfangene göttliche Idee, Neptun. Neptun, der sich in der gesamten Körperlichkeit ausdrückt, und all unsere Organe sind in den Füßen zu finden (Fußreflexzonen).

Auf diesen Füßen stehen wir, gehen damit durch die Welt und hinterlassen unsere ganz individuellen Abdrücke, wir konkretisieren, realisieren den Geist, den wir in unserer Seele empfangen haben. Und diese Verbindung von Körper, Seele und Geist stellt Chiron her, der deshalb den Merkur als Herrscher der Jungfrau ablöst.

Den beiden Stiefschwestern passt der Schuh nicht und sie versuchen durch einen Trick den Prinzen zu täuschen. Doch die Tauben helfen ihm die rechte Braut zu finden und decken den Schwindel auf. Täuschung und Schwindel sind eine unerlöste Form von Neptun, aber die Tauben, die instinkthafte Stier-Venus, passen auf und bemerken, dass in diesem Schuh, in diesem körperlichen Ausdruck des Innen, etwas anderes steckt, als das, was der Prinz sucht. Die Tauben könnten hier den inneren Venusanteil des Prinzen symbolisieren, der genau weiß, in wen er sich verliebt hat, oder aber die Stier-Venus von Aschenputtel selber, die mittels der Tauben ihren Selbstwert und ihr Selbstbewusstsein zeigt. Sie hat das Selbst-Vertrauen – eine erlöste Übersetzung von Neptun –, dass genau sie gemeint ist, dass sie, so wie sie ist, liebenswert ist und gesucht wird.

Nun kann er sie in sein Königreich mitnehmen, eine Übersetzung für das fünfte Haus, und die beiden heiraten, eine Entsprechung des siebten Hauses. Dieses glückliche Ende kann man konkret so deuten, dass dadurch, dass Aschenputtel sich in eine Person verwandelt hat, die voll Selbstvertrauen das nach außen lebt, was sie im Innen ist, den Partner gefunden hat, der sie dafür schätzt und liebt und mit dem sie eine gleichwertige und gleichberechtigte Beziehung leben kann, in der niemand über den anderen bestimmt. Sie sind König und Königin.

Das können wir natürlich auf alle anderen Lebensbereiche übertragen, in dem Sinne, dass sie den Platz gefunden hat in der Welt, an dem sie mit ihren Gaben richtig ist, an dem genau das geschätzt wird, was sie ausmacht und was sie zu geben hat. Zu Anfang erzählt das Märchen von Selbst-Aufgabe, und nun am Schluss werden ihre Gaben in Aufgaben gegeben, die genau dazu passen.

»Was wir sind, ist unser Geschenk von Gott.
Was wir werden, ist unser Geschenk an Gott.«

Unbekannt

Die Moral von der Geschichte.

Wenn wir das Märchen Aschenputtel so mithilfe des Horoskops deuten, ergibt sich eine ganz andere „Moral von der Geschichte" als der erste Eindruck vermittelt hat. Aschenputtel säße immer noch in der Küche in der Asche, wenn sie nur auf den Prinzen gewartet hätte und das „Gutmädchen" geblieben wäre, das sich damit Liebe verdienen wollte. Sie hat stattdessen ihr Leben in die Hand genommen, nicht gewartet, dass andere ihr das geben, was ihr fehlt, sondern es selber in sich entwickelt. Sie hat sich in ihrer Eigen-Art, der Individualität ihrer Persönlichkeit angenommen mit all ihren als Mensch gemachten Erfahrungen und sie nach außen gezeigt (Chiron). So wird sie heil, Körper, Seele und Geist sind zu einer Einheit verbunden (siehe Abb. 18), die „kosmische Gesundheit" ist hergestellt (Neptun).

Dem entspricht auch die Symbolik der Tarot-Karte der „Eremit" (siehe Abb. 19): Wenn wir das Wort Eremit hören, verbinden wir damit in der Regel jemanden, der sich aus der Welt zurückgezogen hat, bescheiden, einfach und nur auf das Wesentliche reduziert lebt. Häufig wird die Karte deshalb dem Saturn zugeordnet.

Ich möchte die Deutung ergänzen. Ich sehe in der in sich ruhenden Person auch den Saturn in seiner erlösten Form. Er ist ganz auf sich, auf sein Wesen, das ihm Wesentliche, konzentriert und reduziert. Er steht wohl hoch oben in den schneebedeckten Bergen, der Gipfel in unserem Horoskop, der MC, ist als Häuserbereich auch dem Saturn zugeordnet. Er hält einen goldenen Stab in der Hand, er ist sein eigener Maßstab (gold als Sonnenentsprechung). Er schaut nicht nach oben in den Himmel, sondern auf die Erde bzw. den Schnee vor sich. Hier sind keine Fußspuren vorhanden, er wird nur seine eigenen hinterlassen. Er

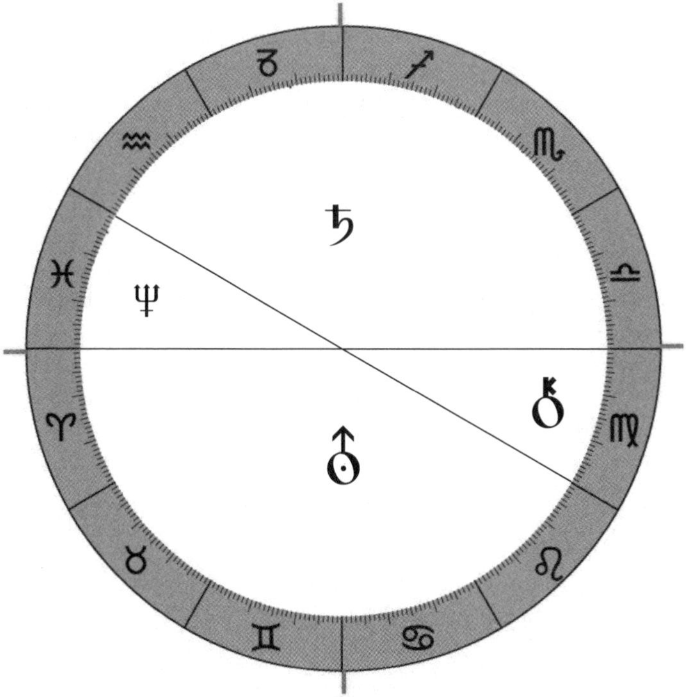

Abbildung 18: Hellsein im Sinne von Chiron: Körper, Geist und Seele sind eins.

Abbildung 19: Tarot-Karte »Der Eremit«

hält eine Laterne in der anderen Hand, die ihm den Weg weist und in dieser Laterne leuchtet ein Stern, das Symbol für Uranus. Seine individuelle Idee, sein „Stern“, weist ihm den Weg. So ist diese Karte ein Bild für die Verbindung von Saturn und Uranus, dem Geist, der sich verkörpern will.

Ja, ich bin ein Mensch,
und in meiner Existenz hier auf Erden nicht vollkommen.
Gerade mein Körper befähigt mich, all die Erfahrungen zu machen,
die meiner Daseins-Idee ihre ganz individuelle Eigen-Art geben.
Damit bekommen sie einen Sinn und Wert
und aus vermeintlichen Schwächen
können Gaben und Talente werden und sich in Empathie
und Menschlichkeit entfalten.

7. Anhang

7.1 Ein bisschen Astronomie und Technik

7.1.1 Asteroid

Chiron gehört zu den sogenannten Asteroiden. Das Wort stammt aus dem Griechischen und bedeutet »sternähnlich«. Man zählt ihn auch zu den Kleinplaneten oder Planetoiden, und diese Bezeichnung meint, dass er größer ist als ein Meteorit und kleiner als ein Zwergplanet. Sein Durchmesser beträgt etwa 200 km, und er gehört zu den sogenannten Kentauren (Chiron, Pholus und Nessus), die auf instabilen Bahnen zwischen den äußeren Planeten kreisen. Man vermutet, dass sie aus dem Kuipergürtel kommen, der sich außerhalb der Neptun-Bahn befindet.

7.1.2 Chirons Zyklus

Der Zyklus von Chiron beträgt 50 – 51 Jahre. Da seine Bahn um die Sonne sehr elliptisch ist, verweilt er unterschiedlich lange in den Zeichen. Deshalb hängt es bei ihm von der Zeichenstellung in der Radix ab, wann er als Transit an die wichtigen Wendepunkte, aufsteigendes Quadrat, Opposition, absteigendes Quadrat, kommt.

Wir kennen die regelmäßigen Zyklen von Jupiter und Saturn, die etwa alle drei bzw. sieben Jahre als Transite diese Auslösungspunkte des Radix-Themas berühren. Bei Chiron ist das nicht so. An seiner erdfernsten Stelle im Widder verweilt er acht Jahre, an seinem erdnächsten Punkt in der Waage hingegen nur ein Jahr und drei Monate. So kann das aufsteigende Quadrat bei jemandem, der mit Chiron in der Waage geboren ist, schon im Alter von sieben bis neun Jahren sein, hingegen bei jemandem mit Chiron im Widder erst mit etwa 20 bis 23 Jahren.

Deshalb hier zur Orientierung Chirons Verweildauer in den Zeichen:

Widder :	8 Jahre
Stier:	7 Jahre
Zwillinge:	5 Jahre
Krebs:	3 Jahre
Löwe:	2 Jahre
Jungfrau:	2 Jahre
Waage:	1,3 Jahre
Skorpion:	2 Jahre
Schütze:	2,3 Jahre
Steinbock:	4 Jahre
Wassermann:	6 Jahre
Fische:	7 Jahre

Chirons Eintritt in die Zeichen:
Es ist hier nur jeweils der letzte Eintritt vermerkt und nicht die rückläufige Phase.

Krebs:	5/1938
Löwe:	6/1941
Jungfrau:	8/1943
Waage:	11/1944
Skorpion:	11/1946
Schütze:	11/1948
Steinbock:	11/1951
Wassermann:	1/1955
Fische:	1/1961
Widder:	2/1969
Stier:	3/1977
Zwillinge:	4/1984
Krebs:	6/1988
Löwe:	7/1991
Jungfrau:	9/1993
Waage:	9/1995
Skorpion:	12/1997
Schütze:	9/1999

Steinbock:	12/2001
Wassermann:	12/2005
Fische:	2/2011
Widder:	3/2019

7.1.3 Der Chiron-Punkt

So bezeichnet man die kleinere Halbsumme zwischen Saturn und Uranus. Wenn er durch Transite ausgelöst wird, ist das Chiron-Thema angesprochen, sowohl Saturn als auch Uranus sind aktiviert und es geht um ihre Verbindung, um die Aufhebung der Spaltung von Körper und Geist.

7.1.4 Die astrologische Analogie

Chiron ist für mich der neue Herrscher in der Jungfrau. Der alte Herrscher Merkur umfasst nicht die ganze Bandbreite oder Tiefe dieses Zeichens, sodass viele Facetten der Jungfrau bei der Deutung gar nicht oder kaum berücksichtigt werden konnten. So war es zum Beispiel auch bei der Entdeckung von Pluto, der den alten Herrscher des Zeichens Skorpion, den Mars, ablöste und damit neue Dimensionen der Deutung eröffnete.

Wenn wir nun Chiron als Herrscher ansehen, hat auch das Zeichen Jungfrau mit diesem Thema zu tun. Persönliche Planeten, die hier stehen, tragen das Kostüm dieses Zeichens und beschreiben »das Wie«, sprich, wie gehe ich das Anliegen des Planeten an, in diesem Fall also auf Chiron-Art.

Das sechste Haus entspricht in der Analogieverkettung dem sechsten Zeichen, der Jungfrau, und so ist auch dieser Lebensbereich mit dem Thema Chiron verknüpft, er beschreibt »das Wo«, sprich, wo sich die Planeten hier in der Welt verwirklichen wollen.

Zusätzlich ist noch der Häuserbereich vom Chiron-Thema betroffen, dessen Spitze in das Zeichen Jungfrau fällt. Das Zeichen an der Spitze beschreibt, wie jemand an diesen Lebensbereich herangeht, in diesem Fall also auf Jungfrau- bzw. Chiron-Art.

Ein Aspekt symbolisiert den Dialog, der zwischen den Planeten stattfindet, »wer« (welcher Planet) hat einen Dialog mit »wem« (anderer Planet). Planeten, die in einem Aspekt zu Chiron stehen (besonders die persönlichen) werden deshalb von ihm und seinem Thema berührt, er »öffnet« sie dafür und dadurch spricht Chiron immer mit, wenn der Betreffende das Planetenanliegen leben will.

Die ausführliche Deutung hier im Buch bezieht sich hauptsächlich auf die Häuserposition von Chiron in einer Radix. Durch die Analogie von Planet, Zeichen, Haus, Häuserspitze in der Jungfrau und Aspekt können wir Ähnlichkeiten herstellen. Ein Beispiel hierzu: Angenommen, Sie lesen eine Deutung über Chiron in der Radix im fünften Haus und dieses Haus entspricht als Lebensbereich den Anliegen der Sonne. Dabei entdecken Sie aber einige Entsprechungen, die Sie kennen, obwohl Ihr eigener Chiron in einem anderen Radix-Haus steht. Des Rätsels Lösung ist die Analogie. Denn sie sagt, ähnliches Erleben kann sich auch zeigen, wenn die Sonne im Zeichen Jungfrau steht oder im sechsten Haus, oder Chiron einen Aspekt zu ihr hat, oder die Spitze des fünften Hauses ins Zeichen Jungfrau fällt.

Wir können also die Häuserstellung von Chiron, besonders bei denen, wo ein persönlicher Planet der natürliche Häuserherrscher ist, auch auf die entsprechenden Planeten übertragen, wenn sie in der Jungfrau oder im 6. Haus stehen.

Mögliche Chiron-Themen in der Radix:

1. Chiron im Radix-Haus (haben alle)
2. Chiron im Hauptaspekt zu persönlichen Planeten bis Jupiter (haben nicht alle)
3. Persönliche Planeten in der Jungfrau (haben nicht alle)
4. Planeten im 6. Haus (haben nicht alle)
5. Häuserspitze in der Jungfrau (haben nicht alle)

Beispiel: Chiron im 1. Haus kann sich ähnlich anfühlen wie Chiron im Aspekt zu Mars, ähnlich wie Mars in der Jungfrau, ähnlich wie Mars im 6. Haus und ähnlich wie AC in der Jungfrau (Spitze des 1. Hauses).

Deshalb eine Empfehlung: Notieren Sie sich alle Chiron-Themen nach der Analogieverknüpfung aus Ihrer Radix, sodass Sie beim Lesen erkennen können, von welchen Themen Sie persönlich betroffen sind.

7.1.5 Chiron im Aspekt zu persönlichen Planeten

Ich deute Chiron hauptsächlich nur in seinen Haupt-Aspekten zu den persönlichen Planeten, da die zu den Langsamläufern ab Saturn in der Regel eine große Anzahl von Menschen betreffen und somit nicht mehr so individuell sind.

Ich möchte für die Deutung auf das Bild der Wunde zurückkommen, auf die offene Stelle, durch die die uranische Energie eindringen kann, wenn die saturnische Kontrolle oder dessen Schutz nachlässt. So wird also auch der Planet, der einen Aspekt mit Chiron hat, aufgeladen mit dem Gefühl, hier anders zu sein, nicht der Norm zu entsprechen. Das kann sich ganz ähnlich anfühlen wie die entsprechende Häuserstellung, die oben ausführlich beschrieben wurde. Eine »Flucht« ins Gegenhaus ist bei einem Planeten-Thema allerdings nicht möglich, so habe ich hauptsächlich eine Vermeidungsstrategie beobachtet mit all den Rückfällen oder Wiederholungen (»Siehste-Effekt«). Die Betonung des gegenteiligen Planetenprinzips eignet sich dabei besonders zur Vermeidung.

7.1.6 Chiron im Transit

Ich benutze hierbei wieder das Bild der Wunde. Wenn der Planet in der Radix keinen Aspekt zu Chiron hat, fühlt es sich an, wie ein kleiner, manchmal harmloser Messerschnitt, der eine Weile schmerzt, aber nicht so tief greifend verletzt. Allerdings benötigt auch diese Wunde eine Behandlung, damit keine Narbe zurückbleibt. Die Aufforderung, das Geschenk, das Chiron als Transit mitbringt, ist die Aufladung mit Energie, um sich der eigenen Andersartigkeit bewusst zu werden in Bezug auf das Thema des Radix-Planeten und etwas damit zu machen, es zu »schenken«. Wir haben nach dem Transit eine Erfahrung gemacht, die uns sensibilisiert und empathisch macht, um in unserem Umfeld Betroffene besser zu verstehen.

Haben Chiron und der Radix-Planet allerdings schon einen Aspekt im Geburtshoroskop, kann es »schmerzhafter« werden. Um im Bild der Wunde zu bleiben, befindet sich ja hier schon eine Wunde, eine offene Stelle, über die sich im Laufe der Zeit Schorf gebildet hat, unter dem es allerdings Entzündungen oder gar Eiter gibt. Chiron reißt nun, vielleicht auch sehr unsanft, diesen Schorf weg, was sehr schmerzhaft sein kann (im Mythos ist das der Pfeil des Herakles), damit der Heilungsprozess nach den oben genannten Schritten beginnen kann.

Standardwerke der Astrologie

EVA STANGENBERG

Neumond-Horoskope

Wie Sie Ihre Lebensaufgabe durch Astrologie besser verstehen

208 Seiten, Hardcover, 63 Abbildungen

ISBN 978-3-89997-164-4

Die Beschäftigung mit den Neumond-Horoskopen bringt Ihnen viele neue, zusätzliche Erkenntnisse und ermöglicht ein tieferes Verständnis für die Lebensthemen. Der Neumond vor der Geburt beschreibt die spirituelle Idee unseres Daseins. Seine Deutung kann helfen, die eigene Lebensaufgabe zu begreifen und bewusst zu gestalten. Der erste Neumond nach der Geburt prägt eine Aufgabe oder eine Rolle, die der Mensch in seinem näheren Umfeld erfüllt oder die von ihm erwartet wird. Jeder Neumond hat ein eigenes spezifisches Thema und einen eigenen Rhythmus. Dadurch bekommen Sie wertvolle zusätzliche Informationen sowohl für die Radixdeutung als auch für die Erstellung des Jahrestrends mit seinen speziellen Auslösungen. Sie können somit ihre individuelle Zeitqualität auf einer ganz anderen, umfassenderen Ebene verstehen. Vor allem aber finden Sie hier häufig die Hintergründe oder den Schlüssel zum Verständnis für bestimmte Lebensaufgaben oder Lebensphasen.

»Man bekommt wertvolle Informationen sowohl für die vertiefende Radixdeutung und bestimmte Lebensthemen als auch für die Zeitqualität und die verschiedenen Lebensphasen. Fazit: Ein sehr empfehlenswertes und lehrreiches Buch für die astrologische Praxis!«

sternZeit 36

CHIRON VERLAG

Standardwerke der Astrologie

REINHARDT STIEHLE (HRSG:)

Rätsel Chiron

Was bedeutet er für die Astrologie

312 Seiten, Hardcover, zahlreiche Abb.
ISBN 978-3-89997-188-0

Im Jahr 1977 wurde Chiron entdeckt und vor 25 Jahren erschien das erste Buch über ihn. Heute ist der einst unscheinbare Kleinplanet nicht mehr aus der Astrologie wegzudenken. Umso mehr stellen sich die Fragen wie: Ist Chiron ein bleibender Faktor? Hat Chiron die Astrologie verändert? Wie steht es mit der Deutungssicherheit? Dieses Buch sucht nicht nur nach Antworten darauf, sondern ist eine Bestandsaufnahme der verschiedenen Facetten Chirons in der Astrologie. 18 renommierte Autoren wurden eingeladen, ihre heutige Sicht auf Chiron vorzustellen. Seine Rolle in Astromedizin, Partnerschaftsastrologie, Berufsberatung oder Mundanastrologie kommt ebenso zur Sprache wie seine Wiederkehr oder sein Verhältnis zu den Kentauren Pholus und Nessus. Dabei zeigt sich, dass er uns durchaus noch Rätsel aufgibt. Aber vielleicht ist genau dies seine Aufgabe – zu Hinterfragen und Sie zum Nachdenken zu bringen, damit Sie die richtigen Lösungen finden werden.

Mit Beiträgen von Beatrix Braukmüller, Roswitha Broszath, Dr. Baldur Ebertin, Dr. Bernhard Firgau, Ute Flörchinger, Karen Hamaker-Zondag, Brigitte Hamann, Markus Jehle, Lianella Livaldi Laun, Al H. Morrison, Petra Niehaus, Melanie Reinhart, Dr. Christoph Schubert-Weller, Wilfried Schütz, Eva Stangenberg, Erik van Slooten, und Christopher A. Weidner.

»Ein eindrucksvolles Werk mit vielschichtigen Deutungsansätzen, das den Kleinplaneten Chiron immer wieder in neuem Licht erscheinen lässt und für Einsteiger genauso interessant sein dürfte wie für fortgeschrittene Astrologen.«

Sternzeit 1-2010

CHIRON VERLAG

Standardwerke der Astrologie

RAYMOND MERRIMAN

Astrologie in der Entwicklung

Karma, Bewusstsein und die Entfaltung der Seele

361 Seiten, Hardcover, 17 Abbildungen
ISBN 978-3-89997-219-1

Warum vollziehen sich Veränderungen in unserem Leben? Die Astrologie der Entwicklung gibt auf diese Fragen eine Antwort. Diese Veränderungen haben ein Ziel, auch wenn die Betroffenen dieses zunächst nicht wahrnehmen. Bei jedem Ereignis verändern sich die Lebewesen. Sie bewegen sich auf etwas zu, gehen irgendwohin, auch dann, wenn das nicht immer klar definiert ist oder klar von demjenigen verstanden wird, der sich diesem Wandel unterzieht. Diese Suche ist jedoch nicht auf die Grenzen einer einzigen Lebenszeit beschränkt, noch geht es lediglich um eine einzige Periode in der Geschichte der Menschheit.

Das Horoskop ist ein Schlüssel bei dieser Suche, denn es enthält die Geschichte der Seele und gibt Antwort auf die Frage: „Warum bin ich hier?" Es enthält die Stärken und Schwächen, beschreibt die Lektionen, die gelernt wurden, und diejenigen, die noch zu lernen sind. Es beschreibt die Natur der Reaktionen in früheren Leben sowie das Potenzial der befreienden Reaktionen im jetzigen Leben. Aus dieser Perspektive bespricht der Merriman ausführlich die Faktoren und Zyklen des Horoskops, stellt die wichtigsten Übergänge vor und zeigt Ihnen, wie Ihnen eine Sinnkrise zum Durchbruch verhilft. Dies ist das ideale Begleitbuch für eine erfolgreiche Reise der Seele.

Durch das Buch von Merriman lernen wir, das Geburtsbild als Entwicklungsplan der Seele zu interpretieren. Die zahlreichen Erfahrungen, die wir leben, werden in dieser Arbeit als wichtige Lernprozesse verstanden, die das Wachstum und das Wissen der Seele erweitern und voranschreiten lassen. …

Astrologie Heute

CHIRON VERLAG